本书编委会

主　任　李昌武

副主任　张子泉

委　员　（排名不分先后）

　　　　　刘金同　李德刚　王玉文　杨保国　付芳云　李文静

　　　　　张新欣　孔晓龙　李龙华　于丽波　崔朝红　王双同

　　　　　朱海峰　刘晓晨　刘学斌

普通高校"十二五"规划教材
公共基础课系列

高职语文学习指导与练习（上）

刘金同　主　编
李德刚　王玉文　杨保国　副主编

清华大学出版社
北　京

内 容 简 介

本书与清华大学出版社出版的普通高校"十二五"规划教材·公共基础课系列《高职语文》上册配套。

本书按课文编排顺序（除"自读课文"外）逐课编写，每课都设计了"学习导航"和"扩展练习"两个部分，各单元都有"练习与测试"，最后还配有"模拟考试题"。全书练习题都附有参考答案或解答提示、示例，供师生参考。

本书适用于高职、高专类学生使用，特别适用于"五年一贯制"大专学生，也可作为高级技工学校及中等职业学校的学生用书。

本书封面贴有清华大学出版社防伪标签，无标签者不得销售。

版权所有，侵权必究。举报：010-62782989，beiqinquan@tup.tsinghua.edu.cn。

图书在版编目（CIP）数据

高职语文学习指导与练习.上/刘金同主编.--北京：清华大学出版社，2014（2024.8重印）
（普通高校"十二五"规划教材·公共基础课系列）
ISBN 978-7-302-37220-2

Ⅰ.①高… Ⅱ.①刘… Ⅲ.①大学语文课－高等职业教育－教学参考资料 Ⅳ.①H19

中国版本图书馆 CIP 数据核字（2014）第 152909 号

责任编辑：彭　欣
封面设计：汉风唐韵
责任校对：王荣静
责任印制：沈　露

出版发行：清华大学出版社
网　　址：https://www.tup.com.cn，https://www.wqxuetang.com
地　　址：北京清华大学学研大厦A座　　邮　编：100084
社 总 机：010-83470000　　邮　购：010-62786544
投稿与读者服务：010-62776969，c-service@tup.tsinghua.edu.cn
质量反馈：010-62772015，zhiliang@tup.tsinghua.edu.cn
印 装 者：三河市龙大印装有限公司
经　　销：全国新华书店
开　　本：185mm×260mm　　印　张：15　　字　数：308 千字
版　　次：2014 年 8 月第 1 版　　印　次：2024 年 8 月第 8 次印刷
定　　价：34.00 元

产品编号：059542-01

前 言

　　为了帮助学生更好地掌握语文知识，培养读、写、听、说的语文能力，提高语文素养，我们组织部分富有教学经验的一线教师针对普通高校"十二五"规划教材·公共基础课系列的《高职语文》，编写了配套的《高职语文学习指导与练习》。整套书分为上、下两册，本书是上册。

　　本书的编写，按照教育部颁布的《高等职业学校语文教学大纲》的要求，参考教师和学生的意见，每个单元都针对阅读方法和能力、口语交际、语文综合实践活动等方面设计了相应的练习题。本书体现了时代精神和职教特色，突出了基础性、实用性、灵活性和可操作性，注重了学生的分析能力、应用能力、写作能力和创新能力的培养。

　　本书按课文编排顺序（"自读课文"除外）逐课编写。"学习导航"从作者与背景、思想内容、篇章结构、写作特色、语言技巧等方面予以简要提示，以帮助学生理解课文。"扩展练习"在课文习题的基础上，增加了一些基础知识和基本能力练习，并适当加深、加宽，以帮助学生训练有关技能。"练习与测试"结合单元内容，指导学生运用基本能力去分析、解决问题。"模拟考试题"引导学生对全册内容进行复习，以达到巩固知识、提高能力的目的。对这些练习，教师和学生可根据具体情况灵活运用，也可适当加以补充或删减。本书练习题都附有参考答案或解答提示、示例，供师生参考。

　　本书由刘金同任主编，李德刚、王玉文、杨保国任副主编。具体编写分工是：付芳云负责编写第一、第七单元；李文静负责编写第二、第八单元和模拟考试题；孔晓龙、张新欣负责编写第三单元；王玉文负责编写第九单元；李龙华负责编写第四、第十单元；于丽波负责编写第五、第十一单元；崔朝红负责编写第六、第十二单元；王双同、朱海峰、刘晓晨、刘学斌负责校对。

　　由于编写比较仓促，难免有不当或疏漏之处，敬请广大读者批评指正。

编　者

目 录

第一单元　绚丽青春 ··· 1

　第1课　十八岁和其他 ··· 1
　第2课　我很重要 ·· 4
　第3课　我的四季 ·· 7
　第一单元　练习与测试 ··· 10

第二单元　编织梦想 ·· 13

　第1课　致橡树 ·· 13
　第2课　炉中煤 ·· 17
　第3课　风流歌 ·· 21
　第二单元　练习与测试 ··· 25

第三单元　探索奥秘 ·· 28

　第1课　南州六月荔枝丹 ··· 28
　第2课　谈谈记忆 ··· 31
　第3课　台湾蝴蝶甲天下 ··· 33
　第三单元　练习与测试 ··· 36

第四单元　青鸟使者 ·· 40

　第1课　求职信　应聘信 ··· 40
　第2课　感谢信　慰问信　贺信 ································· 43
　第3课　倡议书　建议书　申请书 ······························ 45
　第四单元　练习与测试 ··· 48

第五单元　诗情古韵 ·· 50

　第1课　关雎　蒹葭 ··· 50
　第2课　国殇 ··· 52

第3课　梦游天姥吟留别 ·· 55
　　第五单元　练习与测试 ·· 57

第六单元　星火启智 ·· 63

　　第1课　《论语》十则 ·· 63
　　第2课　鱼我所欲也 ·· 66
　　第3课　邹忌讽齐王纳谏 ·· 69
　　第六单元　练习与测试 ·· 73

第七单元　感悟生命 ·· 77

　　第1课　给我三天视力 ·· 77
　　第2课　青年在选择职业时的思考 ·· 81
　　第3课　获得教养的途径 ·· 85
　　第七单元　练习与测试 ·· 88

第八单元　和谐自然 ·· 91

　　第1课　春江花月夜 ·· 91
　　第2课　天山景物记 ·· 94
　　第3课　幼学纪事 ·· 97
　　第八单元　练习与测试 ·· 100

第九单元　走近科学 ·· 103

　　第1课　景泰蓝的制作 ·· 103
　　第2课　古代的服装及其他 ·· 109
　　第3课　意大利蟋蟀 ·· 112
　　第九单元　练习与测试 ·· 117

第十单元　世相百态 ·· 121

　　第1课　阿Q正传 ·· 121
　　第2课　项链 ·· 125
　　第3课　竞选州长 ·· 128
　　第十单元　练习与测试 ·· 131

第十一单元　融入社会 ·· 135

　　第1课　新闻 ·· 135

第 2 课　通讯 ·· 138
　　第 3 课　计划 ·· 140
　　第 4 课　总结 ·· 144
　　第十一单元　练习与测试 ·· 147

第十二单元　求学之志 ··· 149
　　第 1 课　劝学 ·· 149
　　第 2 课　师说 ·· 152
　　第 3 课　游褒禅山记 ·· 157
　　第十二单元　练习与测试 ·· 161

模拟考试题 ·· 166

参考答案 ·· 194

参考文献 ·· 228

第一单元

绚丽青春

第1课 十八岁和其他

【学习导航】

杨子,本名杨选堂,广东省梅州人,台湾作家。其作品有小说《浸洒的花朵》、《变色的太阳》,散文《感情的花季》、《杂花生树》等。

《十八岁和其他》是杨子在儿子18岁生日时写给儿子的一封信,全文洋溢着浓浓的爱意和殷切希望。"十八岁"是作者构思全文的契机。课文分为四个部分,每部分都有一个小标题。小标题明确揭示了各部分要谈论的中心话题,表现出作者清晰的写作思路,使文章结构分明。学习时要注意抓住小标题,迅速、准确地掌握课文的主要内容和基本观点,从整体上感知课文。

在行文方式上,作者以朋友的身份,用谈话的方式与孩子进行平等对话与交流,这增强了父子间的亲近感,让读者在娓娓的对话中受到心灵的感化。试着用这种方式,就你感触最深的话题与父母、老师、同学进行对话与交流,加深对课文中青春话题的感受与思考。

感动人心的文章,往往是真挚朴素的。语言的朴素与真挚是课文的又一特色。全文用再平常不过的生活语言把真挚、深沉的父爱淋漓尽致地表现了出来,让人读后为之动容。本课课文开头、结尾两段回忆往事有两组句子,都是由一个个细节组合而成的。唯其真情,才更动人。读者在阅读时要注意结合上下文仔细体味。

学习本课课文时,一要体会文中流露出的深切父爱;二要深入思考为什么这篇文章能如此打动人心,它在感情的表达及语言的运用上有什么特点;三要注意本文结构形式上的特点。

【扩展练习】

一、给下列加点的字注音。

祈祷（　　）　炫耀（　　）　沉湎（　　）　怪癖（　　）　乍（　　）

憎恶（　　）　引吭（　　）　甫健（　　）　欣慰（　　）　毋宁（　　）

二、解释下列词语。

迷惘：＿＿＿＿＿＿＿＿＿＿＿＿＿＿＿＿＿＿＿＿＿＿＿＿＿＿＿＿＿＿＿＿＿

撷拾：＿＿＿＿＿＿＿＿＿＿＿＿＿＿＿＿＿＿＿＿＿＿＿＿＿＿＿＿＿＿＿＿＿

自以为是：＿＿＿＿＿＿＿＿＿＿＿＿＿＿＿＿＿＿＿＿＿＿＿＿＿＿＿＿＿

三、体会词义的差别，并根据课文选词填空。

1. 十八岁有许多令人（　　）（　　）的回忆。（沉湎　沉绵）（眷恋　眷念）

2. 孩子，扯起你的帆去（　　）吧。（遨游　翱翔）

3. 我们少年时代，读书真到了（　　）的程度。（废寝忘食　食不甘味）

四、课文中有许多意蕴深厚、感情充沛的句子。阅读下面的句子，并结合上下文体会其含义。

1. 想到今天是你十八岁的生日，我有一份"孩子长大了"的欣慰，也有一份似水流年的迷惘。

＿＿＿＿＿＿＿＿＿＿＿＿＿＿＿＿＿＿＿＿＿＿＿＿＿＿＿＿＿＿＿＿＿＿＿＿＿＿＿

＿＿＿＿＿＿＿＿＿＿＿＿＿＿＿＿＿＿＿＿＿＿＿＿＿＿＿＿＿＿＿＿＿＿＿＿＿＿＿

2. 我不知道我对你的爱，十八年来是否夹杂有一些不经心的、任性的以及成人对孩子不够了解的责备，而曾使你感到难过。

＿＿＿＿＿＿＿＿＿＿＿＿＿＿＿＿＿＿＿＿＿＿＿＿＿＿＿＿＿＿＿＿＿＿＿＿＿＿＿

＿＿＿＿＿＿＿＿＿＿＿＿＿＿＿＿＿＿＿＿＿＿＿＿＿＿＿＿＿＿＿＿＿＿＿＿＿＿＿

3. 假如人生能够重来一次，我真会情愿溺爱你的！

＿＿＿＿＿＿＿＿＿＿＿＿＿＿＿＿＿＿＿＿＿＿＿＿＿＿＿＿＿＿＿＿＿＿＿＿＿＿＿

＿＿＿＿＿＿＿＿＿＿＿＿＿＿＿＿＿＿＿＿＿＿＿＿＿＿＿＿＿＿＿＿＿＿＿＿＿＿＿

五、阅读下列文段，回答问题。

在"两代的矛盾"中，可能有一部分是源于父母的愚昧和落伍，但也有一部分是出自下一代对父母经验的无条件否认，出自年轻人的盲目反抗与追求"成熟"、"独立"的急躁。不过，一切悲剧的造成，都是由于父母与子女间有时不能像朋友般地把问题摊开来谈谈，大家尽可能地过一种较随便的、不拘束的、较多接触的共同生活。东东，美国作家劳伦斯著有一本叫作《我的父亲》的书（你可以在我的书架上找到），在他的描写里，他父亲一样犯有许多惹儿女厌烦的"严父"怪癖。但是，就因为他们父子彼此多了点"友情"和理解，两代人之间的关系充满了和谐的快乐。孩子，我从小丧父，没有享受过父爱，也没有机会服从或反抗父亲。但是，即使对于温柔慈祥的母爱，我也曾犯过盲目反抗的错误。等到了解"可怜天下父母心"的深情时，已是后悔莫及！

1. 文段中为什么把"成熟"、"独立"这两个词加了引号？

＿＿＿＿＿＿＿＿＿＿＿＿＿＿＿＿＿＿＿＿＿＿＿＿＿＿＿＿＿＿＿＿＿＿＿＿＿＿＿

＿＿＿＿＿＿＿＿＿＿＿＿＿＿＿＿＿＿＿＿＿＿＿＿＿＿＿＿＿＿＿＿＿＿＿＿＿＿＿

2．文段中认为形成"两代的矛盾"的原因有哪些？
_____
_____

3．说说你是怎样看待"两代的矛盾"的。
_____
_____

六、阅读并背诵诸葛亮的《诫子书》。与课文进行比较，体会二者在语言和行文方式上有何不同。

夫君子之行，静以修身，俭以养德。非澹泊无以明志，非宁静无以致远。夫学须静也，才须学也，非学无以广志，非志无以成学。怠慢则不能励精，险躁则不能治性。年与时驰，意与岁去，遂成枯落，多不接世，悲守穷庐，将复何及！

注：《诫子书》是诸葛亮写给儿子诸葛瞻的。

_____
_____
_____

七、写作。

孔子曰："学而时习之，不亦乐乎？"古人云："书山有路勤为径，学海无涯苦作舟。"结合自己的读书经历和感受，试以"读书的苦乐"为话题，写一篇文字，表达自己的看法。

第2课 我很重要

【学习导航】

毕淑敏,国家一级作家,1952年出生于新疆,在西藏阿里高原部队当兵11年。1987年发表处女作《昆仑殇》。曾获当代文学奖、昆仑文学奖、青年文学奖等各种文学奖三十余次。其主要作品有《预约死亡》、《血玲珑》等。

《我很重要》是一篇带有浓郁哲理色彩的散文,表达了作者对个体生命的独特理解。生命到底重要还是不重要?毕淑敏对生命价值的思考首先从我不重要的观念开始,在智慧的思考和诠释之后,给人深刻的启迪:每一个生命个体,都很重要。我们要充分认识个体生命的意义,热爱生命,关爱他人。

课文的写作特色有三点:

一是结构严谨。课文的主题是"我很重要",围绕这个中心,全文分三个部分。第一部分从反面着笔,指出我们从小受到的教育是"我不重要"。第二部分从自然、历史、生命、亲情(父母、伴侣、子女)、朋友及事业几个方面阐述"我很重要"的原因与依据。第三部分肯定自我很重要。整篇文章结构严谨、思路清晰、逻辑严密。围绕中心选择材料是散文写作的一个基本原则,阅读中要注意体会和把握课文是如何围绕"我是否重要"这个中心展开思考和联想的,这样围绕中心选材有什么作用。

二是说理与抒情相结合。在作者的笔下,一个细节、一段场景,都会或浓或淡地蕴涵着温馨的哲理和迷人的智慧。真实自然的情感流淌在字里行间,产生一种感人的力量。例如,"假如我们先他们而去,他们的白发会从日出垂到日暮,他们的泪水会使太平洋为之涨潮",白发与泪水两个细节,传神地写出了"我"是父母爱的传承,如果"我"不在了,父母的爱将失去依托,无处安置。情与理的完美融合,使文章具有了巨大的表现力、感染力。

三是极具表现力的语言。毕淑敏的散文语言优美、准确,娓娓而谈,引人入胜。本文运用了多种修辞手法,独出心裁的比喻、气势如虹的排比、恰切的反问与反复,增强了文章的表现力。

学习本课课文时,要结合生活实际,深入理解作者阐释的思想,从而正确认识生命、善待生命。要结合具体语句、语段,在反复诵读中揣摩、体会文章的语言特色。同时,欲扬先抑的手法、巧妙的过渡,都可以作为写作的借鉴。

【扩展练习】

一、给下列加点的字注音。

濡养(　　)　粗糙(　　)　雾霭(　　)　揿电铃(　　)

菽粟(　　)　　回溯(　　)　　扼要(　　)　　生死攸关(　　)

二、解释下列词语。

濡养：_____

万劫不复：_____

回溯：_____

生死攸关：_____

美轮美奂：_____

鬼斧神工：_____

三、作者认为，人们之所以不敢说"我很重要"，是因为我们从小受到的教育都是"我不重要"，并举出了例证。找出作者所举的四个例证，写在下面，并就其中的一个方面说说自己的看法。

_____
_____
_____

四、根据课文，回答下列问题。

1."我知道这是把自己的额头裸露在弓箭之下了"中的"弓箭"指什么？

_____
_____

2."我们是一株亿万年苍老树干上最新萌发的绿叶，不单属于自身，更属于土地"中的"一株亿万年苍老的树干"指什么？作者阐述的观点是我很重要，为什么又说我们"不单属于自身，更属于土地"？

_____

3."重要并不是伟大的同义词，它是心灵对生命的允诺。"对这句话你怎样理解？

_____
_____

五、说一说下列句子中破折号和省略号的作用。

1.我们——简明扼要地说，就是每一个单独的"我"——到底重要还是不重要？

_____
_____

2.伤口流血了，没有母亲的手为他包扎。面临抉择，没有父亲的智慧为他谋略……面对后代，我们有胆量说我不重要吗？

_____
_____

六、文章多次运用问句,画出来,并选择一例说明其作用。

七、阅读下面的文段,回答问题。

对于我们的父母,我们永远是不可重复的孤本,无论他们有多少儿女,我们都是独特的一个。

假如我不存在了,他们就空留一份慈爱,在风中蛛丝般无法附丽地飘荡。

假如我生了病,他们的心就会皱缩成石块,无数次向上苍祈祷我的康复,甚至愿灾痛以十倍的烈度降临于他们自身,以换取我的平安。

我的每一滴成功,都如同经过放大镜,进入他们的瞳孔,摄入他们的心底。

假如我们先他们而去,他们的白发会从日出垂到日暮,他们的泪水会使太平洋为之涨潮。

面对这无法承载的亲情,我们还敢说我不重要吗?

1. 这段文字从哪个方面阐述我很重要?

2. "假如我们先他们而去,他们的白发会从日出垂到日暮,他们的泪水会使太平洋为之涨潮。"这句话用了什么修辞手法?有什么作用?

3. "假如我生了病,他们的心就会皱缩成石块"一句中,用"石块"来形容皱缩的心起到了怎样的表达效果?

4. 除了夸张,文段还运用的修辞手法有_____。

八、写作。

本文阐述的主旨是"我很重要"。我到底重要还是不重要呢?以此为话题,联系自身实际进行思考,谈谈你的看法,然后用一段文字表述出来。

第3课 我的四季

【学习导航】

张洁,生于1937年,中国当代女作家。主要作品有:长篇小说《沉重的翅膀》(获第二届茅盾文学奖);中篇小说《祖母绿》(获第三届全国优秀中篇小说奖);短篇小说《森林里来的孩子》(获第一届全国优秀短篇小说奖)。另有小说散文集《爱,是不能忘记的》;中篇小说集《方舟》;长篇散文《世界上最疼我的那个人去了》以及《张洁文集》(四卷)等。

张洁在20世纪70年代末80年代初的散文创作,致力于"爱"与"美"的探索和表现。她把这一时期的散文命名为"大雁系列",这些散文以一种轻松、自然、冷静的笔法,出现在当时浸泡着泪水、呻吟着苦楚的文学之中,显得与众不同。《我的四季》就是这类作品中的代表。作者以生命不息、奋斗不止作为人生四季的主线,巧妙地用春夏秋冬安排了人生的历程:春天播种,夏天耕耘,秋天收获,冬天总结。伴随着人生的历程,作者的感情经历是:春天坚定信念,充满期待;夏天历经挫折,逐步成熟;秋天收获微薄,正确量取;冬天不甘寂寞,检点人生。

本课课文在写作手法上有以下特点:

1. 全文运用了象征手法。作者把自己的人生比作是一年的四个季节,文章表面写的是自然界的春夏秋冬,其实是在写作者的一生经历和作者对人生的种种感悟。

2. 感情浓烈。如"我顿足,我懊悔,我哭泣,恨不得把自己撕成碎片",这样的句子就把作者悔恨的心情表现得异常强烈。

3. 语言富有哲理性,引发人们对人生的思考。如"在这世界上,每人都有一块必得由他自己来耕耘的土地。"这句话的意思是说一个人既然拥有了生命,也就拥有了一份属于他自己的事业,他就应该有责任来完成这份事业。

学习本课课文,可与初中时学过的《白杨礼赞》作比较阅读,体会象征手法的妙处。

【扩展练习】

一、给下列加点的字注音。

给予(　　)　　自艾自怜(　　)　　迥异(　　)　　干瘪(　　)

二、解释下列词语。

不毛之地:_____

望眼欲穿:_____

幸灾乐祸:_____

入不敷出：_____

三、根据课文内容填空，体会课文饱含感情、内涵丰富的语言特点。

1. 我要做的是_____，_____脑袋，_____全身的力气，_____我的犁头上去。

2. 望着我干瘪的谷粒，心里有一种_____的欢乐。但我并不因我的谷粒比别人的干瘪便_____或_____。我把它们_____在手里，紧紧地_____心窝，仿佛那是新诞生的一个自我。

3. 我已经_____，_____，_____，_____，_____，_____……细细想来，便知晴日多于阴雨，收获多于劳作。只要我认真地_____，无愧地_____，人们将无权耻笑我是入不敷出的傻瓜，也不必用他的尺度衡量我值得或是不值得。

四、指出下列词语中的错别字并加以改正。

汗流夹背（ ）　　　怨天忧人（ ）　　　痴心忘想（ ）

磕拌（ ）　　　　　开恳（ ）　　　　　万赖俱寂（ ）

五、文中有很多富有哲理的语句，找一些你感触较深的，抄写在下面，以此警示自己的人生。

_____
_____

六、根据课文内容，完成下面问题。

1. 本课课文运用了什么写作手法？
_____
_____

2. 作者的人生四季各有哪些特点？请各用一句话概括。
_____
_____

3. 贯穿作者人生四季的一条主线是什么？
_____
_____

七、阅读下面文段，完成文后问题。

春天，我在这片土地上，用我细瘦的胳膊，紧扶着我锈钝的犁。深埋在泥土里的树根、石块，磕绊着我的犁头，消耗着我成倍的体力。我汗流浃背，四肢颤抖，恨不得立刻躺倒在那片刚刚开垦的泥土之上。可我懂得，我没有权利逃避在给予我生命的同时所给予我的责任。我无须问为什么，也无须想有没有结果。我不应白白地耗费时间,去无尽地感慨生命的艰辛,也不应该_____命运怎么这样不济,偏偏给了我这样一块_____。我要做的是咬紧牙关,闷着脑袋,拼却全身的力气,压到我的犁头上去。我决不企望有谁来代替,因为在这世界上,每人都有一块必得由他自己来耕种的土地。

1. 在文中横线上填上恰当的词语。

2. "因为在这世界上,每人都有一块必得由他自己来耕种的土地。"谈谈你对这句话的理解。
_____
_____

3. 仿照下面的例句,写一个因果关系的句子。

例句:我决不企望有谁来代替,因为在这世界上,每人都有一块必得由他自己来耕种的土地。
_____
_____

4. 从文段中可以看出,作者是怎样一个人?
_____
_____

八、写作。

张洁说:"我没有权利逃避在给予我生命的同时所给予我的责任。"是的,我们每个人对自己、对他人、对社会都背负着一份沉甸甸的责任。请以"责任"为话题,写一篇短文。

第一单元 练习与测试

一、选择题。

1. 下列加点字注音完全正确的一组是（　　）。
   A. 菽(sù)粟　　炫(xuán)耀　　甫(fǔ)健　　弧(hú)度
   B. 濡(rú)养　　挚(zhì)友　　粗糙(cāo)　　溺(nì)爱
   C. 譬(pì)如　　憎(zèng)厌　　祈(qǐ)祷　　恪(kè)守
   D. 愚(yǔ)昧　　引吭(háng)　　回溯(sù)　　摭(zhí)拾

2. 下列词语的书写，完全正确的一组是（　　）。
   A. 鬼斧神工　　自以为事　　欣欣向荣　　抹煞
   B. 相儒以沫　　追腥逐臭　　似水流年　　迷惘
   C. 其乐融融　　万劫不复　　废寝忘食　　晨曦
   D. 后悔莫急　　曲径通幽　　遍体鳞伤　　惆怅

3. 下面加点的成语，使用不恰当的一句是（　　）。
   A. 那几幅画都不怎么样，只有这一幅梅花图还差强人意。
   B. 在学问的海洋中，有无数的蓬莱仙岛，涉猎其中，其乐无穷。
   C. 年轻人在成长的过程中，很容易犯自鸣得意的毛病，还美其名曰"自尊自信"，这是值得年轻朋友注意的一个问题。
   D. 青春是可爱的，生活是美好的，只要你保持纯真，永远有一颗赤子之心，人生就会满足、快乐。

二、指出下列句子的修辞手法。

1. 假如我们先他们而去，他们的白发会从日出垂到日暮，他们的泪水会使太平洋为之涨潮。（　　）

2. 我的独出心裁的创意，像鸽群一般在天空翱翔，只有我才捉得住它们的羽毛。（　　）

3. 有时，我是无影的，像清风徐徐；有时，我是有形的，似碧水悠悠。（　　）

4. 那年我十八岁，我下巴上那几根黄色的胡须迎风飘飘，那是第一批来这里定居的胡须，所以我格外珍重它们。（　　）

三、《带上三句话上路》中，作者送给即将踏上人生旅途的孩子三句话，写出你感触最深的那一句，并说一说理由。

_____
_____

四、仿照画线的句子,承接上文,另写一组句子,要求句式、字数基本相同。

我不是老妇,絮絮叨叨地叹息年华;

我不是海龟,昏昏沉沉睡节奏缓慢。

<u>我是鹰,云中有志,</u>

<u>我是马,背上有鞍。</u>

_____

五、在下面横线上填上适当的动词,体会课文语言表达的特点。

1. 当我说出"我很重要"这句话的时候,颈项后面_____一阵战栗。我知道这是把自己的额头_____在弓箭之下了,心灵极容易被别人批判_____。

2. 我的独出心裁的创意,像鸽群一般在天空_____,只有我才_____得住它们的羽毛。我的设想像珍珠一般_____在海滩上,等待着我把它用金线_____。

六、阅读下面文段,完成各题。

你会在某一天踩着满地阳光到达目的地。孩子,只要你的身体里流着奔腾的热血,只要你举着火把吓退野兽,你就迟早会抵达那个你想要去的地方。那是远方,那是幸福之乡。

就在你打点行装,准备返回的时候,我要对你说,孩子,别忘了为那些帮过自己的人准备一份礼物。

你要记住在旅途上你喝过别人给你舀来的泉水;你吃过别人给你送上的食物;你听过一位姑娘的歌声;你向一个孩子问过路;你在一间猎人的小屋中曾度过一个漫漫黑夜。要记住他们,孩子,你要记住这些人的声音、容貌。在你返回前,你要为他们准备好礼物。

你要把几块丝绸、几块好看的石头细心地包好。你要给姑娘准备好鲜花;你要给老人准备好烟丝;你要想着那些调皮的孩子,他们的礼物最好找也最难找。

这些就足够足够了。再带上你在路上看过的风景、听过的故事,再带上你的经历和感触,在燃着火的炉边,讲给他们听。

告诉缺水的人们前头哪里有水,告诉生病的人哪种草药可以治病,把你这一路的经验告诉他们,把前方哪里有路告诉他们。

<u>这些都是最好的礼物。</u>

不要忘了给帮过自己的人准备一份礼物,孩子,只有这样,你的这次远行才算没有白走。

(《带上三句话上路》)

1. 找出文段中的排比句。

_____

_____

2. 文段中加点的"那"指代_____。
3. "只要你举着火把吓退野兽"一句中的"野兽"指什么？
   _____
4. 文中画线的句子中"这些"指哪些？用横线在文章中划出来。作者说这些礼物是"最好的"，为什么？
   _____
5. 从文章的内容看，你认为作者希望孩子成为一个什么样的人？
   _____

七、口语交际训练。

一个长长的暑假，你一定看了很多电影和电视剧。把你最喜欢的一部影视剧有条理地介绍给你要好的同学，与他们一起分享。先想一想你要介绍的内容的先后顺序，并列出一个提纲，然后再口头介绍。介绍时可以参考以下提纲：

片名：_____
主要人物与演员：_____
主要情节：_____
最打动你的地方：_____
最经典的细节或语言：_____

八、语文综合实践活动。

搜集你喜欢的一条校训，把它写下来，了解其出处，理解其内涵，并介绍给你的同桌或同学。

校训：_____
学校：_____
出处：_____
内涵：_____

九、写作。

进入新的学校，你又有了一个新的同桌。以"我的同桌"为题，写一篇记叙文。

要求：

1. 按照时间先后顺序写，写出你与同桌从相识到熟悉的过程。
2. 要有细节描写。
3. 不少于 500 字。

第二单元

编织梦想

第1课 致橡树

【学习导航】

舒婷,当代朦胧诗派的代表人物。主要作品有诗集《双桅船》、《舒婷、顾城抒情诗选》、《会唱歌的鸢尾花》和散文集《心烟》等。

本课是一首优美、深沉的抒情诗。诗人别具一格地选择了"木棉"与"橡树"两个中心意象,将细腻委婉而又深沉刚劲的感情蕴涵在新颖生动的意象之中。它所表达的爱,不但是纯真的、炙热的,而且是高尚的、伟大的。它像一支古老而又清新的歌,在人们的心中回荡。

诗人以橡树为对象表达了对爱情热烈、诚挚和坚贞的追求。诗中的橡树不是一个具体的对象,而是诗人理想爱人的象征。因此,这首诗一定程度上不是单纯倾诉自己的热烈爱情,而是要表达一种爱情的理想和信念。

本课在写作上有如下特点。

1. 新奇瑰丽的意象

作者使用象征手法,把人的感情倾注在客观事物上,使人们司空见惯的平凡事物洋溢出盎然的诗意。"橡树"的形象象征着男性的阳刚之美,而有着"红硕的花朵"的木棉体现着女性的"柔美"气质,诗歌以此为中心意象,使诗中所包含的爱情理想和人格理想在丰美动人的形象中得以生发、诗化。另外,诗歌运用的意象还有很多,如使用寒潮、风雷、霹雳等意象象征着人生旅途中的困难,雾霭、流岚、虹霓等意象象征着人生旅途中的幸福与美好。

2. 内心独白的抒情方式

在艺术表现上,诗中不是直陈观点,而是通过"一棵树"对"另一棵树"的内心独白的方式,表达了自己的爱情观。这种抒情方式可以坦诚、开朗地直抒诗人的心灵世界,让读者更直接地洞悉诗人的幽微内心。正像舒婷自己说的:"花与蝶的关系是相悦,木与水的关系是互需,只有一棵树才能感受到另一棵树的体验,感受鸟儿、阳光、春雨的给予。"诗人找到了抒情的喷发口,让形象最大限度地包容了思想和感情。

3. 凝练、形象,富于音乐美的语言

首先,这首诗的语言凝练、形象,富有穿透力。如诗歌的开头,诗人用"绝不"、"也不止"、"甚至"等几个词语,非常精练地表达了对传统爱情观的否定。诗歌多处运用了对偶句式,读来朗朗上口,节奏感很强,富于音乐美。

学习时,读者可采用多种诵读形式,如独诵、对诵、集体诵读、配乐诵读等。在反复诵读中感受诗歌的意象美、情感美,学习诗歌运用的象征手法,感受诗人的美好情怀,接受美的熏陶和感染。

【扩展练习】

一、根据拼音写出汉字。

攀 yuán（　　　）　　绿 yīn（　　　）　　霹 lì（　　　）　　凌 xiāo（　　　）花

红 shuò（　　　）　　chī（　　　）情　　虹 ní（　　　）　　雾 ǎi（　　　）

二、解释下列词语。

炫耀：_____

慰藉：_____

伟岸：_____

流岚：_____

三、下列句子横线处依次应填入的一组词语是（　　　）。

1. 没有深厚的生活积淀和艺术功底是写不出_____高的诗歌作品的。

2. 舒婷把深厚的感情_____在她的诗歌里,希望引起读者的强烈共鸣。

3. 鉴赏时,要体会这些诗的章法、韵律及其他方面的特点,认真_____诗的意象。

  A. 品位　灌注　揣摩　　　　　　B. 品位　贯注　揣测

  C. 品味　灌注　揣摩　　　　　　D. 品味　贯注　揣测

四、阅读、理解诗歌,回答下列问题。

1. 作者向往的真正爱情是什么样的?

2. 橡树、木棉分别象征什么?

五、朗读下面的诗句,回答问题。

我如果爱你——
绝不像攀援的凌霄花
借你的高枝炫耀自己;
我如果爱你——
绝不学痴情的鸟儿
为绿荫重复单调的歌曲;
也不止像泉源
常年送来清凉的慰藉;
也不止像险峰
增加你的高度,衬托你的威仪。
甚至日光。
甚至春雨。
不,这些都还不够!
我必须是你近旁的一株木棉,
作为树的形象和你站在一起。

1. 作者以意象否定了种种世俗的爱情观。试将这些意象找出来。

2. 诗人在表述"即使是由衷的奉献,也还是不够的"这一爱情观时,采用的意象是(　　)。
　　A. 泉源　险峰　日光　春雨
　　B. 鸟儿　泉源　险峰　凌霄花
　　C. 泉源　险峰　鸟儿　日光
　　D. 鸟儿　日光　春雨　凌霄花

3. 作者否定了哪几种爱情观?

4. 诗中女主人公的形象是木棉。诗人为何要选木棉树来表达情感而不选花朵?

六、联系上下文,仿照加点词语,在横线处填上相应的词语。

我脚下的这片土地,是经过千万代沉淀而成的土地,历史中的辉煌与暗淡,都沉淀在这土中,历史中所有人物的音容足迹,都融化在这土中。这些泥土,会不会曾被遭受放逐、行吟泽畔的屈原踩过？会不会曾被_____，_____的陶渊明种过菊花？这些泥土冲下山岭，有的被风吹到空中，会不会落到_____，_____的李白的肩头？会不会曾飘在_____，_____的杜甫的脚边？会不会拂过把酒问天、豪放豁达的苏轼的须髯？

七、诗人在否定世俗的爱情观时，只写"甚至日光。甚至春雨。"而没有具体写出下文。根据诗的含义，试着补写出来。

甚至日光，_____

甚至春雨，_____

第 2 课 炉 中 煤

【学习导航】

郭沫若(1892—1978),原名郭开贞,笔名沫若,四川省乐山县沙湾镇人,现代著名作家、诗人、戏剧家、历史学家、古文字学家和社会活动家。1921年出版诗集《女神》,为中国新诗开辟了一代浪漫主义诗风;"五四"运动后又创作《星空》、《瓶》、《前茅》等诗集,还写了历史剧《卓文君》、《王昭君》;1937年,抗战爆发后,创作了《棠棣之花》、《屈原》等大型历史剧和诗歌《战声集》等;全国解放后的著作有诗集《新华颂》、《百花齐放》、《长春集》,历史剧《蔡文姬》、《武则天》,论著《奴隶制时代》、《李白与杜甫》等。郭沫若一生著作极多,有《沫若文集》和《郭沫若全集》。

本课课文在写作上有如下特色:

1. 创造雄奇而又细腻、热烈而又深沉的意境

这首诗所要表达的是旅居国外的年轻人对"五四"高潮中的祖国无限热爱、无限眷念之情。(诗中创造的是这样一个意境:一块熊熊燃烧着的煤,正向围炉取暖的年轻女郎倾诉爱恋之情。这"年青的女郎"就是祖国,而具有"火一样的心肠"的"炉中煤"就是诗人自己。)因为这首诗所表达的爱国主义激情是热烈的、不可遏止的,使人感到火一般的灼人;而它所创造的艺术形象,又是浑身燃烧得通红透亮的煤块,所以全诗形成了壮美而奇特的格调。但是就其创造的意境看,那炉中燃烧着的煤向年轻女郎倾诉恋情的画面,其气氛是温暖的,其情绪是执着缠绵的。《炉中煤》中所表现的祖国的形象不是军阀横行、外敌肆虐、饿殍遍野、满目疮痍的形象,而是如同一位年轻姑娘那么迷人,那么生气勃勃,诗人情不自禁地要唱出心中的恋歌,因此整个意境在雄奇中又显示细腻、热烈和深沉。

2. 借物言志的抒情方式

《炉中煤》采用的是一种自比于物、物我合一的隐喻式的抒情方式,近乎我国诗歌创作的传统理论中所谓"比"的手法。凡是这类通篇用"比"的抒情诗,又几乎都是近似童话体的。《炉中煤》也如此。它通篇写的是炉中煤的内心独白,这独白又是用一种恋人倾诉爱情的口吻出之,无生命的煤成了有生命、有感情、有不平常的经历的人——即诗人自己,并且唱出了动人的恋歌。郭沫若之所以要采用这种抒情方式,固然是同他当时信奉万物皆有灵、自然即自我的泛神论思想有关;同时,从诗歌创作的角度看,这种方式也有利于表露他对祖国的热爱和眷念之情。唱恋歌便于直率地倾吐爱恋之情,用隐喻又显得曲折含蓄。

3. 与思想感情和谐一致的形式美

《炉中煤》不是怒涛、狂飙那样的具有猛烈冲击力的节奏,而是一种如江水拍岸、

回环往复,声声不歇的节奏,体现出读者执着地追求、热烈地倾诉的内在情绪。形成这种节奏的因素主要是:①惠特曼式的同字起句法,即"啊,我年青的女郎"一句在每节开头重复出现。②首尾两节相同的结句,即"我为我心爱的人儿/燃到了这般模样"一句的重复出现。③"我"字在短短一百五十多字的一首诗中,竟重复了十九次。以上三种不同的重复,形成了情绪上的强调执着和节奏上的复沓回环。④用响亮的"ang"韵,一韵到底,体现出读者内心感情的昂扬、热烈、一贯。⑤每行诗的顿数大体整齐(多数是三顿)稍有变化,形成抑扬有致的恋歌的格调。

【扩展练习】

一、给加点字注音或按拼音写汉字。

模（　　）样　　　juàn（　　）念　　　gū（　　）负

桎（　　）梏（　　）　思量（　　）　　yīn（　　）勤

二、解释下列词语。

辜负：＿＿＿＿＿＿＿＿＿＿＿＿＿＿＿＿＿＿＿＿＿＿＿＿＿＿＿＿＿＿＿＿＿＿

殷勤：＿＿＿＿＿＿＿＿＿＿＿＿＿＿＿＿＿＿＿＿＿＿＿＿＿＿＿＿＿＿＿＿＿＿

思量：＿＿＿＿＿＿＿＿＿＿＿＿＿＿＿＿＿＿＿＿＿＿＿＿＿＿＿＿＿＿＿＿＿＿

鲁莽：＿＿＿＿＿＿＿＿＿＿＿＿＿＿＿＿＿＿＿＿＿＿＿＿＿＿＿＿＿＿＿＿＿＿

三、填空题。

1.《炉中煤》选自＿＿＿＿＿＿,作者＿＿＿＿＿＿,原名＿＿＿＿＿＿,现代著名＿＿＿＿＿＿、＿＿＿＿＿＿、＿＿＿＿＿＿、＿＿＿＿＿＿、＿＿＿＿＿＿和＿＿＿＿＿＿。

2.《炉中煤》一诗中"炉中煤"喻指＿＿＿＿＿＿,诗人把"五四"后新生的祖国喻为＿＿＿＿＿＿。

四、阅读理解诗歌,回答下列问题。

1.作者以"炉中煤"自喻,用"年青的女郎"比作祖国。为什么要作这样的比喻?这样的比喻好处何在?

2.这首诗采用双行标题,对于表达作者的思想感情有何作用?

3.怎样理解"炉中煤"的前身、过去和今朝?

五、阅读下面的诗节,然后回答问题。

　　　　　　　啊,我年青的女郎!
　　　　　　　我想我的前身,
　　　　　　　原本是有用的栋梁,
　　　　　　　我活埋在地底多年,
　　　　　　　到今朝总得重见天光。

1. 给诗中加点字注音。

　朝(　　)　得(　　　)

2. "年青的女郎"是指_____,运用了_____修辞方法。

3. 这节诗里同时写出了三种"新生",不正确的一种是(　　　)。

　　A. 诗人自我的新生　　　　　B. 煤的新生

　　C. 民族的新生　　　　　　　D. 祖国的新生

4. 说说你对本节诗后两句"我活埋在地底多年,/到今朝总得重见天光。"的理解。"重见天光"指什么?

六、阅读下面一首诗,回答问题。

　　　　　　　那天,我告别家乡,
　　　　　　　送给母亲一根手杖,
　　　　　　　这手杖是我在深山里采伐,
　　　　　　　保留大自然原始的模样。

　　　　　　　它带着我的祝福,
　　　　　　　支撑起母亲的生活;
　　　　　　　它带着我的思念,
　　　　　　　守候在母亲身旁。

　　　　　　　它低着头,
　　　　　　　那是一个成熟的思想,
　　　　　　　在母亲面前作永恒的鞠躬,
　　　　　　　是我留给母亲的形象。

1. 对这首诗分析理解正确的选项是(　　　)。

　　A. 从形式上看,这是一首新诗。

　　B. 这首诗运用了隔行押韵的手法。

　　C. 借物抒情,是这首诗重要的写作特点。

　　D. 这首诗重在写实,不借助联想和想象抒发感情。

2. 最能体现这首诗的主旨、凝聚作者激情的诗句是(　　)。

　　A. 它带着我的祝福,支撑起母亲的生活

　　B. 它低着头,那是一个成熟的思想

　　C. 在母亲面前作永恒的鞠躬,是我留给母亲的形象

　　D. 它带着我的思念,守候在母亲身旁

七、上网查找关于新格律诗的相关知识,摘抄相同时期的新诗两首。

第3课 风 流 歌

【学习导航】

纪宇,原名苏积玉,山东荣成人,中国当代著名诗人。《风流歌》是其代表作,也是其成名作,影响了一大批热爱诗歌的读者。出版过《金色的航线》《船台涛声》《五色草》《风流歌》《山海魂》和长诗《20世纪诗典》等10余部诗集,著有诗论《诗之梦》,组诗《春天的小花》被编入美国出版的教科书。纪宇的诗,字里行间都流露出真情。他的诗风,既有"大江东去"之豪放,又有"小桥流水"之神韵。

本诗所用的艺术表现手法如下:

1. 丰富生动的形象

诗人要讴歌的风流是抽象、无形的。如何把抽象、无形的"风流"表达得具体、实在,让人可以感受得到、触摸得到、易于理解呢?诗人在这一点上秉承了中国诗歌的传统手法——化无形为有形,即把"风流"化为无数具体、生动、可感的诗歌形象。诗歌自始至终除了极少数的诗节是诗人直接的语言表达外,其余每一个诗节中都有一个或两个具体的诗歌形象;从自然界的物象(彩蝶、白鸥、清风、碧水、合欢花的柱头、并蒂莲下的嫩藕)到生活中的物品(如一壶美酒、一条白绸、一台车头),从新时代的知名人物(运动员、学者、军人、焦裕禄、雷锋)到普普通通的劳动者。正是无数这样鲜明生动、感性具体的形象,把"风流"演绎得淋漓尽致。

2. 起伏有致的抒情节奏

总体来讲诗歌的感情基调是慷慨激昂的,但是具体到诗歌的每一部分、不同的诗节,抒情的节奏又表现出或轻松明快,或舒缓凝重,使诗歌的抒情节奏起伏有致。

3. 整齐的结构和整散结合的句式

全诗结构整齐,每一诗节都由上下两句构成,在内容的表达上或上下相对,或上下相承。这使诗歌具有了厚重、稳健、恢宏的气势。

具体到每一节诗,又表现出整句和散句交错配合、错落有致的特点。所谓整句,是指排列在一起的一对或一串结构相同或相似、语气一致的句子;而散句,是指句子的结构方式各不相同,句型长短不一、语气各异的一组句子。此诗以整句为主体,夹以散句。整句又多用比喻、拟人、对偶、排比等修辞手法,使诗歌具有形式上的整齐美和表意上的凝重美。而散句灵活自然,使诗歌具有了形式上的变化美和表意上的飘逸美。整句与散句结合使用,取得了生动活泼的艺术效果。

4. 铿锵和谐的韵律

《风流歌》之所以能风靡全国,广为传诵,一个很重要的因素是它铿锵和谐、朗朗上口的韵律非常适合朗诵,尤其适合男女合诵,具有"可诵性"、"悦众耳"(朱自清语)的特征。纪宇在谈到诗歌创作时曾说:"我认为诗应该有激情、有形象、有思想,同时还应该有哲理、有韵律。诗必须是美的,从外观形式到所蕴内容,尤其重要的是语言……我追求的语言是:诵能上口,朗朗有声,如行云流水,通畅易懂;读可悦目……"此诗在语言和韵律方面确实达到了诗人追求的境界。

《风流歌》虽然是长诗,但全诗一韵到底,不但每一诗节都押韵,而且除少数诗节外句句押韵。此诗的韵脚是"ou"或"iu",从现代音韵看二者是不同的韵母,但在古音韵中二者同属幽部韵,因此说此诗是一韵到底,中间不换韵。这样押韵产生的艺术效果是增强了诗歌抒情的气势和朗诵的韵律感。

5. 繁密贴切的修辞

诗歌修辞方法的运用既繁密又贴切,比喻、排比、对偶、拟人等多种修辞手法结合运用,不但增强了诗歌的形象性,具体生动地表达了诗歌的主题,而且构成了一种多层次的韵律美,创造了一种令人向往的艺术境界。

【扩展练习】

一、给下列加点的字注音。

追腥逐臭(　　)　　澎湃(　　)　　嬉游(　　)　　花蕊(　　)
嫩藕(　　)　　恪守(　　)　　歼灭(　　)　　切磋(　　)

二、查字典,写出对"风流"的解释,并指出在本诗中是什么意思。

三、反复朗读全诗,回答下列问题。

1. 在诗歌的第一部分,诗人借助哪些形象来描述风流?诗人自问:"这样的理解是不是浅陋?"你认为浅陋吗?

2. 诗人认为真正的风流应该是怎样的?在课本上画出关键的诗句和词语,并用一段连贯的话表述出来。

四、品味诗歌的语言,回答下列问题。

1. 诗歌的第一小节是什么句式？在表达上具有怎样的作用？

2. 在下列诗节中,两个"她"分别指代什么？使用了什么修辞方法？
把祖国请到世界体坛的领奖台上,让她听一听国歌的鸣奏;
把红旗插在珠穆朗玛峰的最高峰,让她摸一摸蓝天的额头！

五、指出下面诗句的句式特点和作用,并仿写一个句子。
我是一个人,有肉,有血,
我有一颗心,会喜,会愁；

六、填充下列诗节,然后根据要求完成各题。
理想说："风流＿＿＿＿＿＿＿＿＿＿。"
青春说："风流＿＿＿＿＿＿＿＿＿＿。"
友谊说："风流是＿＿＿＿＿＿＿＿＿＿。"
爱情说："风流是＿＿＿＿＿＿＿＿＿＿。"
道德说："风流是我＿＿＿＿＿＿＿＿＿＿。"
时代说："风流是我＿＿＿＿＿＿＿＿＿＿……"

1. 这三个诗节运用的修辞手法有＿＿＿＿＿＿＿＿＿。

2. 用"/"画出各句的停顿。

3. 指出"合欢花蕊的柱头"、"并蒂莲下的嫩藕"这两个诗歌形象产生的艺术效果。

4. 诵读这一部分,体味其感情基调。

七、下面的诗节选自《风流歌》第二部分。有感情地朗读,然后回答问题。

　　人类多长寿,我就多长寿,/我比甲骨文的历史更加悠久。
　　我曾和屈原一起质问苍天,/我曾与张衡共同观测地球;
　　张骞通西域,我在鞍前,/鉴真东渡海,我在船后。
　　我曾陪花木兰替父从军,/我曾跟佘太君挂帅御寇;
　　多少回呵,我随英雄报深仇,/一声吼:"不扫奸贼誓不休!"
　　多少次呵,我伴志士同登楼,/高声唱:"先天下之忧而忧"……
　　血沃的中原呵,古老的神州,/有多少风流人物千古不朽!

1. 这几个诗节是从什么角度来描述风流的?

2. 借助图书或网络资源,了解所赞颂的历史人物所处的年代及事迹。

3. 写出"先天下之忧而忧"的出处与作者,并把这一名句补充完整。

八、综合实践活动。

下面是王蒙的小说《青春万岁》中的序诗,先朗读,然后模仿此诗的某些诗句或诗节,以"青春"为主题,写一首诗,字数不限。

　　所有的日子,所有的日子都来吧,/让我编织你们,/用青春的金线,和幸福的璎珞,/编织你们。

　　有那小船上的歌笑,月下校园的欢舞,/细雨蒙蒙里踏青,初雪的早晨行军,/还有热烈的争论,/跃动的、温暖的心……

　　是转眼过去了的日子,也是充满遐想的日子,/纷纷的心愿迷离,像春天的雨,/我们有时间,有力量,有燃烧的信念,/我们渴望生活,渴望在天上飞。

　　是单纯的日子,也是多变的日子,/浩大的世界,样样叫我们好奇,/从来都兴高采烈,从来不淡漠,/眼泪,欢笑,深思,全是第一次。

　　所有的日子都去吧,都去吧,/在生活中我快乐地向前,/多沉重的担子我不会发软,/多严峻的战斗我不会丢脸。

　　有一天,/擦完了枪,擦完了机器,擦完了汗,/我想念你们,招呼你们,/并且怀着骄傲注视你们!

第二单元 练习与测试

一、选择题。

1. 下列词语中,加点字的读音全部正确的一项是(　　)。
   A. 虹霓(ní)　　霹雳(pī)　　嬉游(xì)
   B. 长篙(gāo)　　香醇(chún)　　思量(liàng)
   C. 慢溯(sù)　　流岚(lán)　　痴(chī)情
   D. 雾霭(ǎi)　　卤(lú)莽　　慰藉(jì)

2. 下列词语中,没有错别字的一组是(　　)。
   A. 辜负　蜡炬　荟粹　栋梁　　　B. 红硕　桎梏　卷念　耕耘
   C. 殷勤　火炬　炫耀　凝视　　　D. 严峻　急燥　景致　花蕊

3. 下列诗句都选自舒婷的作品,根据你的理解,不是表达爱情宣言的一句是(　　)。
   A. 我是你河边上破旧的老水车/数百年来纺着疲惫的歌/我是你额上熏黑的矿灯/照你在历史的隧洞里蜗行摸索。
   B. 与其在悬崖上展览千年/不如在爱人肩头痛哭一晚。
   C. 爱——/不仅爱你伟岸的身躯/也爱你坚持的位置,足下的土地。
   D. 难道真挚的爱/将随着船板一起腐烂/难道飞翔的灵魂/将终身监禁在自由的门槛。

4. 《炉中煤》一文副标题的作用是(　　)
   A. 介绍背景　　B. 引出正题　　C. 点明主题　　D. 概括正题意义

5. 对下列诗句修辞方法的分析,不恰当的一项是(　　)。
   A. 你该知道我的前身?/你该不嫌我黑奴卤莽?（反问）
   B. 桃花潭水深千尺,不及汪伦送我情。（比喻）
   C. 每一阵风吹过/我们都互相致意。（拟人）
   D. 轻轻的我走了/正如我轻轻的来/我轻轻的招手/作别西边的云彩。（反复）

6. 对《炉中煤》这首诗的赏析,不恰当的一项是(　　)。
   A. "啊,我年青的女郎!"喊出了诗人蓄积已久的眷念祖国的热烈感情。
   B. 诗人把自己比作在炉中燃烧的煤,旨在表现自己思念祖国的炽烈感情。
   C. "我活埋在地底多年,到今朝总得重见天光。"是指诗人长期被黑暗社会所压抑,到现在才获得自由。
   D. 全诗风格豪放、明朗,音调和谐流畅。在一系列的比喻中寄托了诗人的深情和热望,极富美感,令人振奋。

二、文学常识填空。

1. 诗歌的主要特征有三点,一是_____,二是_____,三是_____。

2. 《致橡树》作者_____,诗人通过_____的手法,用_____的方式展示了富有时代气息的爱情追求。"橡树"象征_____,"木棉"象征_____。

3. 《炉中煤》的作者_____,现代著名作家,_____,_____,_____,考古学家和_____家,原名_____,笔名_____。

4. 《风流歌》的作者是_____,山东荣成人,我国_____(时代)诗人。

三、阅读《炉中煤》,回答问题。

炉 中 煤
——眷恋祖国的情绪

啊,我年青的女郎!
我不辜负你的殷勤,
你也不要辜负了我的思量。
我为我心爱的人儿
燃到了这般模样!

啊,我年青的女郎!
你该知道了我的前身?
你该不嫌我黑奴卤莽?
因我这黑奴的胸中,
才有火一样的心肠。

啊,我年青的女郎!
我想我的前身
原来是有用的栋梁,
我活埋在地底多年,
到今朝总得重见天光。

啊,我年青的女郎!
我自从重见天光,
我常常思念我的故乡,
我为我心爱的人儿,
燃到了这般模样!

1. 诗中用"年青的女郎"、"心爱的人儿"比喻什么?

2. 写出全诗的韵脚：

3. "啊，我年青的女郎"这句话反复出现造成了什么效果？首尾两节呼应又有何作用？

四、阅读徐志摩的《沙扬娜拉》，对此诗理解不正确的一项是（　　　）。

沙 扬 娜 拉
——赠日本女郎

最是那一低头的温柔
像一朵水莲花不胜凉风的娇羞，
道一声珍重，道一声珍重，
那一声珍重里有甜蜜的忧愁——
沙扬娜拉

注："沙扬娜拉"，日本语，"再见"的意思。

A. 副题"赠日本女郎"是对正题的补充、解释。
B. 这首诗运用了比喻、象征和反复的修辞手法。
C. 这首诗语言轻盈柔和，体现了徐诗飘逸婉曲的风格。
D. "甜蜜"和"忧愁"似有矛盾，实际上准确地表达了作者对日本女郎依依不舍的感情，正因为相聚是甜蜜的，所以离别才更加让人伤怀。

五、口语交际。

将你最近听说的身边的故事复述给同学听，要求内容准确完整，脉络清晰连贯，语言自然流畅。

六、读下面的诗歌，完成作文。

散步的时候/我走直路/儿子却故意/把路走弯/我说/把路走直/就是捷径/儿子说/把路走弯/路就延长。

针对这首诗，可抒发你对人生的感受；可阐发你对人生路的看法；可将此诗改写成记叙文；也可对诗的内容或形式加以评说。角度自选，题目自拟，不少于700字。

第三单元

探索奥秘

第1课 南州六月荔枝丹

【学习导航】

贾祖璋(1901—1988),浙江海宁人。1920年毕业于浙江省第一师范学校。曾任商务印书馆、开明书店编辑。新中国成立后,历任中国青年出版社副总编辑兼编辑室主任、科学普及出版社副总编辑、福建省科协顾问、福建省出版工作者协会顾问、中国科普创作协会副理事长、福建省科普创作协会理事长、中国民主促进会中央参议委员会常委等职。

贾祖璋先生是著名的科普作家。早在20世纪30年代,他就已是中国科学小品的开拓者之一,六十多年笔耕不辍。他的作品以多姿多彩的文学形式,生动活泼地传播以生物学为主的科学知识,实现科学与文学的联姻。他的科普作品对普及科学知识,激发人们的爱国主义思想,增强民族自尊心、自信心和凝聚力,起到了潜移默化的作用。他以绚丽多彩的自然界为描述对象,把丰富的科学知识、历史知识和文学知识融为一体,用生动的独具风格的科学小品体裁,向读者描绘了奇妙的生物世界中的种种珍闻趣事。

本课课文是一篇介绍科学常识的文艺性说明文,既有丰富的知识,又有很强的科学性,还有清新诱人的诗意,阅读这篇文章是很有趣味的。文章的结构如下:

第一部分,主要说明荔枝的生态特征。第一层,引出说明的对象。开头引出白居易《荔枝图序》中描写荔枝的一段话,叙述幼年时对荔枝形态的疑问,造成悬念,激发读者因好奇而探究的兴趣。第二层,介绍荔枝的外部形态。从荔枝的外壳写起,照应首段引文中的"壳如红缯"一句,接着分别介绍了荔枝果实的颜色、形状、大小、重量。第三层,说明荔枝的果实构造。先说荔枝的膜,照应"膜如紫绡"一句;再写果肉,照应"莹白如冰雪"一句;接着介绍荔枝的贮运,从另一侧面说明果实的生态特点;然后介绍荔枝核,附带说了荔枝花。第二部分,介绍有关荔枝的生产情况。先说荔枝的产地分布,再介绍荔枝的栽培历史及其有关书籍记载,接着说明荔枝种植受限,最后提出大力发展荔枝生产的建议。

本课课文的写作特点:抓住特征说明事物。

1. 从不同角度、不同侧面来说明荔枝的特征。例如,先介绍荔枝果实的外部形态,又介绍荔枝果实的内部构造,再介绍荔枝的生产、栽培情况。而在从某一角度和侧面作介绍时,又从多方面加以具体说明。例如,在介绍荔枝果实的外部形态时,从果实的壳面构造、颜色、形状、大小、重量等方面说明特征;在介绍荔枝果实的内部构造时,从荔枝的膜、果肉、果核等方面说明特征;在介绍有关荔枝生产情况时,从生产地域、栽培历史、生长习性等方面说明特征。

2. 博引古诗文及有关资料来说明荔枝的特征。文中多处引用了古诗文和有关资料,既说明了荔枝各方面的特征,又给文章增添了不少情趣和文化内涵。

【扩展练习】

一、根据要求,完成下列各题。

1. 根据拼音,写出汉字。

红 zēng（　　）　　紫 xiāo（　　）　　lǐ lào（　　）　　jiàng（　　）囊

dì（　　）部　　萌 niè（　　）　　吹 xū（　　）　　ráng（　　）肉

2. 给加点字注音。

粗糙（　　）　　龟（　　）裂　　渣滓（　　）

贮（　　）藏　　阙（　　）下　　日啖（　　）

二、解释下列词语。

逼真：_____

兼程：_____

绚丽：_____

次第：_____

迁怒：_____

更足珍惜：_____

幅员广阔：_____

因地制宜：_____

三、本课课文作为一篇介绍科学常识的文艺性说明文,运用了多种说明方法,如打比方、举例子、引用等,试举例说明。

四、阅读理解。阅读下面文字,完成各题。

(一)

荔枝呈心脏形、卵圆形或圆形,通常上大而下稍小。蒂部略凹,周围微微突起,称为果肩;有的一边高,一边低。下端叫果顶,浑圆或尖圆。两侧从果顶到蒂部有一条沟,叫做缝合线,显隐随品种而不同。旧记载有细长如指形的"龙牙",有圆小如珠的"珍珠",这些品种缺少经济价值,现在已经没有了。

荔枝大小,通常是直径三四厘米,重十余克到二十余克。20世纪60年代,广东调查得知,有鹅蛋荔和丁香大荔,重达四五十克。还有四川合江产的"楠木叶",《四川果树良种图谱》说它重十九克左右,《中国果树栽培学》则说大者重达六十克。

1. 以上的文字说明的主要内容是:

2. 第一自然段的说明顺序是:

3. 上面两段文字使用的说明方法主要有:

(二)

荔枝原产于我国,是我国的特产。海南岛和廉江有野生的荔枝林,可为我国是原产地的明证。据记载,南越王尉佗曾向汉高祖进贡荔枝,足见当时广东已有荔枝。它的栽培历史,就从那个时候算起,也已在2000年以上了。唐代对四川荔枝多有记述。福建荔枝旧无记载,自从蔡襄的《荔枝谱》(1059年)成书以后,就最为人所重视。荔枝也产于广西和云南,却很少有人说起。

1. 这段文字的主要内容是什么?

2. 哪些证据可以证明"荔枝原产于我国"?

3. 本段最主要的说明方法是什么?

第 2 课　谈 谈 记 忆

【学习导航】

邵道生(1942—　)，研究员。1965年8月毕业于华东师范大学教育系，1965年9月至1981年11月，在中国科学院心理研究所工作，后调入中国社会科学院青少年研究所工作。代表作有《中国青少年犯罪学》、《青少年犯罪心理学》等。

本文是一篇介绍记忆心理特征的科技说明文。文章虽然使用了一些术语和专用名词，但所举事例与生活较接近，又恰当地运用了多种说明方法，因而阅读难度不大。本文充分体现了说明文语言准确、周密、简明、平实的特点。

本文共11段，分成两个部分。第一部分(第1段)总说，介绍记忆的定义和作用。第二部分(第2—11段)具体说明记忆的各种形态，可分为四层。第一层(第2—4段)介绍记忆过程的三个环节：识记、保持和再现。第二层(第5—9段)介绍记忆品质及其四个指标。第三层(第10段)、第四层(第11段)，介绍不同年龄段的记忆特点以及记忆类型。

本文的写作特点如下：

1. 为了达到语言准确的要求，课文较多地运用了定义说明的方法，如对学习、记忆、识记、保持、再认、再现，以及记忆广度、记忆速度、记忆的准确性、记忆的持久性等概念的定义说明，准确地揭示出它们的本质属性。有些术语，作者虽未使用下定义的方法，但在解释它们时，用了一些修饰、限制的词语和层次关系很明确的复句，使其含义十分周密而准确。

2. 在语言的简明、平实方面，课文没有使用带感情色彩的词语，没有作任何烘托和渲染，用语简洁利落，毫无拖泥带水之感。为充分说明这个方面，读者可以与《南州六月荔枝丹》这篇课文作一下比较。

【扩展练习】

一、本文是一篇介绍记忆心理特征的科技说明文，结构清晰。请快速阅读课文，填充完整。

1. 第一部分总说，介绍记忆的_____和_____。

2. 第二部分，介绍记忆的各种状态。第一层介绍记忆的三个环节：_____、_____和_____再现，这一层主要采用了_____和_____说明的方法。第二层，介绍记忆_____及其四个指标。第二层、第四层介绍不同年龄阶段的记忆特点以及记忆类型。

二、推敲下列各句中加点的词语,看看用和不用这些词语说明效果有什么不同。

1. 记忆,是人类认识和改造世界的基础,是人们智力活动的一个重要组成部分。

2. 有意识记则是一种复杂的智力活动……在人类的学习活动中起着重要的作用。

3. 每个人的记忆品质是不尽相同的。

4. 成年人的生活经验较丰富,语言能力和逻辑思维能力比较强,对一些具有逻辑意义的内容容易记住。

三、到了青少年时期,人的大脑发育趋于成熟,而且精力充沛旺盛,是记忆力的最佳时期,堪称记忆的黄金时代,这时不但对事物很容易记住,而且也容易长久保持,但抽象逻辑意义的内容相对于成年人来说不太容易记住。下面请同学们测试一下自己的逻辑记忆能力。

朗读下面的文章,读完后将书合上,把这段文章默写出来。

① 美国的/班船/纽约号/于星期一的/黄昏/在利物浦/附近/触了礁。/虽然是风雪交加/,茫茫黑夜,/60个/乘客/包括18个妇女,/仍然全部得救。/救生艇/在大海里/漂泊如萍,/第二天/被美国的/汽艇/拖进海港。

② 法国/著名/作家/雨果/在40岁时/,心脏病/恶性发作,/有人/惋惜/这颗文坛/巨星/将要陨落。/但是/作家/并不悲观,/他在医生的/监督下/,开始/进行体育锻炼。/每天清晨/出外散步,/做操,/打拳,/以后/跑步,/游泳,/爬山,/结果身体好转,/体质增强,/一直活到1855年,/享年/84岁。/

时限:6分钟。

计分:每个单元(斜线所示)记一分。两段分数的平均分为实际得分。

最高分:27分。

四、课下请同学们通过书籍、网络等进一步查找有关记忆的资料,训练自己各方面的记忆能力。

第3课　台湾蝴蝶甲天下

【学习导航】

丛培香，女，生于1940年，山东威海人，毕业于山东大学中文系。策划、主编七十余部散文和纪实类作品。

本文是一篇介绍台湾蝴蝶的说明文，主要介绍了蝴蝶的种类、生活习性、活动区域、生理机能和工艺价值等情况。标题中"甲天下"意为天下第一，生动揭示了台湾蝴蝶的特殊地位。

本文主要有以下写作特点。

1. 抓住事物特征进行说明。一是从整体上介绍了台湾蝴蝶的特征，又从个体上抓住独具特色的三种蝴蝶逐个详细介绍，这样就会使人对台湾蝴蝶有了既全面又具体的了解，印象也会深刻。二是从事物之间相互关系上来说明台湾蝴蝶的特征，台湾蝴蝶之所以闻名世界，是因为有适合它生长的独特自然条件，从而使人们对台湾蝴蝶的特征了解得更清楚、更全面。

2. 采用逻辑顺序，文章脉络清晰。全文或按照事物内在联系，或按照由因到果、由一般到特殊、由总到分的顺序介绍，符合人们的认识规律，读来如行云流水，水到渠成。

3. 运用具有描摹性的说明语言，增强文章的生动性和趣味性。例如，课文以美丽的春光图开篇，所介绍的蝴蝶和自然环境美丽而奇特，绿草如茵、灿烂夺目、五彩缤纷、千姿百态等优美生动的词语，增强了文章的形象性和感情色彩，给人以美的感受，并留下深刻印象。

本文学习重点是从不同角度抓住事物特征进行说明，运用描摹性的语言说明事物，难点是从事物的内在联系上说明事物的特征。学习时，可在通读全文的基础上，先理解台湾蝴蝶之所以名列世界之冠，是因为有适合它繁殖的自然条件，然后筛选出本文是从哪几个角度来说明蝴蝶特征的。

【扩展练习】

一、根据要求，完成下列各题。

1. 给下列加点的字注音。

迁徙（　　）　　翩翩起舞（　　）　　袅绕（　　）　　古木参天（　　）
同胞（　　）　　区域（　　）　　流水潺潺（　　）

2. 根据拼音写出相应的汉字。

产 luǎn（　　）　　绿草如 yīn（　　）　　心旷神 yí（　　）

水 pàn（　　）　　情不自 jīn（　　）　　五彩 bīn 纷（　　）

二、辨析括号中词语的意思，选择最恰当的词语填在横线上。

1. 一般说来，人们对祖国大陆上生长的蝴蝶，都有一定的_____，但是，对台湾省生长的蝴蝶，就了解得不多。
（体察　观察）

2. 试问有多少人知道，台湾竟是世界上_____的"蝴蝶王国"！
（知名　著名）

3. 蝴蝶犹如带带浮云，片片彩霞，在空中袅绕飘动，不时变化出自然_____，真是美丽极了！
（景观　奇观）

三、根据课文内容填写恰当的词，体会说明文语言的准确、周密。

1. 这些蝴蝶谷，_____是三十度的斜坡，_____陡_____深，没有溪流，谷向与海岸线平行，季风吹不进，谷里温暖如春。

2. 至于"蛇头蝶"，_____它翅膀上端长着像蛇头一样的图案，_____称为"蛇头蝶"。

3. 是的，人们爱台湾的蝴蝶，_____它们是美丽的，_____美丽的东西，总为人类所喜爱；人们爱台湾的蝴蝶，_____它们是报春者，海峡两岸的同胞，_____盼着它们早日报告春天的信息。

四、阅读下面的文段，回答问题。

台湾蝴蝶的活动区域，主要在南投县的埔里、雾社及阿里山的山林地带。在屏东县还发现了九处蝴蝶谷。这些蝴蝶谷，大都是三十度的斜坡，又陡又深，没有溪流，谷向与海岸线平行，季风吹不进，谷里温暖如春。因此，每年一入冬，成千上万五光十色的蝴蝶，就像候鸟迁徙一样，浩浩荡荡飞进蝴蝶谷里过冬。前几年，在高雄县的美浓镇，又发现了一处新型的蝴蝶谷。它原名叫"双溪河谷"，由于这里盛产黄色的蝴蝶，所以又起名叫"黄蝶幽谷"。谷内古木参天，流水潺潺，野草翠绿，鸟语花香，环境十分清幽。这个谷里的蝴蝶与其他谷里的蝴蝶相比，有很大不同（　　）其他谷里的蝴蝶，只是到了冬天才飞进谷里避风寒（　　）到了春天，又飞回原地产卵，传宗接代（　　）而"黄蝶幽谷"中的蝴蝶（　　）却是世世代代在这里繁殖生长，永远不离开它们的"故土"。

1. 在文段（　　）中填入的标点符号，正确的一组是（　　）。
　　A. ：，；，　　　　　　B. ：，，，
　　C. ：，。，　　　　　　D. ：。；，

2. 解释文中加点的词语。
迁徙：_____

潺潺：_____

3. 概括这段文字的主要内容。

_____

4. 这段文字运用的说明方法是：_____、_____。

5. 试分析本段文字的语言特色。

_____

五、蝴蝶被誉为"会飞的花朵"、"虫国的佳丽"，因其形美、色美、情美被人们广泛欣赏，历代咏颂。你知道关于蝴蝶的神话传说或诗词吗？通过书籍、网络查找有关资料，简单写一写，与同学交流分享。

六、写作。

选择一种你喜欢的动物、植物、工艺品，运用描摹性的语言写一篇短文。

第三单元 练习与测试

一、选择题。

1. 下面词语中加点字的注音全部正确的一组是（　　）。
   A. 褐(hè)色　　间(jiān)作　　溪畔(pàn)　　扶掖(yè)
   B. 蒂(dì)部　　楸(qiū)叶　　袅绕(niǎo)　　喋喋不休(dié)
   C. 紫绡(xiāo)　　黏(nián)液　　丧失殆(dài)尽　　反馈(guì)
   D. 逻辑(jí)　　飞骑(qí)　　参(cān)天　　阙(què)下

2. 下列词语中，没有错别字的一组是（　　）。
   A. 粗造　瓜熟蒂落　吹虚　萌蘖　　B. 扶掖　五采缤纷　翱翔　濡养
   C. 夭折　怨天尤人　落寞　厄运　　D. 啜嚅　感人肺腑　逻缉　体察

3. 下列句子中加点的成语使用不恰当的一项是（　　）。
   A. 我们对待文化遗产要采取批评继承的态度，推陈出新，从而创造出更好的作品。
   B. 李明与王晓辉学习成绩都可以，真可以说是半斤八两，不相上下。
   C. 在学习中，如果不掌握科学的方法，只靠死记硬背，往往会事倍功半。
   D. 对同志无论表扬还是批评，都要实事求是，恰如其分。

4. 下列句子中标点符号使用不当的一项是（　　）。
   A. 所谓"膜如紫绡"，是指壳内紧贴壳的内壁的白色薄膜。
   B. 上了小学，老师讲授白居易的《荔枝图序》，读到"壳如红缯，膜如紫绡，瓤肉莹白如冰雪，浆液甘酸如醴酪"，实在无法理解，荔枝哪里会是红色的？
   C. 泡桐成长很快，管理得好，五六年即可成材，群众中有"三年成林，五年成材"之说。
   D. 徽宗写诗吹嘘说："密移造化出闽山，禁御新栽荔枝丹"，实际上不过当年成熟一次而已。

5. "现在科学发达，使荔枝北移，将来也许不是完全不可能的事。"与这句话意思相同的一句是（　　）
   A. 现在科学发达，使荔枝在北方成活，将来一定是可以实现的。
   B. 现在科学发达，使荔枝向北方移植，将来是不一定有可能实现的。
   C. 现在科学发达，使荔枝移植到北方，不可能在将来不取得成功。
   D. 现在科学发达，使荔枝向北方移植，将来是有可能成功的。

二、诗词配对。

盈盈荷瓣风前落,片片桃花雨后娇。　　宋代苏轼《惠州一绝》

一骑红尘妃子笑,无人知是荔枝来。　　明代徐𤊹《咏荔枝膜》

密移造化出闽山,禁御新栽荔枝丹。　　唐代徐寅《荔枝》

日啖荔枝三百颗,不辞长作岭南人。　　唐代杜牧《过华清宫绝句》

朱弹星丸灿日光,绿琼枝散小香囊。　　宋徽宗《宣和殿荔枝》

三、填空题。

1.《南州六月荔枝丹》选自《_____》,作者_____,我国著名的科普作家。标题从三个方面概括了荔枝的生态特征:荔枝的产地在我国的_____,成熟期在夏历_____月,成熟时的颜色为_____。

2.《台湾蝴蝶甲天下》一文既说明台湾蝴蝶的总体特征_____、_____、_____;又抓住了有代表性的个体进行说明,具体介绍三种奇特的蝴蝶,有色彩独一无二的_____,有左翅为雌性、右翅为雄性的_____,有翅膀上端长着蛇头一样的图案,并且是世界上最大的_____。

四、阅读下面的短文,回答问题。

(一)

① 我国是世界荔枝的故乡。荔枝,树形优美,树干挺拔,树叶浓密,树冠开展,树果累累,肉厚而多汁,味美有异香。

② 荔枝含葡萄糖,柠檬酸,苹果酸,精氨酸,色氨酸,叶酸,脂肪,蛋白质,维生素A、B、C等成分,实为食补、食疗之佳品。

③ 荔枝木是上乘木材。材质硬重,坚韧耐用,不怕海水浸泡,是制船板、船舵、船桨之佳料;又是作枕木、桥梁、车辆、家具的良材。

④ 荔枝树能抗污染。深圳市委旁边有座荔枝公园,内有大量荔枝树,虽处闹市却保山野本色。

(1)本文的说明中心是什么?

_____

(2)请逐段概括②~④自然段段意。

_____

(3)本文是按什么顺序进行说明的?

_____

(二)

人体干细胞

人类胚胎干细胞是人类胚胎发育早期——囊胚中未分化的细胞。囊胚外表是一层扁平细胞,可发育成胚胎的支持组织如胎盘等;中心的腔称为囊胚腔,腔内侧有内细胞群。内细胞群在形成内、中、外三个胚层时开始分化,内胚层分化形成肝、肺和肠等,中胚层分化形成骨骼、血液和肌肉等,外胚层分化形成皮肤、眼睛和神经系统等。由于内细胞群能发育成完整的个体,因而这些细胞被认为具有全能性。

成人身上也有干细胞,主要分布于骨髓、血液、大脑、胰腺等处,比如骨髓和血液中就有造血干细胞。但是,这些成年干细胞非常稀少,较难分离和纯化。它们的作用基本上是确定的,例如,骨髓中的造血干细胞在体内环境下的使命就是分化成各种血液细胞。虽然近年来发现成年干细胞也具有一定的可塑性,例如,在体外培养时,可通过改变条件让骨髓干细胞分化成神经细胞,但是目前还未发现成年干细胞能像胚胎干细胞那样具有分化出所有类型细胞的能力。同时,成年干细胞在体外难以扩增,而胚胎干细胞可以在体外扩增达三四百代。因此,生物学家们普遍认为胚胎干细胞的研究更有价值,英国生物学家戴利说:"20 世纪是药物治疗的时代,21 世纪则是细胞治疗的时代。"

目前,胚胎干细胞研究的一个重点是用来产生神经细胞,以修复受损伤的神经系统。美国霍普金斯大学一个实验室用病毒感染老鼠的脊髓神经,使之瘫痪,然后从人的胚胎组织分离出来干细胞,在体外培养一段时间后,再注射到瘫痪老鼠的脊髓中。三个月后经过治疗的老鼠能蹒跚走路,而未经治疗的老鼠依然故我。解剖结果显示,这些来自人类胚胎的干细胞已经布满了老鼠的脊髓,并具有成熟的神经细胞的特征。胚胎干细胞另一个研究重点是用于产生能分泌胰岛素的胰腺组织,再将这些胰腺组织移植到体内,以根治糖尿病。去年西班牙的研究者就将胰岛素基因转入小鼠的干细胞中,使之具有分泌胰岛素的能力,再将这些干细胞植入患糖尿病的小鼠胰腺中,结果小鼠的糖尿病症状消失了。

胚胎干细胞还有多种可能的用途。不过,医学界的美梦还需要一段时间才能变成现实。胚胎干细胞分化的组织是否会在人体内无限度地增殖,甚至形成肿瘤,科学家必须小心提防,以免未得其利,先受其害。而分离干细胞必须"杀死"胚胎,这是否属于谋杀,也正在成为媒体和饭桌上争吵不休的话题。

1. 下列对"人类胚胎干细胞"这一概念的理解,符合文意的一项是(　　)。
    A. 人类胚胎干细胞即人类胚胎发育早期囊胚外表的扁平细胞和囊胚腔内侧的内细胞群。
    B. 人类胚胎干细胞就是人类胚胎发育早期囊胚腔内侧的内细胞群。
    C. 人类胚胎干细胞是人类囊胚中可发育成胎盘、肝、肺、骨骼、皮肤等的全能性细胞。
    D. 人类胚胎干细胞不仅指人类囊胚中未分化的细胞,还指成人身上的成年干细胞。

2. 文中生物学家认为"胚胎干细胞的研究更有价值",下列不属于生物学家判断依据的一项是(　　)。

A. 成年干细胞主要分布于骨髓、血液、大脑、胰腺等处。

B. 成年干细胞非常稀少,较难分离和纯化。

C. 成年干细胞并不具有分化出所有类型细胞的能力。

D. 成年干细胞在体外难以扩增到三四百代。

3. 下列理解不符合原文意思的一项是(　　)。

A. 造血干细胞和骨髓干细胞都属于成人身上的成年干细胞。

B. 成年干细胞在体内的分化方向是确定的,在体外培养时其分化方向则是不确定的。

C. 所谓"细胞治疗的时代",主要是指利用胚胎干细胞治疗疾病的时代。

D. 利用胚胎干细胞产生能分泌胰岛素的胰腺组织以治疗糖尿病,已取得初步研究成果。

4. 根据本文提供的信息,下列推断不正确的一项是(　　)。

A. 已经证实,把胰岛素基因转入人类胚胎干细胞可以产生能分泌胰岛素的胰腺组织。

B. 从人的胚胎组织分离出来的干细胞可以培养成为其他动物的多种组织细胞。

C. 胚胎干细胞具有无限度增殖的危险,所以目前还没有条件在人体上进行移植。

D. 胚胎干细胞研究在医学上有令人鼓舞的前景,但在社会伦理上却遇到了很大麻烦。

五、在横线上填入相应的话,使下面的文字成为两组排比句。

大海就像一位诗人,把满腔的激情挥洒成一朵朵雪浪花;大海就像_____,_____;大海就像一位乐师,用愉快的旋律拨弄出一道道海浪线。走近大海,心旷神怡,你可以静坐海边观日出,也可以_____,也可以驾起小舟涉鲸波。

第四单元

青鸟使者

第1课 求职信 应聘信

【学习导航】

一、求职信

求职信是在不知道用人单位是否要聘人的情况下自己向用人单位自荐谋求职位的书信。

写求职信之前需要考虑两个问题：一是，对方需要什么？不同职业、不同岗位，由于工作性质和内容不同，对求职者的要求也不同。弄清楚对方的要求，我们就能有针对性地进行写作，从而提高求职成功的几率。二是，我能给予什么？应聘不同的职业、不同的岗位，求职信的内容应该也不一样。"放之四海而皆准"，对求职信来说是不行的。对方对人才的要求是什么，求职者就应该把自己与之相关的知识和技能提供给对方。

（一）求职信写作的四个要素

1. 说明本人基本情况和求职信息来源。简要介绍自己，重点介绍与应聘岗位相关的学历水平、经历和成就；写出信息来源。

2. 说明应聘岗位和能胜任本岗位工作的各种能力。这是核心部分，向对方表明自己有专业知识和工作经验，有技能、有成就，并且特长、兴趣、性格与工作要求相符。

3. 介绍自己的潜力。例如，向对方介绍做过的各种社会工作，预示你有潜在的管理和组织能力。缺少工作经验是因为你年轻，但年轻也是一种财富。

4. 表明希望得到答复、面试的机会，附履历表，写明联系方式。

（二）求职信写作应注意的事项

一要自信，不要过于谦虚；二要实事求是，不要弄虚作假；三要语气柔和，不要过于主观；四要用词恰当，不要措词不当，造成反感。

二、应聘信

应聘信是在招聘单位发出招聘信息后，个人针对招聘信息而写的展示自我能力和想法，主动推销自己的书面材料。

应聘信一般应达到三个目的：(1)引起注意；(2)制造出一种对应聘岗位的渴求；(3)争取雇主青睐，赢得面试机会。

应聘信写作的注意事项如下。

1. 应聘的内容准确且有条理。对自己的能力表现出自信是吸引雇主的最好方法。要阐明是在申请哪一种工作岗位，使雇主不必读完全信便知道信的目的。

2. 应聘信中的陈述说明要全面。不能一味重复个人简历，但可以谈及个人简历上难以表达的专业特长、个人品质。例如，适应能力，与他人相处的能力，个人爱好等。雇主常会考虑一种工作与另一种工作之间有何联系，因此应在信中介绍你过去曾经从事的工作，这有助于你正在谋求的职位。

3. 语气要自然，注意不要咄咄逼人，也不要卑躬乞求，只是诚恳表达自己的要求即可。

4. 结尾要说明个人简历已随函附上，并写上自己的联系方式。

5. 应聘信不应写得太长，要言简意赅，通俗易懂，要书写认真或者打印整洁。

6. 信中不应有语法、标点符号和拼写等错误。一处明显的错误就可能使雇主不再注意你的诸多才能。

【扩展练习】

一、选择题。

1. 已有职业但对所从事职业不适、不满，欲求新职业的人员写的求职信属于（　　）。

　　A. 无业、失业人员求职信　　B. 从业人员求职信　　C. 毕业生求职信

2. 一般而言，应聘者呈递应聘信时是有针对性地（　　）传递。

　　A. 单独　　　　　　　　B. 双向　　　　　　　　C. 多向

二、填空题。

1. 求职信是在_____、_____的情况下自己向用人单位自荐谋求职位的书信。

2. 写求职信的目的是_____。

3. 求职信一般由_____、_____、_____、_____、_____五部分构成。

4. 应聘信是在_____情况下，向用人单位自荐谋求职位的书信。

三、判断题。

1. 求职信还是写给领导个人比较好，这是决定是否录用的关键。　　（　　）

2. 求职信的结尾应当写上联系地址和附上所有证明材料。　　　　　（　　）

3. 求职信只要按照事实全面介绍自己就行。　　　　　　　　　　　（　　）

4. 求职信写得越长、越具体越好,越能使用人方对你产生好感。（ ）

5. 求职信必须实事求是,不可过于谦虚,也不可高傲自大。（ ）

6. 可以在求职信中简要介绍自己的为人和工作态度,让用人单位了解你的品格和素质,留下较好的印象。（ ）

四、求职信、应聘信的写作原则是什么?

五、改错题,找出下面这份应聘信在格式方面存在的问题。

尊敬的张校长：

您好！

在报纸上看到贵校的招聘启事,我对教师一职很感兴趣。我现年××岁,生于××市,今年7月从中国暨南大学华文学院华文教育系毕业。高中时期我是班里的班长。大学期间曾担任过学生会学习部部长一职,业余时间,我还参加学校各项活动。此外,我曾开办过补习班。我善于思考,有团队合作的精神。如能被贵校录用,相信能用自己所学到的知识做出贡献。

祝

身体健康！工作顺利！

××××年××月××日
杨××

第2课 感谢信 慰问信 贺信

【学习导航】

感谢信是机关、团体、单位在获得有关方面和人员的关心、支持、帮助、慰问、馈赠后,向对方表示感谢的事务书信。感谢信具有双重作用,既有感谢之意,又有表扬之情。它可以直接送给对方,也可以在对方所在地的公共场所张贴,还可以通过新闻媒介刊播,具有公开性、及时性和针对性等特点。

写感谢信时应注意:一是感谢的事项必须真实;二是感情要真挚,文字要恰当、得体;三是结构内容要完整。

慰问信是以组织或个人的名义,向在某方面做出特殊贡献或遇到意外损失的集体或个人关切致意,表示问候、同情的一种书信。

写慰问信时要注意:一是要根据慰问的情况和对象来确定写法;二是感情要真挚、热切,情深意厚;三是语言要亲切,让对方真正感到温暖,受到鼓舞。

贺信是机关、团体、单位向取得重大成就、有突出成绩或喜庆之事的有关单位或人员表示祝贺或庆贺的一种礼仪文书。贺信已成为表彰、赞扬、庆贺对方在某个方面所做贡献的重要形式,有的还用来表示慰问和赞扬。重要的贺信往往对人们有很大的激励和教育作用。

写贺信时要注意:一是要感情真挚、浓烈,给人以鼓舞;二是评价要适当而有新意,避免陈词滥调;三是文字简练,语言朴素,不堆砌华丽辞藻,不言过其实,不空喊口号。

【扩展练习】

一、给加点的字注音。

汶川(　　)　反馈(　　)　不省人事(　　)
废墟(　　)　震撼(　　)　百折不挠(　　)

二、请根据对课文的学习,回答下面的问题。

1. 感谢信的正文分为哪三个部分?

2. 慰问信有什么样的写作要求?

3. 慰问信有哪些特点？

三、写作训练。

1. 指出下文属何种文书。按该种文书的写法，在删节处补写一段内容，使之完整。

××市电信局：

　　近期，由于某房管站挖土施工，不慎砸坏××市建设银行办公楼专用电话电缆，致使楼内近伍拾对电话、电传、传真、电脑专线中断通信，造成一定的经济损失，同时也给我们的业务经营带来了十分不利的影响。

　　贵局八分局在接到故障报告后，×局长十分重视，立即组织了二十多人的抢修队，他们在××主任的带领下，对总机房的配线架、室外电缆、交接箱，逐一进行检查测试，积极进行抢修，他们在×月×日晚，冒着春寒细雨，克服困难，奋战一昼夜，终于使大楼的通信恢复了正常，用实际行动支持我们搞好社会主义经济建设。

……

中国人民建设银行××市分行

××××年×月×日

2. ××地区暴雨成灾，大部分地区被淹，交通受阻，许多人的生命和财产受到威胁和损失。××公司员工因距离较远，不能前去抗涝救灾，决定捐些钱和衣物寄去。在寄钱和衣物的同时，还准备寄去一封慰问信。请你代为起草这封慰问信。

第3课　倡议书　建议书　申请书

【学习导航】

一、倡议书

倡议书是个人或集体公开提倡某种做法，倡导某项活动，鼓动别人响应的一种信函文书。

倡议书在写作上应注意：一是倡议的原因、目的和意义要交代清楚；二是倡议的事项要具体明确、分条列出；三是倡议书行文中不能出现命令式的语气。

二、建议书

建议书是个人、单位和有关方面，为了开展某项工作，完成某项任务或进行某种活动而倡议大家一起做什么事情，或提出合理化的意见、建议时使用的一种文体。

写建议书具体应该注意以下几点：一是从实际出发，实事求是。提意见、写建议要根据具体问题、实际需要和可能的条件，而不能凭空想象，不着边际地提，这样才有助于改进工作方法，开展有益活动。二是说话得体，有分寸。首先，所提意见和建议应当比较准确、比较合理，并且要掌握一定的分寸。意欲晓之以理，首先动之以情，这样写，意见容易被接受，从而达到目的。其次，要使意见和建议在现实条件下行得通，不应该说过头话，也不应该提过高的要求，否则就无济于事了。三是内容具体、清楚、实在。建议书的核心部分是所提建议的内容。因此，写建议书不管是分条开列，还是不列条款，都应当把建议的内容写具体、写清楚，使人一目了然。这样领导、机关、单位和个人在考虑和采纳的时候才容易落到实处。切记不要说空话、套话，不要抽象、笼统。四是语言准确、精练。建议书是人们发表意见、提出建议的一种工具，因此，语言一定要准确精练，要言简义明地把具体的办法、措施准确地写出来，而不是过多地分析和论证。

三、申请书

申请书是个人、单位、集体向组织、领导提出请求，要求批准或帮助解决问题的专用书信。

申请书的作用：(1)申请书是下情上达的一种好形式。(2)申请书是一种良好的沟通手段，能够把分力变成合力，从而最大限度地做好工作。(3)申请书是争取领导支持和帮助的一种途径。(4)申请书是增加感情，引起重视的一种有效办法。

申请书写作的注意事项：(1)申请的事项要写清楚、具体，涉及的数据要准确无误。(2)理由要充分、合理，实事求是。(3)语言准确、简洁，态度诚恳、朴实。

【扩展练习】

一、选择题

1. 下级单位向上级单位或者个人向组织提出请求时使用的一种文书是(　　)。
   A. 请示　　　　B. 申请书　　　　C. 建议书　　　　D. 报告
2. 下列关于倡议书说法表述正确的一项是(　　)。
   A. 倡议书是集体所发出的提议
   B. 倡议的目的是为了发动群众,动员社会力量,同心同德,共同行动
   C. 倡议是议论、建议的意思
   D. 倡议书可以在有关会议上宣读,也可以张贴、登报
3. 下列关于建议书说法表述错误的一项是(　　)。
   A. 建议书只能上级写给下级,组织写给个人
   B. 建议书针对的是某件事的具体做法或某个问题的解决方法
   C. 建议书可以写给他人、领导或团体
   D. 建议书是用书面的形式提出自己看法和主张的一种专用书信
4. 下列关于申请书表述正确的一项是(　　)。
   A. 申请书是个人因某种需要而写给上级的
   B. 申请书只能写给单位或组织
   C. 写申请书是为了表明志愿、提出请求
   D. 入团、入党用的是志愿书,不能用申请书
5. 下列表述不符合倡议书、建议书和申请书基本格式的一项是(　　)。
   A. 倡议书、建议书和申请书都由标题、称呼、正文、结语、署名和日期组成
   B. 标题可直书文种,或在文种前加上相应的内容
   C. 称呼顶格写,为倡议、建议、申请的对象
   D. 结语一般写上鼓动性和号召性的句子即可

二、填空题

1. 倡议书的种类,从作者的角度分,可分为_____和_____两种,从_____分,有传单式倡议书、张贴式倡议书、广播式倡议书和登载式倡议书。
2. 倡议书和建议书一般由_____、_____、_____、_____、_____等几部分构成。

三、根据相关应用文知识,回答下面的问题。

1. 倡议书、建议书、申请书有什么异同点?

2. 写申请书时应注意哪些方面的问题？

四、写作练习。

　　××学校学生社团正在招聘新社员，社团有文学社、动漫社、书画社、话剧社、演讲社等。现根据你自己的兴趣爱好写一份申请书，请求加入某个社团。

第四单元　练习与测试

一、选择题。

1. 对胜利、成绩、节日、生日等喜事表示庆祝的书信是（　　）。
   A. 表扬信　　　　B. 感谢信　　　　C. 贺信　　　　D. 推荐信

2. 下列关于慰问信说法表述错误的一项是（　　）。
   A. 慰问信可以用来对遇到重大损失和困难的群众、团体表示同情、问候、鼓励和关怀
   B. 慰问信是向辛勤工作的集体或个人表示慰问、问候和致意的书信
   C. 慰问信只能以组织的名义写
   D. 节日期间对有关人员表示节日问候，也能用慰问信

3. 下列关于贺信说法表述错误的一项是（　　）。
   A. 贺信是表示庆贺的书信，带有交际和礼仪的作用
   B. 用电话、电报、传真的形式传达的贺电不属于贺信
   C. 对人的寿辰、婚姻表示祝贺也能用贺信
   D. 贺信是逢喜庆之时交流感情、密切关系的重要文字形式

4. 贺信是表示庆贺的书信，带有（　　）性质。
   A. 交际和祝贺　　B. 祝贺和礼仪　　C. 交际和礼仪　　D. 礼仪和友好

5. 下列书信中，可用于新年祝福的书信是（　　）。
   A. 感谢信　　　　B. 慰问信　　　　C. 求职信　　　　D. 表扬信

二、填空题。

1. 求职信、应聘信的正文部分主要包括的内容有：_____、_____、_____、_____等情况，还可陈述一下就职以后的_____。

2. 应聘信的开头首先要说明_____，以表明对招聘单位的关注。

3. _____是感谢对方的关心、支持或帮助所写的一种书信；_____是以组织或个人的名义，向在某方面做出特殊贡献或遇到意外损失的集体或个人关切致意，表示问候、同情的一种书信；_____是对获得胜利、取得成绩以及生日、节日等喜庆事件表示祝贺的信件。它们都属于_____书信，一般具有_____、_____、_____、_____、_____五个部分，但它常用标明性质的_____。

4. 申请书的使用范围相当广，种类也很多。按作者分类，可分为_____申请书和_____、_____公务申请书。按_____的内容分类，可分为入团、入党、困难补助、调换工作、建房、领证、承包、贷款申请书等。

三、简答题。

1. 求职信礼仪技巧有哪些？

2. 简述建议书的正文构成。

四、下面这封感谢信内容上有好几处错误，请指出并改正。

感　谢　信

珠江剧团负责同志：

  为帮助我校举办艺术节排练节目，你们及时给我们派来了高明、李菲两位老师，协助我们编排歌舞、演唱。他们工作认真，耐心指导，亲自示范。在二位老师的帮助下，经过全校广大师生的努力，大家的水平得到了很大提高，排练出了很多精彩的节目，使我校艺术节获得了很大成功。

  现在两位老师回去了，谨代表贵校全体师生向二位老师及你们表示衷心感谢，并希望今后继续得到你们的大力支持。

  此致

敬礼！

新华二中校长室（公章）

2014 年 5 月 5 日

五、写作题。

  某校经管一班团支部自入校以来，一直照顾五保户张玉芬老人，他们组织本班团员，轮流为老人买粮、料理家务，在老人生病之际更是关心备至，使老人有了幸福的晚年，请代张玉芬老人写一封感谢信给某校团委。

第五单元

诗 情 古 韵

第1课　关雎　蒹葭

【学习导航】

《诗经》是我国最早的一部诗歌总集,是中华民族三千年文学史的光辉起点。《诗经》最初称《诗》或《诗三百》,汉代儒者奉为经典,才称为《诗经》。

赋、比、兴是《诗经》常用的表现手法。"赋"就是铺陈直叙其事,即直接的描写、叙述;"比"就是打比方,即明喻、暗喻之类的比喻;"兴"就是触景生情,引起联想和想象,即用其他事物来起一个头。《诗经》基本上是四言诗,善于运用重章叠唱的方式来表达思想感情,使诗歌在韵律和修辞上都起到美的效果。《诗经》开创了我国诗歌现实主义的优良传统,对后代诗歌的发展产生了深远的影响。

《关雎》分为五段,采取重章叠唱的方式,反映了一个男青年对一个美丽姑娘的爱慕和追求,表现了古代人民追求幸福生活的朴实而又美好的愿望。其感情抒发热烈真挚,纯洁质朴,散发着一种内在的自然美。

《关雎》在描写一个痴情"君子"的人物形象时,在开篇两句的"比兴"手法以及贯穿全诗五段中的"赋"的手法运用方面,都很有特点;而作品语句的反复(窈窕淑女、参差荇菜)和双声(参差、辗转)、叠韵(窈窕、辗转)词的运用,以及语言清新质朴的特色,都使作品更富有诗歌的韵律之美。

《蒹葭》是《诗经》中历来备受赞赏的一首抒情诗,也是一首恋歌。诗分三章,每章前两句借景起兴,三四句点明主题:隔河相望,追寻"伊人";后四句描述追寻情况:一是道阻且长,二是幻象迷离,两者皆以"伊人"不可得为旨归。全诗洋溢着诗人对"伊人"的真诚向往、执着追求以及追寻不得的失望、惆怅心情。

《蒹葭》采用的重章叠句形式,不但有回环往复、一唱三叹之美,而且有层层推进、步步深化诗歌意境的作用。白露之"为霜"、"未晞"、"未已",体现了时间的推移,暗示了追求时间的漫长与追求者的执着;"伊人"、"在水一方"、"在水之湄"、"在水之涘",体现了空间的转移,暗示了追寻对象的飘忽难觅。虽然只用了几个字来表现,但其间的微妙变化和幽深意蕴却十分耐人寻味。

【扩展练习】

一、给下列词语中加点的字注音。

雎鸠(　　)(　　)　　窈窕(　　)(　　)　　好逑(　　)　　荇菜(　　)

寤寐(　　)(　　)　　蒹葭(　　)(　　)　　晞(　　)　　坻(　　)

二、解释下列词语。

窈窕：_____

参差：_____

辗转反侧：_____

在水一方：_____

溯洄：_____

三、给下列句子划分朗读节奏。

1. 关关雎鸠，在河之洲。

2. 窈窕淑女，琴瑟友之。

3. 溯游从之，宛在水中央。

四、诵读这两首诗，简要说说它们各自所要表达的主题是什么。

五、《诗经》的主要艺术表现手法有赋、比、兴等，请思考：《关雎》这首诗主要运用了什么手法？运用这种手法起到了什么作用？

六、在《蒹葭》这首诗歌中运用了景物描写，请思考：这些景物描写在诗中起到了什么作用？

七、《蒹葭》运用了重章叠句的表达方式，充分表达了诗人细腻的思想感情，请反复朗读，并体会其作用。

八、比较《关雎》和《蒹葭》在写法上的异同。

第2课　国　　殇

【学习导航】

　　《楚辞》是继《诗经》之后对中国文学产生深远影响的一部诗歌总集。《楚辞》是楚国伟大诗人屈原在楚国民间歌谣的基础上创作的一种新的诗歌。比起《诗经》中的诗，它的篇幅扩大，句式加长，不采取重章叠唱的方式；它的想象丰富，富有浪漫主义色彩，并具有楚地浓厚的地方特色。因为它是楚人独创而又有特殊形式的诗歌，自汉代以来，即被称为"楚辞"。屈原是《楚辞》的创造者，其后宋玉、唐勒等人，都仿效屈原的作品。到了汉代，更大量出现了模拟这种形式的诗歌。西汉末年，刘向辑录屈原、宋玉及汉代模拟作品，汇为一集，称为《楚辞》。因此，"楚辞"既是一种楚人特有的诗歌形式的名称，又是一部诗歌总集的名称。

　　《楚辞》作者以屈原为代表主要是因为他不但是这种诗歌形式的创始者，而且其作品的数量最多，质量也最高；他的作品的思想性和艺术性，在中国文学史上都是第一流的。他的《离骚》是楚辞的代表作，后人因此又称"楚辞"为"骚体"。

　　《国殇》分为两部分，前十句为第一部分，后八句为第二部分。第一部分，描写激烈残酷的战争场景和楚军将士英勇牺牲，浴血沙场的悲壮画面。第二部分，深切悼念阵亡将士，高度赞颂他们刚强勇武、为国捐躯的爱国精神。

　　《国殇》通过对激烈残酷战争场景的描述，高度赞颂为国捐躯的楚军将士们的大无畏英雄气概和勇敢献身的精神，表达了楚国人民对牺牲将士们的崇高敬意和作者强烈的爱国主义情怀。

　　《国殇》中战斗场面的描写很有特色。从内容上看，第一部分仅短短十句，就记叙了楚军与敌军短兵相接，壮烈牺牲的完整过程；诗中描写了吴戈、犀甲、兵车以及将士、人马等各个方面；从写法上看，作品把概括叙述与具体描写相结合，把动态描写与静止画面相结合，把明写楚军英勇和暗写敌人凶猛相结合，互相映衬，互相补充，展现了战斗场面的惨烈。作品的另一特点是前叙后赞，叙赞有机结合，完整地表现了诗的中心思想。作品运用了夸张、比喻的手法渲染战斗气氛；全诗都是七字句，而每句中的第四字又都是感叹词"兮"字，这就使全诗句式整齐，节奏感强。

【扩展练习】

一、给下列句中加点的字注音。

被（　　）犀甲　　躐（　　）余行（　　）　旌（　　）蔽日　左骖（　　）殪（　　）
援玉枹（　　）　天时怼（　　）

二、解释下列句中加点的词语。
1. 操吴戈兮被犀甲　　2. 车错毂兮短兵接　　3. 霾两轮兮絷四马
4. 援玉枹兮击鸣鼓　　5. 天时怼兮威灵怒　　6. 严杀尽兮弃原野
7. 出不入兮往不反　　8. 平原忽兮路超远　　9. 首身离兮心不惩
10. 终刚强兮不可凌

三、区分下列句中加点词的意思。
1. 既
① 诚既勇兮又以武
② 身既死兮神以灵
2. 凌
① 凌余阵兮躐余行
② 终刚强兮不可凌
3. 子
① 子魂魄兮为鬼雄
② 修我戈矛,与子同仇

四、根据课文内容填空。
1. ＿＿＿＿＿＿＿＿一句表现楚军将士英武的外貌。
2. ＿＿＿＿＿＿＿＿用夸张和比喻的手法表现敌军人多势盛,气势汹汹,＿＿＿＿＿＿＿＿则表现了楚军在箭如雨下的激战中奋不顾身、勇往直前的气概。
3. ＿＿＿＿＿＿＿＿,＿＿＿＿＿＿＿＿两句歌颂战士们视死如归的精神,表达对烈士的钦佩与悼念。
4. ＿＿＿＿＿＿＿＿,＿＿＿＿＿＿＿＿两句突出地赞颂楚国将士虽死犹生,精神不死,浩气长存。

五、给这首诗划分层次,概括层意,并说明各层之间的关系。

六、这首诗描写战斗场面,把概括叙述和具体描写相结合,把动态描绘和静止画面相结合,把暗写敌人凶猛和明写楚军奋勇相结合。试简要分析,并说说这样写的好处。

七、《诗经·采薇》是一首描写出征士兵在归途中的诗。下面是这首诗的最后一章。读后与课文作比较,说说两者在主题思想及表现方法上有什么不同。

昔我往矣,杨柳依依。今我来思,雨雪霏霏。行道迟迟,载渴载饥。我心伤悲,莫知我哀。

八、合理运用想象,将课文改写成一篇四五百字的散文。

第3课 梦游天姥吟留别

【学习导航】

　　李白(701—762),字太白,号青莲居士。祖籍陇西成纪(今甘肃秦安县),先世在隋代因罪徙西域,他出生于安西都护府的碎叶城(在今吉尔吉斯斯坦境内),约五岁时随父亲迁居绵州彰明县(今四川江油县)的青莲乡。李白青年时就漫游全国各地,天宝元年(742),因诗人贺知章推荐,到了长安,当过翰林。因蔑视权威,被排挤出京城。从此他访道求仙,赋诗饮酒,长期过着漂泊的生活。安史之乱时,他因参加永王李璘(唐玄宗之子)的幕府,受到牵连,被流放到夜郎去,途中遇赦。晚年漂泊于东南一带,后寄居于族叔当涂县令李阳冰处,并病死于当涂。

　　李白是一位才华横溢的诗人,他性格豪迈,向往建功立业,他的诗词表现出对美好理想的渴望和热烈追求。他的诗一方面强烈地抨击当时的黑暗政治,深切关怀国家的安危;另一方面热情赞美祖国雄伟壮丽的河山,歌颂真挚的友情和高尚的品德。他的诗想象丰富、奇特,风格雄健奔放,语言清新自然,是继屈原之后,出现在我国诗坛的又一位伟大的浪漫主义诗人。其作品有《李太白集》。

　　《梦游天姥吟留别》全诗分为三部分。第一部分描写入梦的缘由,第二部分描写梦游天姥山的情景,第三部分抒发梦醒后的感慨。

　　《梦游天姥吟留别》通过对梦境中天姥山的描写,展示出一幅瑰丽神奇的仙境图画,表现了诗人开阔的胸怀和对美好世界的追求,以及不满黑暗现实和对封建权贵的鄙视。

　　《梦游天姥吟留别》的写作特色有两方面。一是以奇特的想象和大胆的夸张,展现了一个充满浪漫色彩的神奇世界。而夸张、比喻、对比、衬托等方法的运用,更突出了诗人对神奇世界的热烈向往。二是运用歌行体这种形式较为自由的诗体,使诗歌句式富于变化,更适合于表达诗人豪放和宽广的情怀。

【扩展练习】

一、给下列加点的字注音。

天姥(　　)　剡溪(　　)　谢公屐(　　)　悦惊起(　　)
渌水(　　)　澹澹(　　)　栗深林(　　)　訇然(　　)

二、解释句中加点的词语。

1. 烟涛微茫信难求　　　　2. 势拔五岳掩赤城
3. 我欲因之梦吴越　　　　4. 迷花倚石忽已暝
5. 熊咆龙吟殷岩泉　　　　6. 栗深林兮惊层巅

7. 忽惊起而长嗟　　　　　　8. 安能摧眉折腰事权贵

三、根据课文内容填空。

1. 描写天姥山巍峨、挺拔的四句诗是 ＿＿＿＿＿＿，＿＿＿＿＿＿。＿＿＿＿＿＿，＿＿＿＿＿＿。

2. 诗人登山时的见闻（两句）＿＿＿＿＿＿，＿＿＿＿＿＿。

3. 描绘仙人盛会异彩缤纷的场面（句）＿＿＿＿＿＿，＿＿＿＿＿＿，＿＿＿＿＿＿。

4. 表现本诗主题的两句诗是 ＿＿＿＿＿＿，＿＿＿＿＿＿。

四、判断题。

1. 诗歌，泛指各种体裁的诗。诗是文学体裁的一种。它是通过有节奏、有韵律的语言来反映生活、抒发情感的。（　　）

2. 诗歌可分为旧体诗和新诗。广义而言，旧体诗包括旧体的诗、词、散曲（小令和套数）；狭义而言，旧体诗包括古体诗和近体诗。唐代人把当时新出现的格律诗称为近体诗，它包括律诗和绝句；而把产生于唐以前、较少有格律限制的旧体诗称为古体诗，亦称"古诗"、"古风"。（　　）

3. 旧体诗属古代诗歌，新诗属现代诗歌。毛主席的《七律·长征》就属古代诗歌。（　　）

4. 李白的诗比较真实地反映了当时的社会面貌，表现了诗人对日趋腐败的统治者的不满，以及对国家命运、人民苦难的关切。在李白的诗中，还有不少歌颂祖国大好河山的作品。李白主要运用了浪漫主义的创作方法，他的诗风清新飘逸。李白"斗酒诗百篇"，创作颇丰，可惜"十丧其九"，仅存九百余首。李白，字太白，号青莲居士，被誉为"诗仙"，又自称"谪仙"。（　　）

5. 《梦游天姥吟留别》，又题名为《梦游天姥山别东鲁诸公》。"吟"，一种诗体的名称，如《梁甫吟》。（"甫"，读 fǔ，古代加在男子名字下面的美称。）（　　）

五、简析：有人分析《梦》说全诗以"梦"为线索，分别写了入梦之由（第一段）、梦游之景（第二段）、梦醒之叹（第三段）。这样分析对不对，为什么？

六、《梦游天姥吟留别》开篇两句"海客谈瀛洲，烟涛微茫信难求"，能不能删掉，改为开门见山的方式开头？如用"越有名山曰天姥，云霞明灭或可睹"开头好不好？

七、反复诵读诗歌，并将其改写成一篇 600 字左右的记叙文。

第五单元　练习与测试

一、选择题。

1. 下列句中加点字注音有错误的一项是（　　）。
   A. 千岩万转路不定(zhuǎn)　　熊咆龙吟殷岩泉(páo)
   B. 对此欲倒东南倾(qīng)　　送我至剡溪(shàn)
   C. 渌水荡漾清猿啼(lù)　　脚著谢公屐(jī)
   D. 海客谈瀛洲(yíng)　　越人语天姥(lǎo)

2. 下列诗句中加点词语解释错误的一项是（　　）
   A. 对此欲倒东南倾。（倒：倒下。）
   B. 栗深林兮惊层巅。（栗：使……战栗。）
   C. 列缺霹雳。（列缺：指闪电。列，同"裂"。）
   D. 忽魂悸以魄动。（悸：心惊，心跳。）

3. 对下列句子中解说不当的一项是（　　）
   A. "左右芼之"的"之"指代的是"荇菜"。
   B. "寤寐求之"的"之"指代的是"窈窕淑女"。
   C. "琴瑟友之"的"友"是"亲爱"的意思，这里用作动词，且表使动。
   D. "钟鼓乐之"的"乐"是"快乐"的意思，这里用作动词，且表使动。

4. 下列说法不正确的一项是（　　）
   A. 《关雎》中"关关雎鸠，在河之洲"采用的是"兴"的手法。
   B. 《蒹葭》"所谓伊人"的"伊人"，与《关雎》中的"君子好逑"的"君子"，指的是同样的人。
   C. 《蒹葭》全诗不着一个思字、愁字，读者却可以体会到诗人那种深深的企慕和求而不得的惆怅。
   D. 《关雎》是《诗经》的第一首，选自《诗经·周南》。

5. 关于古体诗的说法，有误的一项是（　　）
   A. 一般将唐以前创作的诗称为古诗，也叫古体诗、古风。唐以后的诗一般叫律诗，格律诗，或叫近体诗。
   B. 古体诗又称古诗、古风，是相对于唐代成熟的律诗而言的。多数通篇是五言句或七言句，也有以五言、七言为主而杂有长短句的。
   C. 古诗没有严格的平仄，体现自由的抑扬韵律，用韵比较自由，可以一韵到底，也可以换韵。其篇幅一般较长，容量较大。
   D. 李白是唐代最杰出的浪漫主义诗人，他各体兼善，但尤精七古七绝，杜甫称赞他的诗为"笔落惊风雨，诗成泣鬼神"。

6. 对《蒹葭》的解说,不正确的一项是(　　)

   A. 三个诗节的首句反复咏叹蒹葭的茂盛繁密的状态,突出景物特点,渲染气氛。

   B. "白露为霜"句是写黄昏白露凝结为霜的情景;"白露未已"是写翌日清晨霜露尚未完全消散的情形。

   C. 三个诗节的第六句互为补充,分别从漫长、崎岖、曲折三个角度表现道路的艰难阻隔。

   D. 三个诗节的最后一句,是写意中人所处位置的变换:从水中央到岸边,再到水中沙滩。

7. 对《蒹葭》的赏析,不正确的一项是(　　)

   A. 此诗用芦苇、霜露、秋水等自然意象组成一幅清秋晨景图,并笼罩着一种凄清的气氛。

   B. 古诗中,"水"像是离愁的载体,因而"秋水"既实指自然景观,又特指主人公凄婉惆怅的情感。

   C. 该诗所描绘的是秋季的景色,体现出寥廓凄清的特点。通过该特点衬托出主人公因热烈追求而不可得的惆怅心情。

   D. "溯洄从之"、"溯游从之"两句在三个诗节中的重复,表现出主人公对意中人不可阻遏的渴慕和锲而不舍的追求,突出了他迎难而上的决心。

8. 屈原生活的时代是(　　)。

   A. 春秋前期　　　B. 春秋后期　　　C. 战国前期　　　D. 战国中后期

9. 对《关雎》下列说法有误的一项是(　　)

   A. 《关雎》选自《诗经·秦风》,是一首描写青年热恋采集荇菜女子的诗。

   B. "兴"是本诗的主要表现手法。

   C. 本诗结构严谨,起伏相间,四字句贯穿全篇,节奏欢快,形式整齐,感情奔放。

   D. 诗句多用"参差"、"辗转"、"窈窕"等双声叠韵词,更增强了诗歌音调的和谐。

10. 以下对《梦游天姥吟留别》分析错误的一项是(　　)

    A. 《梦游天姥吟留别》是李白游历了天姥山之后而写的一首留赠给友人的诗歌。

    B. 这首诗随诗人情感与思绪的变化,句式与节奏也在不断变化。"列缺霹雳,丘峦崩摧。洞天石扉,訇然中开"四句连用四字句,节奏紧凑,生动地描绘出洞天石门打开时的雄伟气势。

    C. 诗中特意提到南朝诗人谢灵运,是因为谢灵运在政治失意后游山玩水,曾在剡溪住过,李白有意仿效之。

D. 这首诗写于唐玄宗天宝四年,作者性格傲岸,却在长安受到权贵的排挤,所以在诗中既表现出追求自由、蔑视权贵的思想,又有无力回天的感伤。

二、填空题。

1. 《诗经》是我国古代最早的一部诗歌总集,收录了从西周到春秋时期的诗歌共有_____篇,包括_____、_____、_____三部分。

2. 《诗经》的句式以_____言为主,采用_____、_____、_____手法。

3. 统领《关雎》全篇的诗句是_____,_____。

4. 屈原,名_____,战国时期楚国人。他是我国伟大的爱国诗人,代表作《_____》是我国古代最长的抒情诗。屈原的诗歌是我国_____主义诗歌的源头。

5. 《楚辞》收集战国时代楚国_____、_____等人的诗歌。这些诗歌运用楚国的诗歌形式、方言声韵,描写楚地的风土人情,故称_____。后世称为_____。

6. 《国殇》是_____中的一篇。"国殇"的意思是_____。

三、默写课文。

1. 窈窕淑女,_____。悠哉悠哉,_____。

2. 蒹葭苍苍,_____。所谓伊人,_____。

3. 身既死兮神以灵,_____。

4. _____,使我不得开心颜?

四、阅读《关雎》,回答问题。

关关雎鸠,在河之洲。窈窕淑女,君子好逑。
参差荇菜,左右芼之。窈窕淑女,寤寐求之。
求之不得,寤寐思服。悠哉悠哉,辗转反侧。
参差荇菜,(①)。窈窕淑女,(②)。
参差荇菜,(③)。窈窕淑女,(④)。

1. 解释下列加点的字。
   A. 君子好逑:_____ B. 参差荇菜:_____
   C. 寤寐求之:_____ D. 左右芼之:_____

2. 选择下列诗句放到文中①②③④处,保持诗文的完整,正确的顺序是:( )。
   A. 钟鼓乐之 B. 左右采之 C. 左右芼之 D. 琴瑟友之

3. 请从诗中找出三个成语。

五、读李白《古风》(其十九首),完成后面的题。

西上莲花山,迢迢见明星。素手把芙蓉,虚步蹑太清。霓裳曳广带,飘拂升天行。邀我登云台,高揖卫叔卿。恍恍与之去,驾鸿凌紫冥。俯视洛阳川,茫茫走胡兵。流血涂野草,豺狼尽冠缨。

1. 依次写出这首诗押韵的字。

2. 给下列字注音释义。
① 蹑   ② 揖   ③ 曳   ④ 凌

3. 与课文比较,这两首诗描写的仙境有什么区别?

4. 体会这首诗的意境,说说末四句写了什么,表达了诗人怎样的思想感情?

5. 对诗中语句的解说,不恰当的一项是(　　)
   A. 首句写诗人在想象中登上西岳华山的最高峰莲花峰,经过千里跋涉,终于见到明星仙女。
   B. 第二、三句描绘了一幅优雅缥缈的神女飞天图。玉女的纤纤素手拈着粉红的芙蓉,凌空而行,游于高高的太清,雪白的霓裳曳着宽广的长带,迎风飘举,升向天际。
   C. 第四、五句是诗人想象被邀请来到云台峰,与仙人卫叔卿长揖见礼,并一同遨游于太空。
   D. 第六、七句描写被胡兵占据的洛阳一带,人民惨遭屠戮,血流遍野,而逆臣安禄山及其部属却衣冠簪缨,坐了朝廷。

6. 对这首诗的赏析,不恰当的一项是(　　)
   A. 这是一首用游仙体写的古诗,与《梦游天姥吟留别》是相同的。
   B. 诗人用卫叔卿的故事暗暗关合自己的遭遇,表达自己不事权贵、傲岸不羁的性格。
   C. 在这首古诗中,诗人出世和入世的思想矛盾是通过美妙洁净的仙境和血腥污秽的人间这样两种世界的对照表现出来的。
   D. 作者借游仙表现了对现实的反抗和对理想的追求,情调从悠扬到悲壮,风格从飘逸到沉郁。

六、阅读《梦游天姥吟留别》第二段,回答下列问题。

我欲因之梦吴越,一夜飞渡镜湖月。湖月照我影,送我至剡溪。谢公宿处今尚在,渌水荡漾清猿啼。脚著谢公屐,身登青云梯。半壁见海日,空中闻天鸡。千岩万转路不定,迷花倚石忽已暝。熊咆龙吟殷岩泉,栗深林兮惊层巅。云青青兮欲雨,水澹澹兮生烟。列缺霹雳,丘峦崩摧,洞天石扉,訇然中开。青冥浩荡不见底,日月照耀金银台。霓为衣兮风为马,云之君兮纷纷而来下。虎鼓瑟兮鸾回车,仙之人兮列如麻。忽魂悸以魄动,怳惊起而长嗟。惟觉时之枕席,失向来之烟霞。

1. 给下列字注音。

剡　　渌　　澹　　訇　　怳

2. 对下列诗句解释有误的一项是（　　）

　A. "势拔五岳掩赤城"是说天姥山的山势高过五岳,遮掩了赤城。赤城是南方一座山城的名字。

　B. "一夜飞渡镜湖月"的意思是一夜之间就飞过了倒映着月影的镜湖。镜湖又名鉴湖,"镜"、"鉴"同义。

　C. "谢公宿处今尚在"句中的"谢公"是指南朝诗人谢灵运,他游天姥山时曾在剡溪住宿。

　D. "身登青云梯"一句的意思是自己登上了直上云霄的山路。梯,指山路上的石阶。

3. 从词类活用的角度看,下列各句中加点的词与例句相同的一项是（　　）。

例句：云青青兮欲雨

　A. 栗深林兮惊层巅。　　　　　B. 半壁见海日,空中闻天鸡。

　C. 虎鼓瑟兮鸾回车。　　　　　D. 别君去兮何时还。

4. 诗人梦游天姥,写看到山上的奇异景色后,又写洞天中的仙人聚会,有什么作用？以下分析不恰当的一项是（　　）

　A. 从幽静的湖月到壮观的海日,从千岩万转的道路到令人惊恐战栗的深林层巅,再到色彩缤纷的神话世界,使诗人苦闷的灵魂得到真正的解放。

　B. 写神仙世界的景色壮丽,人物非凡,惊心炫目,光耀夺人,表达了诗人对理想生活的向往和追求。

　C. 以天姥洞天的神仙世界,隐喻长安城里的贵族乐园,以神仙世界的难以久留,曲折反映了作者在京城受权贵排挤的遭遇。

　D. 写洞天世界日月灿烂,仙人盛会雍容和睦,意在反衬现实的黑暗,诗人一心遨游仙境,正是表现其对现实的憎恶。

5. 对"忽魂悸以魄动,怳惊起而长嗟。惟觉时之枕席,失向来之烟霞。"四句理解错误的一项是（　　）

A. 这四句与"我欲因之梦吴越,一夜飞渡镜湖月"相照应,作为过渡句,一个写进入梦境,一个写回到现实。

B. 句中"忽"写出了对好梦不常惆怅,"恍"写出了梦幻破灭的烦恼,"长嗟"、"惟"、"失"写面对现实的痛苦。

C. "向来之烟霞"指诗歌开头"海客"、"越人"的言论及诗人自己对天姥山高大雄伟的描写。

D. 这四句写仙境倏忽消失,梦境旋即破灭,诗人不能随心所欲地在梦幻中翱翔,而是沉甸甸地躺在枕席之上的痛苦心情,表达对现实的不满。

6. 下列诗句在修辞上与其他三项不同的一项是(　　)

　　A. 脚著谢公屐,身登青云梯。

　　B. 霓为衣兮风为马,云之君兮纷纷而来下。

　　C. 世间行乐亦如此,古来万事东流水。

　　D. 指如削葱根。

7. "天台一万八千丈,对此欲倒东南倾"在表现手法上有什么特点?这样写有什么好处?

七、结合本单元所学古诗知识,试着写一首古体诗或近体诗。

第六单元

星火启智

第1课 《论语》十则

【学习导航】

孔子,名丘,字仲尼,鲁国陬邑人,春秋末期的思想家、教育家。他是儒家学派的创始人。自汉代以后,孔子学说成为两千余年封建文化的正统,影响极大。封建统治者一直把他尊为圣人。

《论语》是一部语录体的散文集,它是孔子的门人和再传弟子所辑录的孔子及其弟子的言行录,全面反映了孔子的哲学、政治、文化和教育思想,是关于儒家思想的最重要著作。宋代儒家把《论语》《大学》《中庸》《孟子》合称为"四书"。

《论语》十则,是从《论语》中节选的有关学习方法、学习态度及修身做人的十条语录。这十则语录都是格言警句,共分为三类:学习方法、学习态度、个人修养,每一则都表达了精深的道理,不但内容丰富,而且文字也颇具特色,句式整齐,音调和谐,读起来相当流畅,富有感染力。

第一则是个人修养,强调要学会换位思考。

第二则是学习方法,讲知识的继承和创新。

第三则是个人修养,强调要以身作则,才能为人表率。

第四则是个人修养,强调要经受得住时间的考验。

第五则是学习方法,端正学习态度、提高思想修养。强调随时都该反省自己。

第六则是学习方法,强调复习对知识的必要性。

第七则是学习态度,强调学习要和思考相结合,阐明了"学"与"思"的辩证关系。

第八则是学习态度,通过对话论述了聪敏好学、虚心求教的可贵。

第九则是学习方法和个人修养,强调无论何时何地,都要虚心向别人学习,同时要有端正的学习态度。

第十则是学习方法和个人修养,启发人们热爱学习,加强自律。

《论语》虽然是记言的语录体散文,但写得极富特色,特别是其在语言的运用上,堪称语言典范,书中许多用语因简洁明快,幽默含蓄,形象生动,哲理性强,思想深邃,内涵丰富,极富概括力而被后人引用,许多语句成为成语、格言、警句。也许正因为如此,《论语》一书才会历千百年世事沧桑而不被遗弃,至今还在深刻而广泛地影响着中国乃至世界文明发展的各个领域。学习时一定要多加诵读,才能体会到儒家经典的精髓,从而更好地把握文章的内涵。

【扩展练习】

一、给列加点的字注音并解释。

1. 不亦说(　　)乎
2. 知而不愠(　　)
3. 不思则罔(　　)
4. 三省(　　)吾身

二、解释句中加点的词。

1. 有朋(　　)自远方来
2. 为人谋而不忠(　　)乎
3. 思而不学则殆(　　)
4. 传(　　)不习乎

三、翻译句子。

1. 不亦乐乎：_____
2. 温故而知新：_____
3. 见贤思齐焉,见不贤而内自省也：_____
4. 三人行,必有我师焉：_____

四、填空题。

1.《论语》是记录春秋时期_____及其弟子言行的书,是_____家经典著作之一。

2.《〈论语〉十则》中流传至今的成语有：_____、_____、_____、_____。

3."四书"指_____、_____、_____、_____四部经典。

五、阅读文段,回答问题。

(一)子曰："三人行,必有我师焉;择其善者而从之,其不善者而改之。"

对文中的词的解释,不正确的一项是(　　)。

A."三人"指三个人　　　　　　B."焉"是语气助词,可不译
C."择"是选择之意　　　　　　D."从"是跟从,意译为学习

(二)子曰："由(姓仲,名由,字子路,孔子的学生),诲女知之乎！知之为知之,不知为不知,是知也。"

1. 找出文中的通假字,给它注音并解释。

答:＿＿＿＿＿＿＿＿＿＿＿＿＿＿＿＿＿＿＿＿＿＿＿＿＿＿＿＿＿＿＿。

2. 解释下面句子中的"知"字的意思。

① 人不知(　　)而不愠

② 温故而知(　　)新

③ 诲女知(　　)之乎

④ 知(　　)之为知(　　)之

⑤ 是知(　　)也

3. 翻译"知之为知之,不知为不知,是知也。"并谈谈这句话有何含义?

4. 试归纳下列例句哪些是谈学习态度的,哪些是谈学习方法的?

知之为知之,不知为不知。/三人行,必有我师焉。/学而时习之/学而不思则罔,思而不学则殆/温故而知新

(三)子曰:"岁寒,然后知松柏之后凋也。"从这则语录中,你能得到怎样的启示?

六、理解背诵。

1. 《论语》中阐述学习与思考关系的句子是:＿＿＿＿＿＿＿＿,＿＿＿＿＿＿＿＿。

2. 生活中表示既善于从正面学习,又善于从反面借鉴的意思时,我们常引用《论语》中的话:(也是与"取长补短"意思相近的句子)＿＿＿＿＿＿＿＿。

3. 我们要表示应当向有长处的人学习,常用"＿＿＿＿＿＿＿＿,＿＿＿＿＿＿＿＿"来表示。

4. 阐述正确的学习态度是实事求是,不能不懂装懂的句子是:＿＿＿＿＿＿＿＿,＿＿＿＿＿＿＿＿,＿＿＿＿＿＿＿＿。

5. 当别人不了解甚至误解自己时,孔子在《论语》中认为应当采取的正确态度是:＿＿＿＿＿＿＿＿,＿＿＿＿＿＿＿＿。

6. AAPP会议在重庆召开,山城百姓喜迎各国嘉宾,《论语》中有一句话可以表达这种喜悦:"＿＿＿＿＿＿＿＿"

第2课 鱼我所欲也

【学习导航】

　　孟子(前372—前289),名轲,字子舆(待考,一说字子车或子居)。战国时期邹国(今山东邹城)人,鲁国庆父后裔。中国古代著名思想家、教育家,战国时期儒家代表人物。是孔子之孙孔伋的再传弟子。与其徒公孙丑、万章等人编著《孟子》一书。孟子继承并发扬了孔子的思想,成为仅次于孔子的一代儒家宗师,有"亚圣"之称,与孔子合称为"孔孟"。

　　《孟子》是记录战国时思想家、教育家、政治家孟轲及其弟子万章等人的政治、教育、哲学、伦理等思想观点和政治活动的书,现存七篇,261章,3.5万多字。《孟子》也是"四书"(四书指的是《论语》、《孟子》、《大学》和《中庸》)之一,是中国儒家经典的书籍。

　　孟子主张人性是善的,他认为人生而具有恻隐之心、羞恶之心、辞让之心、是非之心。只要不使这些善心丧失,就在道德方面具备"仁义理智"。

　　本文提出在"生"和"义"不能兼顾的情况下,应该舍生取义的观点,并且进一步指出这是每个人都有的"本心",那些在"义"上有亏的人不过是丧失了他们的"本心"罢了。

　　本文节选自《孟子·告子上》。《告子上》的主要内容是阐明"性善说",即人性里天生就有向善的种子,所谓"恻隐之心,人皆有之;羞恶之心,人皆有之;恭敬之心,人皆有之;是非之心,人皆有之"。这种善的天性,就是人的"本心"。"本心"不可小视,因为它们分别是仁、义、礼、智这几种道德的萌芽形态:"恻隐之心,仁之端也;羞恶之心,义之端也;辞让(意近'恭敬')之心,礼之端也;是非之心,义之端也。"人应该推求"本心",顺着"本心"的方向发展,并将它发扬光大,从而成为道德上完善的人。因此,放到《告子下》全文里看,本文讲的是每个人都有"本心",无论在什么情况下,人都应该保有自己的"本心"。只要"本心"在,即使在生死关头,人也能经受住考验;而如果丧失了"本心",人就会做出有损于人格的事来。

　　本文用面对鱼和熊掌之间的抉择,比喻面对生命和大义之间的选择,孟子会毅然"舍生而取义者也"。这当中的"义"和文章最后的"此之谓失其本心"的"本心"都是指人的"羞恶之心"(按现在的通俗理解,可以理解为"廉耻之心")。因为人只有拥有"羞恶之心",才能分清哪些是道德底线可以承受的事,哪些是道德范围所不接纳的事,哪些是"所欲有甚于生"的事,这样才能不被"宫室之美"、"妻妾之奉"和"所识穷乏者得我"所诱惑,而像"不食嗟来之食"的人一样,内心有一种凛然的"义"。

　　本文主旨是"生,我所欲也,义,亦我所欲也。二者不可得兼,舍生而取义者也。"(舍生取义)

【拓展练习】

一、给下列字注音。
箪（　　）　羹（　　）　蹴（　　）　屑（　　）

二、解释下列加点的词。
1. 二者不可得兼（　　）　　2. 故不为苟得（　　）也
3. 所恶有甚（　　）于死者　　4. 故患（　　）有所不避也
5. 如（　　）使人之所欲莫甚于生　　6. 贤者能勿丧（　　）耳
7. 蹴（　　）尔而与之　　8. 万钟于我何加（　　）焉
9. 是亦不可以已（　　）乎　　10. 此之谓失其本心（　　）

三、比较下列加点词意义的异同。
1. 所识穷乏者得我欤（　　）
　　蹴尔而与之（　　）
2. 所欲有甚于生者（　　）
　　万钟于我何加焉（　　）
3. 万钟则不辨礼义而受之（　　）
　　由是则生而有不用也（　　）
4. 行道之人弗受（　　）
　　今为宫室之美为之（　　）
5. 呼尔而与之（　　）
　　由是则生而有不用也（　　）
6. 非独贤者有是心也（　　）
　　是亦不可以已乎（　　）

四、用现代汉语翻译下列句子。
1. 非独贤者有是心也，人皆有之，贤者能勿丧耳。

2. 呼尔而与之，行道之人弗受；蹴尔而与之，乞人不屑也。

3. 万钟则不辨礼义而受之，万钟于我何加焉？

4. 向为身死而不受，今为所识穷乏者得我而为之……

五、综合练习。
1. 课文中运用两两相对的句子，它们句式相同，意思相对或相反。试从课文中找出两句这样的句子，并默写出一句你以前学过的这样的句子。

2. 本文中的千古名句是哪一句？你从中得到哪些启示？

六、阅读下面的文言语段,回答问题。

鱼,我所欲也,熊掌,亦我所欲也,二者不可得兼,舍鱼而取熊掌者也。生,亦我所欲也,义,亦我所欲也,二者不可得兼,舍生而取义者也。生亦我所欲,所欲有甚于生者,故不为苟得也。死亦我所恶,所恶有甚于死者,故患有所不避也。如使人之所欲莫甚于生,则凡可以得生者何不用也?使人之所恶莫甚于死者,则凡可以避患者何不为也?由是则生而有不用也;由是则可以避患而有不为也。是故所欲有甚于生者,所恶有甚于死者。非独贤者有是心也,人皆有之,贤者能勿丧耳。

1. 解释下列加点的词。

(1)死亦我所恶(　　) 　(2)则凡可以得生者何不用也(　　)

2. 下列加点的"于"与"所欲有甚于生者"中的"于"用法相同的一项是(　　)。

  A. 指通豫南,达于汉阴 　　　　B. 子墨子闻之,起于齐

  C. 贫者语于富者 　　　　　　D. 苛政猛于虎也

3. 上文中"所欲有甚于生者"指的是_____,"所恶有甚于死者"指的是_____;"由是则生而有不用也;由是则可以避患而有不为也"一句中"由是"在文中解释为_____,"不用"、"不为"者指的是_____。

4. 这段文字主要运用了_____、_____等论证方法。

5. 这段文字的主要论点是什么?它是怎样提出来的?试简要分析。

6. "舍生取义"者在中国历史上一贯受人崇敬,请举出一位因"舍生取义"而令你崇敬的英雄人物,并默写出他的一句曾深刻影响你的名言。

7. 结合实例谈谈你对"非独贤者有是心也,人皆有之,贤者能勿丧耳"的理解。

第3课　邹忌讽齐王纳谏

【学习导航】

《战国策》是一部国别体史书,是战国时期各国历官和策士的言论辑录和谋略,这是一部研究战国历史的重要典籍。最初有《国策》、《国事》、《短长》、《事语》、《长书》、《修书》等名称,原作者已无从考证,经过西汉时期刘向整理编辑,始定名为《战国策》。此书有十二国策,总共三十三篇,分国别编辑,依次是:西周一篇,东周一篇,秦五篇,齐六篇,楚四篇,赵四篇,魏四篇,韩三篇,燕三篇,宋、卫合一篇,中山一篇。所记史实从东周贞定王十七年(前452年),到秦始皇三十一年(前216年),共245年。《战国策》反映了战国时期各国的政治斗争和社会面貌。

《战国策》长于议论和叙事,文笔流畅,生动活泼,在我国散文史上具有重要的地位。

《战国策》的内容,主要记载战国时期各国谋臣策士游说诸侯或进行谋议论辩时的政治主张和纵横捭阖、尔虞我诈的故事,也记述了一些义士豪侠不畏强暴、勇于斗争的行为。其中一些故事中的劝说往往讲究策略。邹忌的故事就是一个成功的范例。

本文通过齐人邹忌劝齐威王纳谏的故事,说明只有虚心听取他人意见,做到纳谏除弊,才能把事情做好。邹忌劝谏的对象是齐威王,目的是让齐威王听纳忠言,振兴齐国。但是文章却以很大的篇幅写邹忌与徐公的比美,以及他从中所受到的启发。邹忌用自己的例子和体会劝说齐威王,看来似与主题游离,实则是以自己的切身感受为喻,从自己的私事说起,随后用来比国事,让齐威王从两事的类比中受到启发,明白其中道理。文章的思路是由近及远,由小到大,由生活琐事推及国家大事。这种写法委婉动听,浅显易懂,能使读者受到启发和教育。

本文在写作上采用设喻说理的方法,先由用作设喻的事实写起,写了邹忌与徐公比美,妻、妾、客的赞美之辞以及邹忌对这些言辞的分析,这部分内容表面上看来似乎与讽谏无关,实际上是设喻说理的前提。接着写邹忌讽谏齐威王,正面设喻来说明君王易于受蒙蔽的道理。最后从国内和国外两个方面写出了邹忌讽谏齐威王纳谏后取得的巨大成效。从全文看,第一部分的叙事是第二部分设喻说理的前提,第二部分是设喻说理本身,第三部分则是第二部分的必然发展和结果。三部分之间联系紧密,结构严谨。此外,邹忌以自己与徐公比美这件日常生活中的小事设喻,由己及君,以小见大,由家事到国事,道理由浅入深,具有极强的说服力。

本文作者极善于刻画人物,其表现手法,不重于形体的描绘,而着墨于对人物的举止细节的摹画和对话的细微差别。例如,邹忌"朝服衣冠,窥镜","窥镜而自视"。两处都用"窥"而不用"对","窥"不能解作"偷看"而应释为"暗自",将人物私下品评自己容貌的内心世界传神地表现出来。"孰视",仔仔细细、认认真真地端详徐公,内心里反反复复地做着比较,这些细节都惟妙惟肖。再如,第一段的三问三答,句式相同而略有变化,尤其是三答,虽然异口同声地说"你比徐公美",但是各自答话的微小差别,却显示了人物关系的亲疏与各自的心态。妻的回答是不假思索的为之骄傲的,妾的回答却多少有些迟疑、紧张而谨慎,客的回答虽然斩钉截铁挺干脆,但敷衍应酬也是显而易见的。

本文通过齐人邹忌劝说齐威王纳谏的故事,说明只有虚心听取他人的意见,纳谏除弊,方能把事情做好。文章不是直抒其意,而是先从自己的切身体会谈感受,强调蒙蔽的害处。然后再说私事,层层设喻,进而谈论到君王执政这件国家大事,让齐威王从类比中受到启迪,感到察纳众言的必要。文章思路清晰,由远及近,由小到大,由生活琐事推及国家大事,层层深入。这种写法委婉生动,浅显易懂,很值得我们学习借鉴。

修法律而督奸吏。邹忌接受相印后,淳于髡前去会见他,向他提出五点建议。其中一条是"大车不经过校正,就不能托载规定的重量;琴瑟不经过校正,就不能成就五音"。意即一个国家的政治,就像大车运转、琴瑟弹奏和弦一样,要有一定的制度约束,使百官协调一致。邹忌回答说:"谨受令,请谨修法律而督奸吏。"即颁布法律,督责不法官吏,不使其为非。这样就树立起正气,打击官场中阿邑大夫之徒的歪风邪气。

【扩展练习】

一、选择题。

1. 下列加点的字注音完全正确的一项是( )。
    A. 诽谤(fēi)　　进谏(jiàn)　　宫妃(fēi)
    B. 衣冠(guān)　　畏惧(wèi)　　寝室(jǐn)
    C. 蒙蔽(bì)　　间进(jiàn)　　期年(qī)
    D. 邹忌(jì)　　窥视(kuī)　　昳丽(yì)

2. 下列词语书写有误的一项是( )。
    A. 邹忌　纳谏　讽刺　　　　B. 昳丽　孰与　窥镜
    C. 畏怯　偏爱　寡人　　　　D. 面刺　蒙敝　伫立

3. 下列加点词释义有误的一组是( )。
    A. 邹忌讽齐王(婉言进谏)　　B. 朝服衣冠(穿戴)
       形貌昳丽(光艳美丽)　　　　孰视之(通熟,仔细)
    C. 客之美我者(美丽)　　　　D. 王之蔽(受蒙蔽)
       谤讥(诽谤)　　　　　　　　皆朝于齐(朝见)

4. 与所给句子加点词意义相同的一项是(　　)。

朝服衣冠

　　A. 于是入朝见威王

　　B. 皆朝于齐

　　C. 朝济而夕设版焉

5. 下面说法有误的一项是(　　)。

　　A. 先秦历史散文体例多样,有编年体的,如《左传》;有国别体的,如《战国策》

　　B. 《战国策》是由西汉学者刘向编写而成的,分十二国策,共33篇

　　C. 《战国策》是我国历史上第一部国别体史书

　　D. 《邹忌讽齐王纳谏》中,邹忌从自己生活中的小事谈起,采用设喻讽谏的方式,使齐威王广开言路,纳谏除弊,增强国力

6. 下列叙述不符合文意的一项是(　　)。

　　A. 邹忌是个爱美之人,经常与城北徐公比美,妻妾和客人都认为他比徐公美

　　B. 邹忌能从与徐公比美的事中发现与人比没好处

　　C. 邹忌从切身感受讽喻齐威王,齐威王虚心纳谏

　　D. 齐威王听从邹忌的讽谏后,两年后达到内政修明

二、填空题。

1. 《邹忌讽齐王纳谏》选自_____,这是一部_____史书。

2. 刘向,_____末年_____家,_____家,_____家,著有_____、_____等。

3. 标题中的"讽"可解释为_____,"谏"的意思是_____。

三、阅读与鉴赏。

(一)

于是入朝见威王,曰:"臣诚知不如徐公美。臣之妻私臣,臣之妾畏臣,臣之客欲有求于臣,皆以美于徐公。今齐地方千里,百二十城,宫妇左右莫不私王,朝廷之臣莫不畏王,四境之内莫不有求于王:由此观之,王之蔽甚矣。"

1. 解释文中加点字词。

朝:_____　　私:_____

莫:_____　　蔽:_____

2. 对"今齐地方千里"解释正确的一项是(　　)。

　　A. 现今到齐国这个地方有一千里路程　　B. 今天齐国的土地有一千平方公里

　　C. 现在齐国的领土方圆一千公里　　D. 现在把齐地割为方形,一千里一块

3. 本段的结论句是(　　)。

　　A. 臣诚知不如徐公美　　B. 由此观之,王之蔽甚矣

C. 皆以美于徐公　　　　　　D. 于是入朝见威王

4. 填出下句中省略的部分,并翻译句子。

皆以_____美于徐公。

译文：_____。

（二）

下面是《吕氏春秋·先己》中的一段文字,阅读后回答问题。

(1) 夏后伯启与有扈①战于甘泽而不胜。六卿请复之,夏后伯启曰："不可。吾地不浅②,吾民不寡,战而不胜,是吾德薄而教③不善也。"于是乎处不重席食不贰味琴瑟不张④,钟鼓不修⑤,子女不饬⑥,亲亲长长,尊贤使能。期年而有扈氏服。

(2) 故欲胜人者,必先自胜;欲论⑦人者,必先自论;欲知人者,必先自知。

【注释】

① 夏后伯启、有扈：是古代人名。②浅：狭,窄小。③教：这里指教化。
④ 张：乐器上弦。⑤修：设置。⑥饬：通"饰",修饰。⑦论：评定。

1. 解释选文中加点的词语。

战：_____　　期年：_____

2. 请用"/"给下面句子断句(断两处)。

于 是 乎 处 不 重 席 食 不 贰 味 琴 瑟 不 张

3. 请用现代汉语翻译下面句子。

① 是吾德薄而教不善也。

② 故欲胜人者,必先自胜。

4. 请用简洁的语言概括选文第①段的内容。

第六单元 练习与测试

一、选择题。

1. 下列有关文学常识的表述，不正确的是（　　）。
   A. 《史记》是我国第一部纪传体通史，也是一部文学巨著，被鲁迅誉为"史家之绝唱，无韵之离骚"
   B. 《资治通鉴》是我国最大的编年体史书，司马光编写此书的目的是"鉴前世之兴衰，考当今之得失"
   C. 《战国策》是西汉刘向根据各国史官或策士的辑录编辑而成的一部国别体史书
   D. 《汉书》是我国第一部断代体史书，由范晔编订

2. 下列"孰"字意义与例句相同的一项是（　　）。
   我孰与城北徐公美
   A. 孰视之，自以为不如　　　　B. 是可忍，孰不可忍
   C. 人非生而知之者，孰能无惑　D. 愿孰察之

3. 下面加点词的用法与其他三项不同的是（　　）。
   A. 群臣吏民能面刺寡人之过者
   B. 闻寡人之耳者
   C. 今以钟磬置水中，虽大风浪不能鸣也
   D. 项伯杀人，臣活之

4. 下列句子的句式特点不同于其他三项的是（　　）。
   A. 此所谓战胜于朝廷　　　　B. 客从外来，与坐谈
   C. 能谤讥于市朝　　　　　　D. 我孰与城北徐公美

5. 下列词语与现代汉语相同的一项是（　　）。
   A. 今齐地方千里　　　　　　B. 邹忌讽齐王纳谏
   C. 郦元以为下临深潭　　　　D. 枝枝相覆盖，叶叶相交通

6. 下列加点的词语词性不同于其他三项的是（　　）。
   A. 朝服衣冠　　　　　　　　B. 于是入朝见威王
   C. 谤讥于市朝　　　　　　　D. 皆朝于齐

7. 下列解释有误的一项是（　　）。
   A. 旦日，客从外来　旦日：明天
   B. 明日，徐公来　明日：第二天
   C. 期年之后　期年：满一年
   D. 时时而见进　时时：不时，有时候

8. 对"失其本心"中的"本心"理解有误的一项是（　　）。
   A. 指人生下来就固有的善的东西　　B. "我固有之"的"羞耻之心"

C. 人的内心的本质的东西　　　　　D. 文中指舍生取义

9. 下面成语与出处对应不正确的一项是（　　）。
　　A. 舍生取义——《鱼我所欲也》　　B. 门庭若市——《邹忌讽齐王纳谏》
　　C. 温故知新——《论语》　　　　　D. 岁寒松柏——《孟子》

10. 下列句中没有通假字的一组是（　　）。
　　A. 知之为知之，不知为不知，是知也　　B. 诲女知之乎
　　C. 见不贤而内自省也　　　　　　　　　D. 学而不思则罔

二、填空题。

1. 孔子，名_____，字_____，春秋末期_____国人，著名_____、_____，_____学派的创始人。

2. 《论语》是一部_____体的散文集，它是孔子的门人和再传弟子所辑录的孔子的言行录，全面反映了孔子的哲学、政治、文化和教育思想，是关于儒家思想的最重要著作。宋代儒家把《论语》、_____、_____、_____合称为"四书"。

3. 孟子，名_____，字_____，战国时期_____家，教育家，散文家。他继承并发展了孔子的儒家思想，成为儒家的又一大师，被后世尊为"_____"。

4. 《鱼我所欲也》一文的中心论点是_____，翻译成现代汉语是_____。

5. 《战国策》又名_____，是一部_____体史书。是西汉末年_____根据战国时期的史料编订的。

三、阅读理解。

（一）

鱼，我所欲也，熊掌，亦我所欲也，二者不可得兼，舍鱼而取熊掌者也。生，亦我所欲也，义，亦我所欲也，二者不可得兼，舍生而取义者也。生亦我所欲，所欲有甚于生者，故不为苟得也。死亦我所恶，所恶有甚于死者，故患有所不避也。如使人之所欲莫甚于生，则凡可以得生者何不用也？使人之所恶莫甚于死者，则凡可以避患者何不为也？由是则生而有不用也；由是则可以避患而有不为也。是故所欲有甚于生者，所恶有甚于死者。非独贤者有是心也，人皆有之，贤者能勿丧耳。

一箪食，一豆羹，得之则生，弗得则死。呼尔而与之，行道之人弗受；蹴尔而与之，乞人不屑也。

万钟则不辨礼义而受之，万钟于我何加焉！为宫室之美，妻妾之奉，所识穷乏者得我欤？向为身死而不受，今为宫室之美为之；向为身死而不受，今为妻妾之奉为之；向为身死而不受，今为所识贫乏者得我而为之：是亦不可已乎？此之谓失其本心。

1. 对加点的词解释不准确的一项是（　　）。
　　A. 故患有所不避（躲避）也　　　　　B. 所欲有甚（超过）于生者
　　C. 乞人不屑（因轻视而不肯接受）也　D. 此之谓失其本心（自己的修养）

2. 加点词用法相同的一项是(　　)。
   A. 得之则生　颓然就醉,不知日之入
   B. 舍身而取义　千里马常有而伯乐不常有
   C. 凡可以避患者何不为也　今为宫室之美为之
   D. 二者不可得兼　宋,所谓无雉兔鲋鱼者也

3. 翻译有误的一项是(　　)。
   A. 呼尔而与之——没有礼貌地吆喝着给你吃
   B. 为所识穷乏者得我欤——为了所认识的贫穷的人感激我吗
   C. 向为身死而不受——从前(为了"礼义")宁愿死也不接受(施舍)
   D. 贤者能勿丧耳——(只不过)贤者能不丢掉它罢了

4. 对本文理解有误的一项是(　　)。
   A. 作者在文中表达的主要观点是"二者不可得兼"
   B. 首段用"舍鱼而取熊掌"的常情来比喻"舍生而取义"的道理
   C. 第二段主要用对比的方法说明不应为物欲所获而丧失本心
   D. 文中运用了不少两两相对的句子,形式优美,情感强烈,说理透辟

(二)

邹忌修八尺有余,而形貌昳丽。朝服衣冠,窥镜,谓其妻曰:"我孰与城北徐公美?"

其妻曰:"君美甚,徐公何能及君也?"城北徐公,齐国之美丽者也。忌不自信,而复问其妾,曰:"吾孰与徐公美?"妾曰:"徐公何能及君也!"旦日,客从外来,与坐谈,问之:"吾与徐公孰美?"客曰:"徐公不若君之美也。"明日,徐公来,孰视之,自以为不如;窥镜而自视,又弗如远甚。暮寝而思之,曰:"吾妻之美我者,私我也;妾之美我者,畏我也;客之美我者,欲有求于我也。"

于是入朝见威王,曰:"臣诚知不如徐公美。臣之妻私臣,臣之妾畏臣,臣之客欲有求于臣,皆以美于徐公。今齐地方千里,百二十城,宫妇左右莫不私王,朝廷之臣莫不畏王,四境之内莫不有求于王。由此观之,王之蔽甚矣。"

王曰:"善。"乃下令:"群臣吏民,能面刺寡人之过者,受上赏;上书谏寡人者,受中赏;能谤讥于市朝,闻寡人之耳者,受下赏。"令初下,群臣进谏,门庭若市;数月之后,时时而间进;期年之后,虽欲言,无可进者。

燕、赵、韩、魏闻之,皆朝于齐。此所谓战胜于朝廷。

1. 对下面语句中加点词语解释不正确的一项是(　　)。
   A. 朝服衣冠,窥(察看)镜　　　　B. 吾妻之美我者,私(偏爱)我也
   C. 由此观之,王之蔽(弊端)甚矣　D. 数月之后,时时而间(偶尔)进

2. 下列句子中的"之"与"城北徐公,齐国之美丽者也"中的"之"意思和用法相同的一项是(　　)。

A. 徐公来,孰视之　　　　　B. 徐公不若君之美也

C. 吾妻之美我者　　　　　　D. 暮寝而思之

3. 下面对本文内容理解不正确的一项是（　　）。

　A. 本文第一段写出了邹忌头脑冷静,不为奉承所迷惑

　B. 本文第二段运用两组排比句式增强了语势,给人以无可辩驳之感

　C. 本文第三、四段从侧面表现邹忌的精明能干,具有治国之才

　D. 本文的主旨是通过邹忌"暮寝而思之",悟出了人们由于种种原因,不会说出事情的真相的道理

4. 用现代汉语写出下面文言语句的大意。

（1）我孰与城北徐公美？

译文：_____

（2）群臣吏民,能面刺寡人之过者,受上赏。

译文：_____

5.《邹忌讽齐王纳谏》中,邹忌的讽谏艺术有什么特点？

第七单元

感悟生命

第1课 给我三天视力

【学习导航】

　　海伦·凯勒,美国女作家、教育家。她幼时患病,两耳失聪,双目失明。七岁时,安妮·莎莉文担任她的家庭教师,从此成了她的良师益友,二人相处达50年。在大学期间她写了第一本书《我生活的故事》,以后她为许多杂志撰写文章,还写了《我所生活的世界》《从黑暗中出来》《我的信仰》《中流——我以后的生活》和《愿我们充满信心》几部自传性小说。她的精神受到人们的崇敬,1964年被授予美国公民最高的荣誉——总统自由勋章,次年又被推选为世界十名杰出妇女之一。

　　马克·吐温说过,19世纪出了两个了不起的人物,一个是拿破仑,一个就是海伦·凯勒。美国著名作家海尔博士也曾断言,海伦的《我生活的故事》是1903年文学上最重大的贡献之一。品读《给我三天视力》,我们对于被誉为"精神楷模"的海伦和作为一名出色作家的海伦都可以有一个初步的了解。

　　按照时间顺序,文章可分为三部分。第一部分写到"我心里一定会充满了对白天的丰富的回忆"。第二部分写到"戏剧文学的伟人形象将从我的眼里挤走全部的睡意"。通读课文时要注意感受作者的一颗心,感受作者的思想感情。设身处地想想海伦·凯勒,她又盲又聋又哑,合上你的眼,捂上你的耳,闭上你的嘴,想想她置身的世界是什么状况,这样,你就会更加深切地惊异这篇文章出自她的手,她有何等伟大的心灵!

　　本文的写作特点,突出表现在语言上。一方面,文章语言丰富、准确、细腻、鲜明、生动。海伦的想象力非常丰富,几乎无所不包。她的想象力又非常准确、细腻、鲜明、生动。另一方面,文章的语言热切、坦诚、真挚。与内心活动相适应,作者热切、坦诚、真挚地诉说自己的内心世界,具有感染人、鼓舞人的神奇力量。

　　学习本文,首先要从整体上把握课文内容,感受作者的思想感情,要设身处地地体会作者的感情;细细赏读精彩片段,欣赏作品丰富、细腻、生动的想象,感受作者情真意切的语言表达。

【扩展练习】

一、选择题。

1. 下列加点字的注音,不全部正确的一组是(　　)。
   A. 幼稚(zhì)　　地毯(tǎn)　　淘(táo)气　　虔(qián)诚
   B. 绚(xuàn)丽　　祈(qí)祷　　翌(yì)日　　一瞥(piē)
   C. 魅(mèi)力　　循(xún)着　　羡(xiàn)慕　　恬(tián)静
   D. 百舸(gě)　　堤(dī)岸　　怜悯(mǐn)　　塞(sè)满

2. 下列各组词语中,书写全都正确的一组是(　　)。
   A. 轮廓　简朴　敞开　变换莫测　　B. 兴衰　苍桑　辨别　千姿万态
   C. 雕像　相貌　朦胧　灿烂夺目　　D. 遗漏　憧憬　禁固　赏心阅目

3. 依次填入下列各句横线处的词语,最恰当的一项是(　　)。
   ① 我要将我的所有亲爱的朋友们都叫来,好好_____他们的面孔,将_____他们内在美的外貌深深地印在我的心上。
   ② 我要用虔敬的目光_____我所读过的那些凸字书,不过这眼光将更加急于看到那些供有视力的人读的印刷书。
   ③ 我相信那在人群中_____的妇女装束的色彩,肯定是我永看不厌的灿烂奇观。
   A. 端详　表现　凝视　川流　　B. 端详　体现　凝视　穿流
   C. 凝视　体现　端详　穿流　　D. 凝视　表现　端详　川流

4. 下列句子中,加点的词语使用有误的一项是(　　)。
   A. 人们的眼睛之所以看不见这壮美的奇观,是因为这景象对他们来说太熟悉了。
   B. 对于欢乐和悲哀,我总是睁大眼睛去关心,以便能深刻探索和进一步了解人们是如何工作和生活的。
   C. 不过我脑海中会塞满那美妙的回忆,以致根本没时间去懊悔。
   D. 今后无论摸到任何东西,它都会给我带来那原物是什么形状的鲜明回忆。

5. 下列各句中加点的成语使用正确的一项是(　　)。
   A. 第二天的夜晚,戏剧文学中的许多高大形象争先恐后地出现在我的眼前。
   B. 山上的石头奇形怪状,有的像猴子嬉戏,有的像双龙衔珠,有的似莲花盛开,真是巧夺天工。
   C. 她的演技,可以说已到了炉火纯青的地步,她扮演的慈禧太后栩栩如生,演得真是绝了。
   D. 那是一张两人的合影,左边是一位英俊的解放军战士,右边是一位文弱的莘莘学子。

二、认真阅读课文,回答下列问题。

1. 作为一个盲人,海伦·凯勒为什么要假设自己能够得到三天光明,并以此来展开想象?

答:_____。

2. 作者是如何来安排仅有的三天光明的?这样安排的目的是什么?

答:第一天_____;

第二天_____;

第三天_____。

这样安排的目的是_____。

三、阅读下面一段文字,回答问题。

当夜幕降临,我能看到人造光明,而体验到双重的喜悦。这是人类的天才在大自然规定为黑夜的时候,为扩大自己的视力而发明创造的。

1. 文中画线的"双重的喜悦"指的是哪双重喜悦?

答:①第一重喜悦是_____。

②第二重喜悦是_____。

2. "人类的天才"这一说法包含了作者怎样的情感?

答:包含了_____。

四、阅读下面一段文字,回答问题。

我不知道本文读者中究竟有多少人曾仔细观察过在那个激动人心的博物馆里展出的那些栩栩如生的展品的全貌。当然不是人人都有这样的机会。不过我敢断言,许多人有这种机会却没有很好地利用。那里实在是一个使用眼睛的地方。你们有视力的人可以在那里度过无数个大有所获的日子,而我,在想象中能看东西的短短的三天里,对此只能作匆匆的瞥便得离去。

1. 揣摩"激动人心"、"栩栩如生"和"短短"、"匆匆"这两组词语,说说它们分别包含了作者怎样的情感?

答:"激动人心"、"栩栩如生"表现了作者_____。

"短短"、"匆匆"表现了作者_____。

2. "使用眼睛的地方"的真实含义是什么?

答:真实含义是_____。

3. 在这一段文字中,作者运用了什么手法?这样写的目的是什么?

答:运用了_____手法,这样写的目的是_____。

五、阅读下面文段,完成文后各题。

就这么着,在我看见东西的第二天,我要设法通过艺术去探索人类的灵魂。我从手的触摸里了解的东西,现在可以用眼睛来看了。整个宏伟的绘画世界将向我敞开,从带有宁静的宗教虔诚的意大利原始艺术一直到具有狂热想象的现代派艺术。我要细细观察拉斐尔、列奥纳多·达·芬奇、提香、伦勃朗的油画,也想让眼睛享受一下艾尔·格里柯的奥秘,并从柯罗的风景画里捕捉到新的想象。啊,这么多世纪以来的艺术为你们有视力的人提供了如此绚丽的美和如此深广的意义!

凭着对这艺术圣殿的短暂访问,我将无法把那向你们敞开的伟大艺术世界每个细部都看清楚,我只能得到一个表面的印象。艺术家们告诉我,任何人如果想要正确地和深刻地评价艺术,就必须训练自己的眼睛,他得从品评线条、构图、形式和色彩的经验中去学习。如果我的眼睛管用的话,我将会多么愉快地去着手这件令人心醉的研究工作!然而有人告诉我,对于你们许多有视力的人来说,艺术的世界是一个沉沉的黑夜,是一个无法探索和难以找到光明的世界。

我怀着无可奈何的心情,勉强离开大都会博物馆,离开那藏着发掘美的钥匙的所在——那是一种被忽略了的美啊。然而有视力的人并不需要从大都会博物馆里去找到发掘美的钥匙。它在较小的博物馆里,甚至在那些小图书馆书架上的书本里也能找到。而我,在想象中能看见东西的有限时间里,将选择这样一个地方,在那里,发掘美的钥匙能在最短的时间内打开最巨大的宝库。

1. 根据第一段内容,说说海伦·凯勒在假设有光明的第二天要用很多的时间参观大都会博物馆的目的是什么?

答:目的是＿＿＿＿＿＿＿＿＿＿＿＿＿＿＿＿(回答不超过15个字)

2. 作者把所有的美术作品称为"宏伟的绘画世界"表达了怎样的一种感情?"细细观察"、"让眼睛享受"、"捕捉"这些词语表现了作者对美术作品的爱好达到什么程度?(每处限用2个字)

答:表达了作者＿＿＿＿＿＿＿的感情以及对美术作品的爱好达到＿＿＿＿＿＿＿的程度。

3. 第二段中"训练自己的眼睛"和"眼睛管用"在文中分别是什么意思?

答:"训练自己的眼睛"的意思是＿＿＿＿＿＿＿＿＿＿＿＿＿＿＿＿＿＿＿。

"眼睛管用"的意思是＿＿＿＿＿＿＿＿＿＿＿＿＿＿＿＿＿＿＿＿＿＿＿。

4. 最后一段"发掘美的钥匙能在最短的时间内打开最巨大的宝库"一句中"发掘美的钥匙"和"最巨大的宝库"在文中分别指的是什么?

答:"发掘美的钥匙"在文中指的是＿＿＿＿＿＿＿(限用2个字)

"最巨大的宝库"在文中指的是＿＿＿＿＿＿＿(限用1个字)

第 2 课　青年在选择职业时的思考

【学习导航】

职业不仅是我们将来生存、发展的手段,更是通向理想的桥梁和实现自我价值的载体。选择职业,是我们在即将步入社会之前经常考虑的问题。

本文是马克思的中学毕业论文。文章从人与动物在主动选择和被动适应上的区别切题,阐明选择职业是青年的首要责任。然后从主观和客观两方面着重分析了选择职业应考虑的各种因素,依次分析了选择目标、虚荣心、幻想、体质以及自身能力等对于确定职业方向的影响。最后深刻阐述了选择职业应遵循的三条标准,表现了青年马克思高尚的人生追求和坚定的理想信念。学习本文,可以使我们在选择职业问题上保持清醒的头脑,同时也能够从一个侧面了解青年时代马克思的思想发展轨迹,有助于我们树立远大的抱负,迈出坚实的步伐。

本文的写作特色,一是说理逐层深入,逻辑性强。全文可以归结为提出问题、分析问题、解决问题三个部分,各部分内容联系紧密;文中的每一个段落和层次的内容,步步推进,环环相扣,过渡自然流畅。二是语言准确严密,说服力强。文章较多使用了长句和复句,用语准确、严密,说理透彻,表现了作者思维的缜密性。例如,"如果我们经过冷静地研究,认清了所选择的职业的全部分量,了解它的困难以后,仍然对它充满热情,仍然爱它,觉得自己适合于它,那时我们就可以选择它,那时我们既不会受热情的欺骗,又不会仓促从事"。整段文字承接前面几段论述的内容,进行归纳小结,"冷静研究"、"认清分量"、"了解困难",以及"充满热情"、"爱它"、"适合于它",用词准确,相互之间呈递进关系,具有极强的说服力。此外,本文还运用了多种修辞方法,增强了文章的感染力。阅读时要细心体会。

学习时,一方面,可通过自己的深入思考和与同学的讨论,理解文章的内容和作者的思想,领会课文主旨与单元话题的联系。另一方面,可结合自身的情况,提高和加深自己对选择职业的认识。

【扩展练习】

一、给下面加点的字注音。

倏忽(　　)　　蓦然(　　)　　炫耀(　　)　　赐予(　　)

啃啮(　　)　　吮吸(　　)　　教诲(　　)　　梦寐以求(　　)

二、解释下列成语。

听天由命:＿＿＿＿＿＿＿＿＿＿＿＿＿＿＿＿＿＿＿＿＿＿＿＿＿＿＿＿＿

怨天尤人:＿＿＿＿＿＿＿＿＿＿＿＿＿＿＿＿＿＿＿＿＿＿＿＿＿＿＿＿＿

恪尽职守：_____
无可非议：_____
臻于完美：_____
战战兢兢：_____

三、朗读全文，比较下列各组句子，说说其含义和表达效果有什么不同。

1. 认真地权衡这种选择，无疑是开始走上生活道路而又不愿在最重要的事情上听天由命的青年的首要责任。

   权衡这种选择，无疑是开始走上生活道路的青年的责任。

2. 如果我们错误地估计了自己的能力……那么这种错误将使我们受到惩罚。

   只有我们错误地估计了自己的能力……这种错误才将使我们受到惩罚。

3. 那种建立在我们后来认为是错误的思想上的职业也一定会成为我们的深重负担。

   那种建立在错误的思想上的职业也一定会成为深重负担。

4. 历史把那些为共同目标工作而自己变得高尚的人称为最伟大的人物……

   历史把那些为共同目标工作的人称为最伟大的人物……

四、仔细品读下面的语句，说说它们的含义，并从现实生活中举出事例加以证明。

1. 伟大的东西是闪光的，闪光会激发虚荣心，虚荣心容易使人产生热情或者一种我们觉得是热情的东西……

2. 不但虚荣心能够引起对某种职业的突然的热情，而且我们也许会用自己的幻想把这种职业美化，把它美化成生活所能提供的至高无上的东西。

3. 我们在社会上的关系，还在我们有能力决定它们以前就已经在某种程度上开始确立了。

4. 尽管我们由于体质不适合我们的职业，不能持久地工作，而且很少能够愉快地工作，但是，为了恪尽职守而牺牲自己幸福的思想激励着我们不顾体弱去努力工作。

五、阅读下面的文段，回答问题。

那些主要不是干预生活本身，而是从事抽象真理的研究的职业，对于还没有确立坚定的原则和牢固的、不可动摇的信念的青年是最危险的，当然，如果这些职业在我们心里深深地扎下了根，如果我们能够为它们的主导思想而牺牲生命、竭尽全力，这些职业看来还是最高尚的。

这些职业能够使具有合适才干的人幸福，但是也会使那些不经考虑、凭一时冲动而贸然从事的人毁灭。

相反，重视作为我们职业的基础的思想，会使我们在社会上占有较高的地位，提高我们自己的尊严，使我们的行为不可动摇。

一个选择了自己所珍视的职业的人，一想到他可能不称职时就会战战兢兢——这种人单是因为他在社会上所处的地位高尚，他也就会使自己的行为保持高尚。

1. 第1段中"那些主要不是干预生活本身，而是从事抽象真理的研究的职业"指的是什么样的职业？为什么选择这些职业"对于还没有确立坚定的原则和牢固的、不可动摇的信念的青年是最危险的"？

2. 第2段主要表达什么意思？其内容是否与第1段重复？

3. 联系上文，说说为什么"重视作为我们职业的基础的思想"，就"会使我们在社会上占有较高的地位"。

4. 说说你对最后一段话意思的理解。

六、抄写课文中自己喜欢的、富有哲理的语句,并与同学交流。

七、以"我的专业"为话题,写一段话,谈谈自己对于现在所学专业与将来从事职业的思考。要求做到语言顺畅,书写认真。

第 3 课　获得教养的途径

【学习导航】

赫尔曼·黑塞(1877—1962),生于德国,后入瑞士籍,是 20 世纪德国的重要作家。1904 年,第一部长篇小说《彼得·卡门青》的发表令他一举成名。先后发表了《在轮下》、《盖特露德》、《罗斯哈尔特》、《克努尔普》、《德米安》、《席特哈尔塔》、《荒原狼》、《纳尔齐斯与歌尔蒙德》、《东方之行》等小说。

除了小说外,黑塞也致力于小品文与诗歌的创作,以抒发观感,有诗文集《堤契诺之歌》,散文集《回忆之页》、《图像集》等。1946 年,他获得诺贝尔文学奖,此外还曾获得冯达诺奖、歌德奖等。

【扩展练习】

一、给下列词语中加点的字注音。

麻痹(　　)　　戕害(　　)　　时髦(　　)

符箓(　　)　　消遣(　　)　　斑斓(　　)(　　)

僵死(　　)　　雏形(　　)　　跋涉(　　)

二、给下列多音字注音。

教：教养(　　)　　教书(　　)

藏：宝藏(　　)　　藏书(　　)

匙：汤匙(　　)　　钥匙(　　)

埋：埋头(　　)　　埋怨(　　)

予：予以(　　)　　予取予求(　　)

三、根据拼音写出下列形近字。

1. 狭 ài(　　)　　洋 yì(　　)　　shì(　　)号

2. luǒ(　　)露　　脚 huái(　　)　　luó(　　)钉

3. lán(　　)言　　波 lán(　　)　　lán(　　)珊

4. péng(　　)勃　　péng(　　)车

5. 目不 xiá(　　)接　　xiá(　　)不掩瑜　　闻名 xiá(　　)迩

6. chè(　　)悟　　堆 qì(　　)　　qī(　　)茶

四、解释下列词语。

1. 望洋兴叹：_____

2. 气象万千：_____

3. 无足轻重：_____
4. 息息相通：_____

五、阅读下面文段，回答问题。

　　世界文学的辉煌殿堂对每一位有志者都敞开着，谁也不必对它收藏之丰富望洋兴叹，因为问题不在于数量。有的人一生中只读过十来本书，却仍然不失为真正的读书人。还有人见书便生吞下去，对什么都能说上几句，然而一切努力全都白费。因为教养得有一个可教养的客体作前提，那就是个性或人格。没有这个前提，教养在一定意义上便落了空，纵然能积累某些知识，却不会产生爱和生命。没有爱的阅读，没有敬重的知识，没有心的教养，是戕害性灵的最严重的罪过之一。

　　当今之世，对书籍已经有些轻视了。为数甚多的年轻人，似乎觉得舍弃愉快的生活而埋头读书，既可笑又不值得；他们认为人生太短促，太宝贵，却又挤得出时间一星期去泡六次咖啡馆，在舞池中消磨许多时光。是啊，"现实世界"的大学、工场、交易所和游乐地尽管那么生气蓬勃，可整天呆在这些地方，难道就比我们一天留一两个小时去读古代哲人和诗人的作品，更能接近真正的生活吗？<u>不错，读得太多可能有害，书籍可能成为生活的竞争对手。但是尽管如此，我仍然不反对任何人倾心于书。</u>让我们每个人都从自己能够理解和喜爱的作品开始阅读吧！但单靠报纸和偶然得到的流行文学，是学不会真正意义上的阅读的，而必须读杰作。杰作常常不像时髦读物那么适口，那么富于刺激性。杰作需要我们认真对待，需要我们在读的时候花力气、下功夫。

　　<u>我们先得向杰作表明自己的价值，才会发现杰作的真正价值。</u>

1. 作者倡导的是一种怎样的读书观？请分条概括。

答：

2. 理解文中画线句子的含义。

（1）不错，读得太多可能有害，书籍可能成为生活的竞争对手。但是尽管如此，我仍然不反对任何人倾心于书。

答：

（2）我们先得向杰作表明自己的价值，才会发现杰作的真正价值。

答：

3. 作者说:"单靠报纸和偶然得到的流行文学,是学不会真正意义上的阅读的,而必须读杰作。"作为高职生,你同意这种观点吗?并说明理由。

答:

六、写作。

有人说"开卷有益",也有人说"开卷未必有益",似乎都有一定的道理。面对古今中外浩如烟海的书籍,谈谈你的看法。

第七单元 练习与测试

一、选择题。

1. 下列加点的字注音或释义全部正确的一项是(　　)。
   A. 蓦(mò)然　诉讼(sōng)　嗜(特别)好　假(虚假)公济私
   B. 倏(shū)忽　资禀(bǐng)　梦寐(里)　得鱼忘筌(捕鱼的竹器)
   C. 欣羡(xiàn)　赐予(yǔ)　臻(达到)于　恪(认真)尽职守
   D. 隽(jùn)永　啃啮(niè)　囿(局限)于　顾(光顾)名思义

2. 下列词语书写没有错误的一项是(　　)。
   A. 教诲　嗜好　淘汰　相得益障　B. 贬低　职分　怯儒　浮想联翩
   C. 吮吸　眩耀　藐视　战战兢兢　D. 苟且　迸发　懈怠　竭尽全力

3. 下面加点的成语使用不恰当的一项是(　　)。
   A. 深入书的世界，你会发现这个世界是何等广大，何等气象万千和令人幸福神往。
   B. 对于我们来说，问题在于选择能使我们完全沉溺其中的杰作，在自己与整个人类之间，建立起息息相通的生动联系。
   C. 我们越是懂得精细、深入和举一反三的阅读，就越能看出每一部作品每一个思想的独特性、个性和局限性。
   D. 世界文学的辉煌殿堂对每一位有志者都敞开着，谁也不必对它收藏之丰富而鞭长莫及，因为问题不在于数量。

4. 下列各句横线上所填词语，最恰当的一项是(　　)。
   ① 获得真正的教养最重要的途径之一，就是逐渐_____地掌握各国的作家和思想家的作品。
   ② 读书决不是要使我们"散心_____"，倒是要使我们集中_____。
   ③ 每一位思想家的每一部著作，每一位诗人的每一个诗篇，过一些年都会对读者_____出新的、变化了的面貌，都将得到新的理解。
   ④ 我们越是懂得精细、深入和举一反三的阅读，就越能看出每一部作品和每一个思想的独特性、个性和局限性，看出它全部的美和魅力正是_____这种独特性和个性。
   A. 熟悉　消遣　心志　体现　鉴于　B. 熟悉　消遣　心智　呈现　基于
   C. 熟悉　消磨　心智　呈现　鉴于　D. 熟习　消磨　心志　体现　基于

二、指出下列句子使用的论证方法。

1. 自卑是一条毒蛇，它无尽无休地搅扰、啃啮我们的胸膛，吮吸我们心中滋润生命的血液，注入厌世和绝望的毒液。(　　)

2. 生命像向东流的一江春水,它从最高处发源,冰雪是它的前身。(　　)

3. 有志于纯粹学术的人们最好拿斯宾诺莎、兰姆诸人做榜样,一方面埋头做自己的学问,一方面操一种副业,使生计有着落。(　　)

4. 最亲切最实在的学问大半不是从书本得来的,而是从实地亲身经验得来的。古人所谓"到处留心皆学问",就是有见于此。(　　)

三、阅读下列文段,完成文后各题。

与书为友

[英]塞缪尔·斯迈尔斯

欲知其人,常可观其所读之书,恰如观其所交之友。与书为友如同与人为友,都应与其最佳最善者相伴依。

好书可引为净友,一如既往,永不改变,耐心相伴,陶陶其乐。当我们身陷困境或处于危难,好书终不会幡然变脸。好书与我们亲善相处,年轻时从中汲取乐趣与教诲,及到鬓发染霜,则带给我们以亲抚和安慰。

同好一书之人,往往可以发现彼此间习性也有相近,恰如二人同好一友,彼此间也可引以为友。古时有句名谚:"爱我及犬",若谓为"爱我及书",则更不失为一智语。人们交往若以书为纽带,则情谊更为真挚高尚。对同一作家之钟爱,使人们的所思所感,欣赏与同情,都能交相融会。作家与读者,读者与作家,也能相知相通。

英国文艺评论家赫兹利特说:"书籍深透人心,诗随血液循环。少小所读,至老犹记。书中所言他人之事,却使我们如同身历其境。无论何地,好书无须倾尽其囊,便可得之。而我们的呼吸也会充满了书香之气。"

一本好书常可视作生命的最佳归宿,一生所思所想之精华尽在其中。对大多数人而言,他的一生便是思想的一生,因此好书即为金玉良言与思想光华之总成,令人感铭于心,爱不忍释,成为我们相随之伴侣与慰藉。菲力浦·西德尼爵士言:"与高尚思想相伴者永不孤独。"当诱惑袭来,高尚纯美的思想便会像仁慈的天使,翩然降临,一扫杂念,守护心灵。高尚行为的愿望随之产生,良言善语常会激发出畅举嘉行。

书籍具有不朽之本质,在人类所有的奋斗中,唯有书籍最能经受岁月的磨蚀。庙宇与雕像在风雨中颓毁坍塌了,而经典之籍则与世长存。伟大的思想能挣脱时光的束缚,即使是千百年前的真知灼见,时至今日新颖如故,熠熠生辉。只要拂动书页,当时所言便历历在目,犹如亲闻。时间的作用淘汰了粗劣制品。就文学而言,只有经典明言(明智睿哲的话)方能经久传世。

书籍将我们引入到一个高尚的社会,在那里,历代圣人贤士群聚,仿佛与我们同处一堂,让我们亲聆所言,亲见所行,心心相印,欢悦与共,悲哀同历。我们仿佛也嗅到他们的气息,成为与他们同时登台的演员,在他们描绘的场景中生活、呼吸。

凡真知灼见绝不会消逝于当世,书籍记载其精华而远播天下,永成佳音,至今为有识之士倾耳聆听。古时先贤之影响,仍融入我们生活的氛围,我们仍能时时感受到逝去已久的人杰们一如当年,活力永存。

1. 作者认为应选择什么样的书与人为友?这样的书于己及交友有何作用?
答:

2. 为什么说"一本好书常可视作生命的最终归宿"?
答:

3. 为什么说经典之籍具有不朽的本质?
答:

4. 指出下列各句所用的修辞手法。
① 当我们身陷困境或处于危难,好书终不会幡然变脸。(　　)
② 当诱惑袭来,高尚纯美的思想便会像仁慈的天使,翩然降临,一扫杂念,守护心灵。(　　)
③ 书籍具有不朽之本质,在人类所有的奋斗中,唯有书籍最能经受岁月的磨蚀。庙宇与雕像在风雨中颓毁坍塌了,而经典之籍则与世长存。(　　)
④ 时间的作用淘汰了粗劣制品。就文学而言,只有经典明言方能经久传世。(　　)

第八单元

和 谐 自 然

第1课　春江花月夜

【学习导航】

张若虚(约660—720),扬州人。唐中宗神龙年间,他曾以"文词俊秀"名闻长安,玄宗开元初年与贺知章、张旭、包融号称"吴中四士"。

在本诗中,作者抓住扬州南郊曲江或更南扬子津一带月下夜景中最动人的五种事物"春""江""花""月""夜",把扬州的景色以文字形式表达出来,这里面更透着作者对生活的美好向往。整篇诗由景、情、理依次展开,第一部分写了春江的美景,第二部分写了面对江月由此产生的感慨,第三部分写了人间思妇游子的离愁别绪。

本诗的写作特色有以下三点。

1. 结构严谨,环环紧扣,自然生成

第一层写景,良辰美景,诗情画意,读起来很美,皎洁、静谧的夜景,明月高悬,由此引出哲理的思考,有对宇宙奥秘的探寻,有对人生的思考,由人生的思考,联系现实,才会有人生短暂的感慨,引出了抒情,一种相思,两地离愁。本诗紧扣春江花月夜的背景,以"月"为主体,以"月"为线索。在时间上,月升、高悬、西斜、落下,逐字吐出、逐字收束;在情感上,既写月的美景,更写月光引起的思乡之情。

2. 诗情、画意、哲理相交融

景和情是很难分开的,写景中含情,抒情中又含有人对美的思索,对理想的思考,情感中包含着淡淡的相思之情,包含人们对幸福的追求,人生代代无穷已的思索中,在两地相思之情中,包含着人们对这种亲情的追求,对美好愿望的追求。

3. 语言清晰,韵律婉转

全诗共三十六句,四句换一韵,共换九韵。全诗随着韵脚的转换变化,平仄的交错运用,一唱三叹,前呼后应,既回环反复,又层出不穷,音乐节奏感强。另外,诗句韵律婉转,对仗工整,加上顶真句式的灵活使用,又使语言清新流畅,顿挫悠扬,朗朗上口,连绵不绝。

【扩展练习】

一、给加点的字注音。

滟滟（　　）　霰（　　）　徘徊（　　）　捣衣砧（　　）
碣石（　　）　汀（　　）　扁舟（　　）　芳甸（　　）

二、解释下列加点词语在文中的意思。

1. 滟滟随波千万里：_____
2. 江流宛转绕芳甸：_____
3. 可怜楼上月徘徊：_____
4. 谁家今夜扁舟子：_____

三、阅读诗句并回答问题。

　　春江潮水连海平，海上明月共潮生。
　　滟滟随波千万里，何处春江无月明。
　　江流宛转绕芳甸，月照花林皆似霰。
　　空里流霜不觉飞，汀上白沙看不见。

1. "何处春江无月明"一句用了什么修辞格？寄寓了怎样的感情？

2. 节选的诗句写到了哪些意象？请展开联想和想象，用自己的语言描绘这幅画面。

四、阅读下面诗句，回答下列问题。

　　可怜楼上月徘徊，应照离人妆镜台。
　　玉户帘中卷不去，捣衣砧上拂还来。
　　此时相望不相闻，愿逐月华流照君。
　　鸿雁长飞光不度，鱼龙潜跃水成文。

1. "可怜楼上月徘徊，应照离人妆镜台"中的"可怜"是什么意思？"可怜"在古诗中经常出现,意义和现在多不同,试举例说明。

2. 诗中"可怜楼上月徘徊,应照离人妆镜台"运用了什么修辞方法,这样写有什么好处?

3. 诗家素来评价"卷"、"拂"二字用得极好,请你略做分析。

五、《春江花月夜》,题目共五个字,代表五种事物。你认为作者重点写的是哪一个字?为什么?

六、说说诗人是如何将诗情、画意、哲理融为一体的。

七、学习了《春江花月夜》,请以《我心中的"春江花月夜"》为题,用自己的话描绘一下你所想象的"春江花月夜"。

第 2 课　天山景物记

【学习导航】

　　碧野,原名黄潮洋,现代著名作家。他的作品较多,至今共出版了二十多部中、长篇小说,散文和报告文学集。长篇小说《阳光灿烂照天山》和散文集《月亮湖》是其代表作。

　　本文是一篇脍炙人口的写景状物的散文,作者通过记叙游览天山的见闻,热情歌颂了祖国西北边疆富饶美丽、雄奇壮观的风光和牧民幸福美满的生活,抒发了热爱祖国山河、热爱生活的深厚感情。

　　全文分三部分。开头交代天山的地理位置并概括描写它的壮丽景色,使读者对天山有一个大致的了解。第二部分是主体部分,按小标题分成四节。第三部分总结全文,表达作者"重游天山"的意愿,进一步抒发了对天山景物的热爱之情。

　　本文在写作上有以下特点。

　　1. 写景状物抓住景物的特征

　　本文抓住景物的特征,展开细腻的描写,使景物栩栩如生地展现在读者眼前。例如,第二部分的第三节写野马,作者抓住野马"野"的特征,着重从两个方面下笔。先写它们的外部姿态的不同,表现在鬣鬃上,"长长的鬣鬃在黎明淡青的天光下,就像许多飘曳的缎幅","那鬣鬃一直披垂到膝下,闪着美丽的光泽";同时还写了它们特别"合群"和"护群"的习性。第四节写天然湖,作者重点写湖色的多变:站在高处瞭望湖面,是"茫茫碧水";再留意看,"湖色越远越深,由近到远,是银白、淡蓝、深青、墨绿,非常分明",天然湖与一般湖的区别就写出来了。

　　2. 写作顺序十分讲究

　　这是本文写作上的一大特点,也是学习这篇课文的重点。全文的记叙顺序,即从山的外围和低处写到山的深处和高处。例如,"迷人的夏季牧场"一节,基本上以时间的变化为序,写出了牧场一个昼夜的景象变化,前四段写白天的情形,分别写晴天和阵雨时的牧场;后四段依次写黄昏、晚饭时、晚饭后和深夜的情景。

　　3. 语言绚丽多彩

　　饱含浓郁的生活气息和边疆风情,具有感人的魅力。作者精心运用了比喻、拟人、夸张、对偶、排比等多种修辞手法,绘形、绘声、绘色,把景物描绘得淋漓尽致、美不胜收。

【扩展练习】

　　一、给加点字注音。

　　萦绕(　　)　遐思(　　)　沁绿(　　)　旱獭(　　)　瑰丽(　　)

跳跃（　　）　绵亘（　　）　驰骋（　　）　广袤（　　）　飘曳（　　）
汲取（　　）　山涧（　　）

二、依次在括号内填入恰当的关联词。

水从悬崖上像条飞练似的泻下，（　　）站在十里外的山头上，（　　）能看见那飞练的白光。（　　）你走到悬崖跟前，脚下（　　）会受到一种惊心动魄的震撼。

三、《天山景物记》一题，向我们传达了几个方面的信息，下列说法不正确的是（　　）。

　A. "记"表明文章的体裁是游记

　B. "景物"二字概括了文章所写的内容——景色和物产

　C. "天山"二字予以限制，确切地点出这是一片记叙天山景美物丰的记叙文

　D. 文章标题洗练，醒目

四、对"蓝天衬着矗立的巨大雪峰，在太阳下，几块白云在雪峰间投下云影，就像白缎上绣上几朵银灰的暗花"，这句话分析错误的一项是（　　）。

　A. 用了映衬手法　B. 用了对比手法　C. 用了比喻　D. 用了夸张

五、阅读理解。

①在天山的高处，常常可以看到巨大的天然湖。②湖面明净如镜，水清见底。③高空的白云和四周的雪峰清晰地倒＿＿＿＿＿＿水中，把湖光山色天影＿＿＿＿＿＿为晶莹的一体。④在这幽静的湖上，唯一活动的东西就是天鹅。⑤天鹅的洁白增添了湖水的明净，天鹅的叫声增添了湖面的幽静。⑥人家说山色多变，而我看事实上湖色也是多变的。⑦如果你站立高处＿＿＿＿＿＿望湖面，眼前是一片赏心悦目的茫茫碧水，如果你再留意一看，接近你的视线的是那闪闪的鳞光，像千万条银鱼在游动，而远处平＿＿＿＿＿＿如镜。⑧湖色越远越深，由远到近，是银白、淡蓝、深青、墨绿，非常分明。⑨传说中有这么一个湖，湖水是古代的一个不幸的哈萨克少女滴下的眼泪，湖色的多变正是象征着那个古代少女的万种哀愁。

1. 选段横线处依次应填的恰当的词语是（　　）。

　A. 影结遥滑　　B. 挂连远整　　C. 映融瞭展　　D. 悬溶翘面

2. 这段文字所描写的中心景物是（　　）。

　A. 高空的白云　B. 四周的雪峰　C. 巨大的天然湖　D. 传说中的少女

3. 对文中写白云、雪峰、天鹅的意图分析正确的一项是（　　）。

　A. 描绘天山高处的壮美景色

　B. 化静为动，为天山高处的景色注入活力

　C. 衬托天然湖的明净、幽静

　D. 为天然湖提供鲜明的背景

4. 对文中加写有关哈萨克少女的传说的意图分析正确的一项是（　　）。

   A. 克服写景文章常出现的见物不见人的缺点，做到景中有人

   B. 说明天山高处的天然湖是一个苦难的湖，不幸的湖

   C. 衬托哈萨克人民今天所过的幸福生活

   D. 以传说增加文章的情趣，吸引读者

5. 将语段分层，并用简洁的语言概括层意。

   ① ② ③ ④ ⑤ ⑥ ⑦ ⑧ ⑨

6. 写湖水成因传说的目的是：_____

六、写作。

以《我们的学校》为题，按照一定的顺序写一篇关于学校的游记。

第3课 幼学纪事

【学习导航】

于是之,我国杰出的表演艺术家。作者紧扣"幼学"二字,回忆了自己少年时期艰苦求学的经历,从一个侧面反映了旧社会劳动人民苦难的生活和对文化的执着追求,字里行间寄寓着对今天青年一代的殷切希望。

本文的题目是"幼学纪事",即记幼年求学之事。围绕这一中心,作者精心安排材料:"我"在什么情况下求学?环境、条件如何?于是,首先交代家庭及周围环境。在恶劣的环境、困苦的条件下,"我"为什么"还喜欢读点书",并且终究学有所成,"没有胡乱地生长"呢?这"全靠我幸运地遇到了校内外的许多良师益友"。于是,对"良师益友"尤其是启蒙老师的怀念,自然成了回忆的中心。正是求学之年,又遇上这么好的老师,本该好好读书了,可是,生活迫使"我"不得不中途辍学。这是"我"求学过程的一个转折点,必须有整个交代。辍学之后又如何继续求学呢?这一段经历是难忘的,自然是最值得记一笔的。整个求学过程大体分两个阶段:先正规上学,后业余求学。文章以时间为顺序,将求学过程叙述得非常具体。

本文有两大写作特色。一是精心选材,重点突出。每一部分都侧重于一个方面展开叙述,有详有略。其中二、四部分是详写,一、三部分是略写,围绕幼年求学这一中心展开叙述,与幼年无关的事一概略去。二是顺序合理,脉络清晰。文章以幼年求学为线索组织材料,以时间先后为顺序,依次叙述了幼年"求学"——中间"辍学"——"边做事边求学"的艰苦求学历程。

本文在语言运用上有以下两个特点。

1. 通俗亲切。文章所叙之事,都是作者亲身经历的,作者运用第一人称的写作手法,娓娓道来,通俗、生动、自然的口语很富有感染力。

2. 幽默诙谐。幽默风趣的语言中,流露出求学过程中遇到的种种痛苦和辛酸,形成了本文独特的语言风格。例如,第1段,叙述作者出生在一个没有文化的家庭,家里根本没有一本书,却说"家里的藏书每年一换,但只有一册,就是被俗称为'皇历'的那本历书",诙谐、风趣中饱含辛酸。

【扩展练习】

一、给下列词语中加点的字注音释义。

竹帛( )_____   已殁( )_____   去当当( )_____

辍学( )_____   兀立( )_____   忐忑( )_____

不绝如缕( )_____   喊喊喳喳( )_____

二、改正下面词语中的错别字。

化为无有（　　）　立杆见影（　　）　一踏糊涂（　　）　色彩斑澜（　　）

三、课文中提到一些著名的作家作品，根据课文的注释和自己的了解填空。

1.《苦儿努力记》是法国作家_____的一部长篇小说。《罪恶的黑手》是我国著名诗人_____的早期代表作。

2. 莫里哀是_____国 17 世纪喜剧作家，著名的剧作有《_____》、《_____》、《_____》等。

3. 雨果是_____国 19 世纪的著名作家，代表作有《_____》、《_____》等。

4. 秦少游，名观，字少游，宋代著名诗人。他的文词为苏轼所赏识，与黄庭坚、晁补之、张耒一起被称为"_____"。

四、整体感知课文内容，回答下面问题。

1. 课文开头写"我"帮老郝叔起草"请会通知"的事，与"幼年求学"似乎没有直接联系，作者这样写的用意是什么？

2. 课文第三部分对表现中心有什么作用？

3. "蓬生麻中，不扶而直；白沙在涅，与之俱黑"这句话出自何处？它的意思是什么？作者为什么"衷心地喜欢这两句话，读起来总感到亲切"？

五、幽默有两种形式，或用轻松的笑话来说严肃的事情，或将笑话说得十分严肃。试从课文中找出这样的句子来，并说明它们的表达效果。

六、阅读下面的文段，回答文后问题。

茫然中还是有事可做的，子承母业，去当当。比每天上学稍晚的时间，便夹个包去当铺，当了钱出来径直奔粮店买粮。家底单薄，当得的钱，只够一天的"嚼裹儿"，计：棒子面一斤，青菜若干，剩下的买些油盐。当得无可再当了，便去押"小押"。那是比当铺更低一等,因此也是更加苛酷的买卖。他们为"方便"穷人计,可以不收实物,拿了当铺的"当票"就能押。押得无可在押了,仍旧有办法,就是找"打小鼓的"把"押票"再卖掉。卖,就更"方便"了。每天胡同里清脆的小鼓声不绝如缕,叫来就可以交易。一当二押三卖,手续虽不繁难,我和母亲的一间小屋里就可渐渐地显露出空旷来,与老郝叔的家日益接近。

1. 画线句子中两组引号的作用分别是什么?

2. 这段文字反映当时怎样的社会现实?

3. 这段文字体现作者怎样的人生态度?

七、写作。

与本文作者相比,同学们的求学过程要幸运得多,幸福得多。请你从家庭、学校、社会三个方面选择你求学经历中印象最深刻的事情进行描述。要求采用第一人称,运用适当的描写方法。

第八单元 练习与测试

一、选择题。

1. 下列词语中,加点字的读音不正确的一项是( )。
   A. 萦(yíng)绕　遐(xiá)思　沁(qìn)绿
   B. 兀立(wù)　忐忑(tè)　辍学(chuò)
   C. 绵亘(hèng)　驰骋(chéng)　广袤(mào)
   D. 碣石(jié)　扁舟(piān)　芳甸(diàn)

2. 下列词语中,没有错别字的一组是( )。
   A. 励精图治　团花簇锦　蜿蜒无尽
   B. 化为无有　立杆见影　一塌糊涂
   C. 五采斑斓　虚怀若古　幅员辽阔
   D. 联绵不断　眼花了乱　招领启示

3. 在下列横线处填入恰当的词,正确的一项是( )。
   ① 那富于色彩的连绵不断的山峦,像孔雀开屏,_____迷人。
   ② 就在雪的群峰的围绕中,一片_____的千里牧场展现在你的眼前。
   ③ 像绵延的织锦那么_____,像天边的彩霞那么耀眼。
   ④ 墨绿的原始森林和鲜艳的野花,给这辽阔的千里牧场镶上了双重_____的花边。
   A. 艳丽　奇丽　华丽　富丽　　　B. 华丽　富丽　艳丽　奇丽
   C. 奇丽　艳丽　富丽　艳丽　　　D. 富丽　华丽　奇丽　华丽

4. "可怜楼上月徘徊,应照离人妆镜台"运用的修辞方法是( )。
   A. 比喻　　　B. 夸张　　　C. 借代　　　D. 拟人

5. 将《春江花月夜》誉为"诗中的诗,顶峰中的顶峰"的现代诗人是( )。
   A. 徐志摩　　　B. 闻一多　　　C. 戴望舒　　　D. 舒婷

二、填空题。

1. 在人才辈出、群星璀璨的唐代诗坛,有这样一位诗人,因为一轮明月而成就了诗坛的千秋美名,这位诗人就是_____。这首诗便是千百年来无数人为之迷恋、为之倾倒的《春江花月夜》。作者是_____人,初唐诗人,与贺知章、张旭、包融齐名,被誉为"吴中四士"。《春江花月夜》中贯穿全诗的中心景物是_____。

2. 《天山景物记》作者_____,原名_____,_____代著名作家,代表作有长篇小说_____,散文集_____。

3. 《幼学纪事》的作者_____,他是我国杰出的_____家。

4. 《天山景物记》从总体上说,以_____为序,从山的_____写到_____,

从山的_____写到山的_____。

三、阅读下面的语段，回答问题。

①再往里走，天山越来越显得优美。②在那白皑皑的群峰的雪线以下，是_____的翠绿的原始森林，密密的塔松像无数撑天的巨伞，重重叠叠的枝丫间，只漏下斑斑点点细碎的日影。③骑马穿行林中，只听见马蹄溅起在岩石上_____的水的声音，更增添了密林的幽静。④在这林海深处，连鸟雀也少飞来，只偶尔能听到远处的几声鸟鸣。⑤当你下马坐在一块岩石上吸烟休息时，虽然林外是阳光灿烂，而在这遮住了天日的密林中却闪着烟头的红火光。⑥从偶然发现的一棵两棵烧焦的枯树看来，这里也许来过辛勤的猎人，在午夜生火宿过营，烤过猎获的野味。⑦这天山上有的是成群的野羊、草鹿、野牛和野骆驼。

①如果说进到天山这里还像是秋天，那么再往里走就像是春天了。②山色逐渐变得_____，山形也逐渐变得_____，很有一伸手就可以触摸到凝脂似的感觉。③这里溪流缓慢，萦绕着每一个山脚，在轻轻荡漾着的溪流的两岸，满是高过马头的野花，红黄蓝白紫，五彩缤纷，像绵延的织锦那么华丽，像天边的彩霞那么耀眼，像高空的长虹那么绚丽。④这密密层层成丈高的野花，朵儿赛过八寸的玛瑙盘。⑤马走在花海中，显得格外矫健；人浮在花海上也显得格外精神。⑥在马上你用不着离鞍，只要一伸手就可以捧到满怀的你最心爱的大鲜花。

1. 给文中"_____"处填写恰当词语。

2. 文中第1自然段描绘了天山的原始森林，其中第①句的作用是_____；第②句写出了树林的_____；第③④两句写出了林中的_____，运用的是以_____衬_____的写法；第⑤句写出了森林的_____；第⑥⑦两句写出了这是一片_____森林。

3. 文中画横线的句了运用的修辞方法是_____。

4. 根据文中第2自然段第③~⑥句写出天山野花的特点。

(1) 第③句写出了野花的_____。

(2) 第④句写出了野花的_____。

(3) 第⑤句写出了野花的_____。

(4) 第⑥句写出了野花的_____。

5. 文中第2自然段第⑥句"在马上你用不着离鞍，只要一伸手就可以捧到满怀的你最心爱的大鲜花"与本段的哪两句相照应？

四、阅读贾大山的《莲池老人》,回答下面的问题。

1. 下列对小说有关内容的分析和概括,最恰当的两项是(　　)。

    A. 这篇小说以纯净自然之笔,叙述了一个老人看护寺院钟楼的事情。叙述舒缓,没有太强的故事性,因而故事中人物的性格特征都不鲜明。

    B. 小说采用第一人称"我"叙述故事,使读者产生了真实感和亲切感;在叙述的同时穿插着议论、抒情,从而巧妙地传达了作品的内在意蕴。

    C. 小说中的对话描写贯穿全篇,其中我和莲池老人交谈时真诚的态度,表达出我对老人的喜爱和敬佩之情。

    D. 莲池老人在"堆坟头"后又"平坟头",是因为"堆坟头"一事影响得他不能正常地工作,只有"平坟头"才能让他正常工作。

2. "莲池老人"有哪些性格特点?请简要分析。

五、写景状物的要求有哪些?

六、读下面的材料,按要求作文。

大家正在聚精会神学习,某人却旁若无人大声喧哗;大家正在认真美化环境,某人却无所顾忌当街吐痰;甲偶有急难,有求于乙,乙却乘人之危,大敲竹杠;张、王两家本来和和睦睦,李家媳妇却跑去翻嘴弄舌……

这些有悖于社会公德的行为,引发你的哪些思考?请自主立意,写一篇文章。题目自拟,体裁不限(诗歌除外),不少于700字。

第九单元

走近科学

第1课　景泰蓝的制作

【学习导航】

　　叶圣陶,名绍钧,字秉臣,辛亥革命后改字圣陶。1894年生于江苏苏州。他是文学研究会的著名小说家,代表作有《多收了三五斗》《倪焕之》。他又是现代文学史上最早的童话作家,作品有《稻草人》《古代英雄的石像》。他对我国语文教学和科研工作发表过很多精辟见解,论著收入《叶圣陶教育论集》。叶圣陶于1988年2月16日于北京逝世,享年94岁。其代表作品有:《隔膜》《线下》《倪焕之》《脚步集》《西川集》《稻草人》。

　　《景泰蓝的制作》写于1955年3月22日。作者对手工艺制品很感兴趣,曾经想写一组文章,把每种手工艺品的制作过程记录下来,最终完成的有两篇,即本文和《荣宝斋的彩色木刻画》。说明产品的生产过程的文章,往往按照工序来介绍,这样可以给读者留下清晰、鲜明的印象,易于了解生产知识。景泰蓝是一种高级工艺品,它制作精巧,工艺水平要求高,生产过程比较复杂。本文抓住每道工序的特点,运用多种说明方法,有详有略,语言准确朴素、通俗易懂,完整地交代了这种中国传统手工艺品的制作过程。

　　全文可分为三个部分。

　　第一部分(第1段):点明参观的时间、地点和内容,交代了写作的缘起,引出下文。

　　第二部分(第2—16段):这是全文主要内容,具体说明景泰蓝的制作过程和技术。它作为主体部分,可分为四个层次。

　　第一层(第2—3段):介绍制作景泰蓝的第一道工序——制胎。

　　第2段先说明制作铜胎的原料是红铜,接着举圆盘、花瓶、方盒子三个例子说明景泰蓝铜胎的打制方法。第3段将景泰蓝的制胎与铜器作坊的工作相比较,说明它们的相同点与不同点,引出下文。

　　第二层(第4—9段):介绍制作景泰蓝的第二道工序——掐丝。

　　掐丝是景泰蓝制作的关键工序,作者对它介绍得十分详细。第4段先下定义简要解释什么是掐丝,然后以粘一棵柳树为例,具体说明掐丝的操作方法。第5段介绍景泰蓝是掐丝工人和负责图样设计的美术家合作的成果。第6段说明景泰蓝制品上的图案"全是线条画,而且一般是繁笔"的科学道理。第7段用列数字的方法着重说明景泰蓝掐丝细密费工的特点。第8、9两段介绍的烧焊和酸洗是掐丝的辅助工序,作者简要带过。

第三层(第10—13段):介绍制作景泰蓝的第三道工序——点蓝。

点蓝也是景泰蓝制作的关键工序,是作者继"掐丝"之后又进行详写的内容。第10段介绍"点蓝"和"景泰蓝"名称的由来。第11段说明色料的原料。第12段说明色料的研制方法。第13段介绍点蓝的操作方法与具体过程。

第四层(第14—16段):分别介绍了烧蓝、打磨和镀金三道工序。

第三部分(第17段):概括整个制作过程,强调景泰蓝制作"全部工作是手工"的特点,照应了开头,结束全文。

《景泰蓝的制作》作为一篇说明文,它的最大特点是能抓住事物的特征和内在联系,有序地加以说明。比如文中交代的景泰蓝的工艺程序就十分明晰,制胎→掐丝→点蓝→烧蓝→打磨→镀金,文章严格按照景泰蓝的六大生产工序依次逐项介绍。

根据说明对象的特征安排说明的详略,是本文的另一大特点。本文对景泰蓝制作过程和技术的介绍有详有略,"掐丝"、"点蓝"两道工序介绍得很详细,其他几道工序则介绍得较简略。

这篇说明文运用了多种说明方法。一是分类别,按景泰蓝的制作过程中的工序类别一一介绍。二是下定义,例如,掐丝"就是拿扁铜丝(横断面是长方形的)粘在铜胎表面上",这样能使读者了解掐丝这道工序的操作特点。三是举例子,例如,讲到用铜做胎的原因是"红铜富于延展性,容易把它打成预先设计的形式",接着列举了三类制品:圆盘子,比较大的花瓶的胎,方形或长方形器物。这样就把道理说得具体明白了。四是打比方,例如,作者在介绍掐丝工序举出粘柳树一例时,写道:"柳树的每个枝子上长着好些叶子,每片叶子两笔,像一个左括号和一个右括号……"用比喻说明事物,使读者容易理解。五是作比较,例如,作者在详细介绍了掐丝工序之后,把掐丝和刺绣、缂丝、象牙雕刻作类比,说"掐丝跟这些工作比起来,可以说不相上下,半斤八两",从而突出了这道工序的功夫之深。

在语言上,这篇文章遣词准确、造句严谨。例如,在"小块面积小,无论热胀冷缩都比较细微,又比较禁得起外力,因而就不至于破裂、剥落"句中,"小"与"细微"不能互换,"破裂"与"剥落"不能对调,这是准确的使用动词或形容词;第11段介绍色料的有关特征时,十分贴切地运用了"色料"、"原料"、"釉料"、"质料"四个词,这是准确地运用意义相关的词。

【扩展练习】

一、基础知识。

1. 给下列加点的字注音。

铁砧(　　)　　瓶颈(　　)　　喷水(　　)　　譬如(　　)　　白芨浆(　　)

蘸水(　　)　　剥落(　　)　　缂丝(　　)　　硼砂(　　)　　釉料(　　)

2. 解释词义。

① 疏疏朗朗：_____

② 半斤八两：_____

③ 各有千秋：_____

④ 推陈出新：_____

⑤ 恰如其分：_____

二、知能提升。

1. 下列各句中填入横线上的词语正确的一项是(　　)。

(1) 现在在表面粘上繁笔的铜丝图画，实际上就是把表面分成无数小块，小块面积小，无论热胀冷缩都比较_____，又比较禁得起外力，因而就不至于破裂、剥落。

(2) 且不说自在画怎么生动美妙，图案画怎么工整_____，单想想那么多密密麻麻的铜丝粘上去，是多么大的工夫！

(3) 咱们的手工艺品往往费大工夫，刺绣，缂丝，象牙雕刻，全在_____上显能耐。

A. 细致　　细密　　细微　　　　B. 细微　　细致　　细密

C. 细致　　细微　　细密　　　　D. 细密　　细致　　细微

2. 下列各句中对说明方法的理解有误的一项是(　　)。

A. 为什么单叫点蓝呢？原来这种制作方法开头的时候多用蓝色料，当时叫点蓝，就此叫开了。(作诠释)

B. 一个二尺半高的花瓶，掐丝就要花四五十个工。(列数字)

C. 咱们的手工艺品往往费大工夫，刺绣，缂丝，象牙雕刻，全都在细密上显能耐。掐丝跟这些工作比起来，可以说不相上下，半斤八两。(举例子)

D. 各种色料的细末都盛在碟子里，和着水，像画家的画桌一样，五颜六色的碟子一大堆。(打比方)

3. 下列各句中，标点符号使用正确的一句是(　　)。

A. 第二步工作叫掐丝，就是拿扁铜丝(横断面是长方形的)粘在铜胎表面上。

B. 原来这种制作开头的时候多用蓝色料，当时叫点蓝，就此叫开了(我们苏州管银器上涂色料叫发蓝，大概是同样的理由)。

C. 这种制品从明朝景泰年间开始流行(15世纪中叶)，因而总名叫景泰蓝。

D. 大概含铁的作褐色,含铀的作黄色,含铬的作绿色,含锌的作白色,含铜的作蓝色,含金含硒的作红色……

4. 下列句中没有语病的一项是（　　）。

　　A. 由于美术家和掐丝工人的合作,使景泰蓝器物推陈出新,博得多方面人士的爱好。

　　B. 采取各种办法,大力提高和培养工人的现代技术水平,是加快制造业发展的一件迫在眉睫的大事。

　　C. 这家乒乓球馆设施齐全,可为乒乓球爱好者提供不同档次的球台、球拍、球衣、球鞋等乒乓器材。

　　D. 起瓜楞的花瓶就不能套在转轮上打磨,因为表面有高有低,凹下去的地方磨不着,那非纯用手工不可。

三、阅读下面的文字,完成后面问题。

粘在铜胎上的图画全是线条画,而且一般是繁笔,没有疏疏朗朗只用少数几笔的。这里头有道理可说(甲)景泰蓝要涂上色料,铜丝粘在上面,涂色料就有了界限。譬如柳条上的每片叶子由两条铜丝构成,绿色料就可以填在两条铜丝中间,不至于溢出来。其次,景泰蓝内里是铜胎,表面是涂上的色料,铜胎和色料,膨胀率不相同。要是色料的面积占得宽,烧过以后冷却的时候就会裂。还有,一件器物的表面要经过几道打磨的手续,打磨的时候着力重,容易使色料剥落。现在在表面粘上繁笔的铜丝图画,实际上就是把表面分成无数小块,小块面积小,无论热胀冷缩都比较细微,又比较禁得起外力,因而就不至于破裂、剥落。通常谈文艺有一句话,(乙)咱们在这儿套用一下,是制作方法和物理决定了景泰蓝掐丝的形式。咱们看见有些景泰蓝上面的图案画,在图案画以外,或是红地,或是蓝地,只要占的面积相当宽,那里就嵌几条曲成图案形的铜丝。为什么一色中间还要嵌铜丝呢?无非使较宽的表面分成小块儿罢了。

1. 文中(甲)处应添加的标点是（　　）。

　　A. 句号　　　　B. 冒号　　　　C. 破折号　　　　D. 逗号

2. 文中(乙)处应填入的一句话是（　　）。

　　A. 主题制约内容　　　　　　B. 内容决定形式

　　C. 内容与形式统一　　　　　D. 形式反作用于内容

3. 第二句的"道理"是指什么,下列表述不对的一项是（　　）。

　　A. 掐丝这道工序要把扁铜丝粘在铜胎表面上,为了美观而采用繁笔线条画

　　B. 铜丝粘在铜胎上,涂色料就有了界限,不至于溢出来

　　C. 铜胎和色料膨胀率不同不让色料的面积占得宽,以免烧过以后冷却时破裂

　　D. 铜胎表面分成小块儿后,比较禁得起外力,打磨时不至于破裂、剥落

4. 对本段段意概括得正确的一项是（　　）。

A. 说明了在铜胎上粘上繁笔的线条画的作用
B. 说明了在铜胎上粘上繁笔的线条画的原因
C. 说明了在铜胎上粘上繁笔的线条画的经过
D. 说明了在铜胎上粘上繁笔的线条画的影响

四、拓展阅读。

每天,世界上都有上千万的糖尿病患者需要通过注射胰岛素以维持生命,对于他们来说,每天的注射都是痛苦的,但这却是他们继续生存下去的唯一方法。近年来,为了减轻糖尿病患者的痛苦,科学家们一直在致力于"基因药物"的研究,这是基于一个简单而有效的原则上的研究工作,即不再给身体直接注射药物,取而代之的是通过服用药片和胶囊,给身体一个指令,让它自己生成并分解需要的蛋白质,这是一个高效而安全的方法,可以被列入基因疗法的范畴。

人体是由各种蛋白质组成的,人类的生命就是围绕蛋白质展开的一个过程。我们身体内的细胞核糖体,每秒钟都在不停地合成不同的蛋白质,这一过程的"组织者"就是基因;但是,身体内的蛋白质合成过程也会发生偏差,当一种蛋白质停止生成,或者集中生成,就会打乱机体的平衡,从这种意义上说,许多疾病的产生都是因为蛋白质生成的失调而导致的,其中不乏一些可能会导致严重后果的疾病,如因胰岛素缺失而导致的糖尿病。

科学家们很早就开始了对基因的研究,通过重组方式,他们已经研究出一些药物蛋白质,用于治疗各种疾病,如糖尿病、贫血症和癌症等,还可以对一些神经和免疫系统疾病进行干预。

2001年,美国加利福尼亚大学的罗斯曼和他的科研小组便提出了用"基因药片"治疗糖尿病的方法,就是让患者口服并不含有任何直接作用成分的药片或胶囊,在这种药片或胶囊中,已经事先导入了所需的基因密码,以便让它们在体内帮助生成必要的蛋白质。

也就是说,当这些被编入胰岛素基因密码的药片进入肠道,肠道上皮细胞就开始在体内生成胰岛素,接下来这些胰岛素就会流入血液。在一瞬间,这种基因技术就解决了糖尿病治疗中两个最为普遍的问题。第一,把有用的蛋白质输送到血管中,让其通过血液遍布整个身体;第二,将这一过程交给身体自行解决基因药片。不仅如此,由于肠道上皮细胞只能在体内存留两到四天,这意味着"接受"了基因药片的细胞会自动离开身体,不再生成有用的蛋白质;因此,如果每两到四天便服用一次基因药片,就可维持体内蛋白质的稳定,从而将疾病控制在一定程度内。

此外,药片的用量是可以随时掌握的。患者可以根据自身的情况决定用量的大小,一旦出现副作用,也可以随时停止用药,由于这一过程是在小肠内进行,从某种角度看,在消化道内也就意味着"体外",唯一进入身体的成分是被肠道上皮细胞编入了基因密码的蛋白质,而细胞则会定期消失。也就是说,发生基因突变的概率非常低,而且外来基因在体内繁殖的可能也几乎不存在。

无论基因药片拥有多少种优势,最重要的一点还是可以让患者远离注射之苦,只要定期服用药片或者胶囊就可以让自己的机体自行维持所需蛋白质的水平。

1. 下列对"基因药物"这一概念的理解,不正确的一项是(　　)。

   A. "基因药物"是一种药片或胶囊,它不是通过注射而是通过服用进入人体内。

   B. "基因药物"本身并不含有任何直接作用成分,它能让身体生成并分解需要的蛋白质,从而起到治疗作用。

   C. "基因药物"事先导入了所需的基因密码,这种基因密码可以在体内生成必要的蛋白质。

   D. "基因药物"是基因疗法的一种,是一种高效而安全的治疗方法。

2. 根据原文所提供的信息,下列对文章中心归纳正确的一项是(　　)。

   A. 让糖尿病患者远离注射之苦,基因药品功不可没。

   B. 科学家致力于"基因药物"的研究,有望给上千万糖尿病患者带来福音。

   C. "基因药物"治疗糖尿病优势明显,目前已在大力推广。

   D. 服用基因药品,才是治疗糖尿病的一种高效而安全的方法。

3. 下列表述,不符合原文意思的一项是(　　)。

   A. 在基因药物出现之前,糖尿病患者每天都必须给身体直接注射胰岛素才能维持生命。

   B. 糖尿病是由于身体内的蛋白质合成过程中发生了偏差,结果造成胰岛素缺失造成的疾病。

   C. 通过重组方式,科学家已经研究出一些用于治疗糖尿病的药物蛋白质。

   D. 糖尿病患者如果采取服用"基因药片"的疗法,也必须定期服用药物,才会起到好的疗效。

第2课　古代的服装及其他

【学习导航】

吴晗(1909—1969),原名春晗,浙江义乌人,我国著名明史专家、著名历史学家。吴晗一生主要从事中国古代史研究,对明史研究成就尤著。其主要著作有《朱元璋传》、《海瑞罢官》、《明史简述》、《读书札记》、《胡应麟年谱》、《历史的镜子》、《江浙藏书家史略》、《十六世纪前期之中国与南洋》、《投枪集》、《灯下集》、《春天集》、《学习集》等。本文选自《灯下集》。

这是一篇介绍古代服装及其他古代文化知识的说明文。从题目可知,文章介绍的重点是古代的服装,在重点介绍古代服装的同时,兼顾介绍其他相关知识。

全篇结构可分为三部分。

第一部分(第1—8段):介绍古代服装、交通工具、住房等方面的知识。说明在封建社会中,人们的服装、交通工具、住房等都是有极大讲究的。

第二部分(第9—10段):说明古代服装及住房、交通工具与封建礼制之间的关系。

第三部分(第11段):说明服装等诸物在现代社会已改变了性质。

本文写作特点如下。

1. 主次分明,重点突出

本文运用大量的笔墨讲解古代的服装,详而又详,细而又细,对其他内容,如住房、交通工具及其与封建礼制的关系等只是简单概说,这就是主次分明,为的是突出重点。其实,对于服装来说,要讲的内容也是很多的,但是作者主要从质料、颜色、花饰三个方面来说,这是一种重点之中抓重点的方法。

2. 运用逻辑关系安排说明顺序,具有多样性特色

从全文来看,作者先具体说明在封建社会中,服装的质料、颜色、花饰有种种讲究,然后再说明有这些讲究的原因,然后又推及住房和交通工具,进而把它们与封建礼制之间的关系说得非常清楚,这是一种由果溯因、由表及里的逻辑关系。

从局部来看,第一部分一开始就提出在封建社会,"衣裳的质料、颜色、花饰有极大讲究,不能随便穿",然后从质料、颜色、花饰上逐类加以分说。分说的三个方面质料为最,颜色次之,花饰又次之,这符合人们评价衣服价值的认识规律。这就是一种由总到分、由主到次的逻辑关系。全篇和局部两种逻辑关系的运用,使文章的逻辑顺序具有多样性的特点。

3. 语言生动活泼,具有口语化特点

文章说的是古代的知识,却并不难懂,这主要得益于生动活泼的口头语言的应

用。如"不能随便穿,违反了制度,就会杀头,甚至一家子都得陪着死";"文官用鸟,武官用兽,又按品级分别规定哪一级用什么鸟什么兽,是一点不能含糊的";"例如龙袍,只有皇帝才能穿,绣着凤的衣服,只有皇后才配穿"等许多语言,通俗易懂,可读性强。

4. 采用分类别、作比较、举实例等方法说明事物

分类别,如说衣服不能随便穿,分别从衣服质料、颜色、花饰三个方面来说。作比较,如拿统治阶级和平民百姓的服装作对比。举实例,如第5段北宋大官僚因穿黄衣闯祸;第6段明太祖杀死功臣等。

【扩展练习】

一、基础知识。

1. 给下列加点字注音。
(1) 绡（　　）(2) 绮（　　）(3) 僭（　　）用 (4) 舆（　　）服志
(5) 富商大贾（　　）(6) 邸（　　）第

2. 解释下面的词语。
(1) 僭用：_____
(2) 大逆不道：_____
(3) 检点：_____
(4) 舆服志：_____
(5) 招摇过市：_____
(6) 邸第：_____

3. 选词填空。
(1) 唯一区别的办法是用衣裳的（　　）来作为地位等级的标志。
　　A. 色彩、花饰、质料　　　　　　　B. 花饰、质料、色彩
　　C. 花饰、色彩、质料　　　　　　　D. 质料、色彩、花饰
(2) 例如龙袍,只有皇帝才能穿,绣着凤的衣服,只有皇后才配穿,（　　）最大的官僚,（　　）穿这样的服装,（　　）犯"僭用"、"大逆不道"的罪恶,非死不可。
　　A. 虽然　但　就　　　　　　　　　B. 即便　如　就
　　C. 即便　虽然　但　　　　　　　　D. 虽然　因为　所以

4. 填空。
本文作者（　　）,我国著名的（　　）(朝代)史学家。其主要著作有《朱元璋传》、《海瑞罢官》,以及大量史学论文和文笔锋锐的（　　）。

二、课文理解。

1. 概括课文三个部分的大意,并说说作者是按怎样的顺序进行说明的。

2. "各个阶级的人们按规定穿用不同的服装,居住不同的房子,使用不同的交通工具,绝对不许乱来。"这是为什么?

3. 课文多处运用作比较的说明方法。请找出两个例子,并体会它们的表达效果。
4. 认真阅读下面的句子,说说加点词语在句中的作用。
(1) 例如龙袍,只有皇帝才能穿,绣着凤的衣服,只有皇后才配穿。
(2) 明太祖杀了很多功臣,其中有几个战功很大的,被处死的罪状之一是僭用龙凤服饰。
(3) 本来,贵族、官僚和平民都一样长着眼睛鼻子,一样黄脸皮、黑头发,一眼看去,如何能分出贵贱来?唯一区别的办法是用衣裳的质料、色彩、花饰来作为地位等级的标志。

第3课　意大利蟋蟀

【学习导航】

法布尔(1823—1915),1823年12月22日生于法国南方普罗旺斯省圣莱昂村一户农民家中。因家庭贫穷,4岁左右父母送他到祖母家生活,7岁时接回家,送进村中小学,10岁时随全家迁入罗德茨市。中学阶段,家庭几度迁居,法布尔不得不做工谋生,无法正常读书。15岁时只身报考阿维尼翁市师范学校,被正式录取。法布尔毕业后担任初中教员,利用业余时间做动植物观察记录。英国生物学家达尔文称他是"难以仿效的观察家"。1879年,发表《昆虫记》第一卷。到1910年第十卷问世,历时31年。法国文学界曾以"昆虫世界的维吉尔"为称号,推荐法布尔为诺贝尔文学奖候选人,可惜委员会还未作出决议,法布尔便于1915年11月去世。

本文选自法国著名昆虫学家法布尔的《昆虫记》,《昆虫记》是以大量富有文学色彩的科学报告材料组成的巨著,共有10卷,220余篇文章。它是法布尔对昆虫世界的观察和研究结果,同时也收入了一些讲述经历、回忆往事的传记性的文字。《昆虫记》里记述的主角都是一般常见的昆虫,包括菜青虫、蟋蟀、象鼻虫、螳螂、萤火虫……作者用观察与试验的方法,实地记录昆虫的生活现象,描写了昆虫的本能、习性、劳动、婚恋、繁衍和死亡。作者以人生观照虫性,把自己毕生的研究成果和人生感悟熔于一炉,将昆虫世界化作供人类获得知识、趣味、美感和思想的文字。文笔质朴,别有风味,堪称科学与文学完美结合的典范。

这是一篇科学小品,作者客观地描述了意大利蟋蟀的发声器官和发声原理,充分表现了作者热爱自然热爱昆虫的感情,并且体现了他对生命的敬畏与尊重。文章运用拟人的手法,语言生动活泼,富有情趣。

课文可分为四个部分。

第一部分(第1段)概括介绍夏季是意大利蟋蟀的活动季节。

第二部分(第2—5段)分别介绍了意大利蟋蟀与众不同的形体特征和发声特点。

该部分可分为两层:第2段为第一层,简要介绍意大利蟋蟀的形体特征和习性;第3—5段为第二层,描述意大利蟋蟀技能高超的发声特点。这一层写得较为具体细致,正是意大利蟋蟀这种不同寻常的发声,才引起了作者观察、研究的兴趣。

第三部分(第6—12段)详细介绍意大利蟋蟀的发声器官和发声方法。

该部分可分为两层:第一层(第6—8段)介绍意大利蟋蟀左右两只鞘翅的构造。这一层交代得非常具体、细致。这些知识本来有些枯燥,但作者运用了比喻和描述说明的方法,如把鞘翅的质地说成"像葱头的无色皮膜",把鞘翅的形状说成"像侧置的弓架",把翅脉说成是"琴弓",增强了文章的生动性和说明效果。

第二层(第9—12段)介绍意大利蟋蟀的发声方法,并说明意大利蟋蟀发声让人产生幻觉的原理。为了更清楚地说明这一点,作者运用了比较法,用手指贴近被敲响的玻璃杯,以及各种乐器的制音器、消音器来比较,增强了说明的效果。

第四部分(第13—16段)描述作者倾听意大利蟋蟀鸣唱时美好的感受。

在法布尔的作品中,常常不失时机地插入自己研究某类昆虫的动因的说明。前三部分本来已经将说明对象的情况介绍清楚了,第四部分就主要表现作者对意大利蟋蟀的喜爱和赞美之情,而正是在这种情感推动下,法布尔不辞辛劳地投入了对昆虫的观察和研究,向世人展示了一个鲜为人知而又丰富多彩的世界。

本文学习的重点是科学小品语言形象化的特点,教师可指导学生从以下四个方面去理解。

1. 运用拟人手法,增加了说明语言的趣味性

例如,课文说家蟋蟀是"乡间面包房和灶台的常客";介绍两种蟋蟀不同的活动季节时说,春日"有交响乐演奏家乡野蟋蟀献艺",夏夜"大显身手的交响乐演奏家是意大利蟋蟀";在描述意大利蟋蟀的鸣唱时写道,这些"军乐队队员""躲在一簇簇小灌木里,彼此询问着,互相回答着","它们可能都对别人的咏叹调无动于衷,而是在为一己之欢乐纵情歌唱"等。

2. 运用比喻手法,增强语言的形象性,使说明的内容生动具体,便于感知

如课文介绍蟋蟀的鸣叫时说,"在闷热的夜晚,这演奏正好是一台优雅的音乐会",说明蟋蟀鸣叫声的变化时说"只要有一点动静,演奏家仿佛立刻就把发音器移到肚子里去";写意大利蟋蟀的发声器官时说,两片鞘翅"薄得像葱头的无色皮膜","其形状像侧置的弓架"、"其状宛如宽大的纱罗布船帆";描述它们的活动时说"茂密的野草莓丛和笃耨香树,都成了它们的乐池"等。

3. 运用适度的夸张烘托气氛,渲染效果,增强说明语言的感染力

一方面,作者把一些表现音乐艺术的词语毫不吝惜地运用到蟋蟀身上,如"乐曲"、"演奏家"、"音乐家"、"乐池"、"演技"以及"交响乐"、"牧歌"、"夜曲"、"咏叹调"、"奏鸣曲"等。另一方面,运用了许多绘声绘色的语句加以形容或描述,如"陶冶人心的乐曲"、"静谧怡人的夜晚"、"它安安稳稳呆在低低的树叶上"、"让寻找它的人摸不着头脑了"等。

4. 语言饱含着情感,增强了说明对象的吸引力

除了以上所举各方面的例句外,作者还使用了一些具有鲜明感情色彩,表现欣赏、赞美之情的语句,如"我们的苍白蟋蟀"、"我的蟋蟀啊"、"优美清亮"、"情趣盎然"等。

以上四个方面有机地融合,和谐地运用,使本文的语言生动活泼,富有情趣,在介绍知识的同时,也使读者受到情感的熏陶。

【扩展练习】

一、字音辨读。

陶冶(　　)　纤弱(　　)　荆棘(　　)　蹊跷(　　)　唧唧(　　)

鞘翅(　　)　媲美(　　)　氛围(　　)　盎然(　　)　薰衣草(　　)

笃耨(　　)　确凿(　　)

二、熟语释义。

1. 情趣盎然：_____

2. 无动于衷：_____

3. 心不在焉：_____

三、选择题。

1. 下列没有错别字的一项是(　　)。

  A. 心不在焉　惹人喜欢　以假乱真　和霭可亲

  B. 飞扬拔扈　卑躬曲膝　乔装打扮　哄堂大笑

  C. 部署周密　掉以轻心　并行不悖　蜂拥而上

  D. 宽洪大量　迫不及待　行踪诡秘　出奇制胜

2. 在下边句中的括号里填上合适的标点。

① 左鞘翅，或称下鞘翅，结构与右鞘翅基本相同(　　)其不同之处在于，左鞘翅的琴弓(　　)胼胝，以及从胼胝放射出来的翅脉，全部显现在翅膜的上一面。

② 鞘翅高抬，声音响亮(　　)鞘翅略降，声音转闷。

③ 乐曲由一种轻柔缓慢的鸣叫声构成，听起来是这样的(　　)咯哩(　　)唧唧唧，咯哩(　　)唧唧唧。

④ 不知多少回，我躺在地上，背靠着迷迭香织成的屏风(　　)在文静的月亮女友的陪伴下(　　)悉心倾听那情趣盎然的(　　)荒石园(　　)音乐会。

3. 下列不属于比喻句的是(　　)

  A. 在闷热的夜晚，这演奏正好是一台优雅的音乐会。

  B. 其形状像侧置的弓架。

  C. 我们镇子里见不到家蟋蟀，那是乡间面包房和灶台的常客。

  D. 它们可能都对别人的咏叹调无动于衷，而是在为一己之欢乐纵情歌唱。

4. 下列关于修辞手法的判断不正确的是(　　)。

  A. 茂密的野草莓和树，都成了它们的乐池。(比喻)

  B. 整个这小世界的成员，操着惹人喜爱的响亮的声音，躲在一簇簇小灌木里，彼此询问着，互相问答着。(比喻)

  C. 两片鞘翅都是干燥的半透明薄膜，薄得像葱头的无色皮膜，可以整体震动。

(比喻)

D. 虫鸣大作之际,两只鞘翅始终高高抬起,其状宛如宽大的纱罗布船帆。(比喻)

5. 下列句子没有语病的一项是(　　)
   A. 《昆虫记》之所以深受读者广泛欢迎,由于它文风质朴,别有风趣成为它的特点。
   B. 不按照客观规律办事的人,一定要碰钉子。
   C. 出席这次报告会的共青团员和中学生有三千人。
   D. 我们开会,作报告,作决议,以及做任何工作,都为的是解决问题。

6. 下列成语运用不正确的一项是(　　)
   A. 然而,尽管壁炉下的石板缝哑然无声,这寂寞还是能得到补偿的。
   B. 夏天,在静谧怡人的夜晚,大显身手的交响乐演奏家是意大利的蟋蟀。
   C. 正是为了这个缘故,我身靠迷迭香藩篱,仅仅向天鹅星座投去些漠不关心的目光。
   D. 本刊将洗心革面,继续提高稿件的编辑质量,决心向文学刊物的高层次、高水平攀登。

7. 下面这段话正确的排列顺序是(　　)。
   ① 周身穿戴几乎都是白色的
   ② 体色苍白
   ③ 这与它夜间活动的习惯相符
   ④ 这虫种体形修长
   ⑤ 体格纤弱
   　A. ④⑤③①②　　B. ④⑤②①③　　C. ⑤④①③②　　D. ③①②④⑤

四、阅读下面一段文字,完成文后各题。(1999年高考题)

有这样一种假说:冬眠是一种高度发达的机能。冬眠的哺乳动物虽然与人类一样都是温血动物,但是它们在更宽范围的调节性上获得了进化,例如在体温调节上,就要比非冬眠动物强。

传统认为,哺乳动物冬眠的奥秘在于心脏。无论冬眠的动物,还是非冬眠动物,甚至人类,其心脏工作的原理是相同的。当钙离子流进心脏的细胞时,就引起心脏收缩;当钙离子随即排出细胞时,心脏又开始舒张。但是随着温度的降低,非冬眠动物的心脏细胞排除钙离子的能力明显降低,从而使心脏的舒张越来越困难,最后导致死亡;而此时冬眠动物的心脏细胞则完全与此相反。因此心脏调节钙离子浓度的机制,是冬眠时心脏正常活动的关键所在。

后来的研究证实,心脏细胞的这种变化还不是冬眠的根本原因,科学家们推测冬眠最终是由动物体内的遗传基因控制的。然而,人们却一直没有发现这种遗传基因。直到最近,日本科学家发现,在美洲松鼠等冬眠动物的血液中存在一种特殊的蛋白质HP,HP只能在冬眠动物身上找到,并与冬眠同步出现。这表明,HP在冬眠中具有重要的作用。

那么,在人类身上也能找到类似冬眠的现象吗？答案是肯定的,人在睡眠时也有体温降低、心跳放慢的现象,这在性质上与冬眠相似。而身体硕大的熊的冬眠,为实现人类的冬眠提供了可能。如果以HP为线索,也许能重新认识熊的冬眠。一旦控制熊冬眠的遗传基因得以破译,人的冬眠就不是不可能了。这样,人类就能把自身的代谢控制到最低限度,从而有利于癌症等疾病的长期治疗、未来的宇宙旅行等。

1. 本文第一自然段提出一种假说,对该假说理解不正确的一项是(　　)。
   A. 在物种进化的过程中,某些哺乳动物在调节性上获得了进化,从而具备了冬眠的功能。
   B. 比较起人类来,冬眠的哺乳动物在更宽的范围里发生了进化。
   C. 冬眠的哺乳动物比起人类来具有更强的体温调节机制。
   D. 冬眠的哺乳动物和非冬眠的哺乳动物之间的区别并不在于体温是否可以调节。

2. 按照传统的看法,下列对动物冬眠时心脏工作原理的解说,符合文意的一项是(　　)。
   A. 随着温度的降低,心脏细胞排除钙离子的能力也相应提高。
   B. 当心脏收缩时,钙离子就流进心脏细胞；当心脏舒张时,钙离子就从心脏细胞中排出。
   C. 即使在低温条件下,心脏仍能保持在非低温条件下收缩和舒张的原状不变。
   D. 心脏细胞排除钙离子的能力明显增强,从而使心脏的收缩也随之增强。

3. 文中认为"HP在冬眠中具有重要的作用",下列不能作为这一观点的根据的一项是(　　)。
   A. 科学家们推测冬眠最终是由冬眠动物体内的遗传基因控制的。
   B. HP是在冬眠动物的血液中新发现的一种特殊的蛋白质。
   C. HP不能在非冬眠动物体内找到,而它的出现周期又跟冬眠周期相同。
   D. 在发现HP之前,人们一直没有发现动物体内控制冬眠的遗传基因。

4. 下列说法不符合原文意思的一项是(　　)。
   A. 虽然冬眠只是冬眠动物的一种机能,但是从人类治疗疾病和宇宙旅行等需要来看,研究人的冬眠还是有重大意义的。
   B. 由于在美洲松鼠等动物体内找到了控制冬眠的遗传基因,因此人们对冬眠奥秘的传统解释产生了怀疑。
   C. 人在睡眠时体温降低,心跳减慢,这虽然不能认为是冬眠,但是对研究人类实现冬眠具有重要的启示。
   D. 身体硕大的熊跟人之间具有一定的相似性,因此熊冬眠的遗传基因一旦得以破译,人的冬眠就有可能实现。

第九单元　练习与测试

一、选择题。

1. 下列加点的字读音全正确的是(　　)。
   A. 粗略(lüè)　铁砧(zhēn)　着力(zhuó)　剥落(bō)
   B. 硼砂(péng)　铁屑(xiè)　瓶颈(jǐng)　白芨(jí)
   C. 粘满(zhān)　譬如(pì)　蘸浆(zhàn)　储存(zhù)
   D. 缜密(shěn)　碟子(dié)　铁锤(chuí)　裸露(lù)

2. 下列词语字形全正确的是(　　)。
   A. 搀和　譬如　铁砧　恰如其份　　B. 篮球　蓝色　重叠　重峦叠嶂
   C. 繁复　反复　膨涨　推陈出新　　D. 摩擦　打磨　干躁　专心致志

3. 依次填入下列各句横线处的词语,恰当的一组是(　　)。

①每当我们的脚步发出_____响动,都会给自己带来某种惊异之感,这其实就是所谓距离幻觉产生的效果。

②我们对天空的眼睛一无所知,它们像眨动眼皮般地闪烁着,它们盯着我们,那目光虽平静,但未免_____。

③群众生活_____的农产品价格要坚决保持稳定。

④就此事件,我新华社_____发表声明。

   A. 些微　冷淡　必需　受权　　B. 微弱　冷淡　必须　授权
   C. 微弱　无情　必需　授权　　D. 些微　无情　必需　受权

4. 下列关于文学常识的表述,错误的是(　　)。
   A. 说明文一般可以按时间、空间变化为顺序,有时也可以按某种逻辑层次展开说明。
   B. 一般说明文的语言要求准确、客观而又不失生动形象。
   C. 文艺性说明文又称科学小品,它融知识性与趣味性于一体,语言更加生动,读来更加妙趣横生。
   D. 科普作品在传播科学知识的同时,也在弘扬科学精神,因此既要重视科学精神的熏陶,又要领悟科学家追求真理所体现出的人格魅力。

二、文学常识填空。

1. 《景泰蓝的制作》作者(　　),名(　　),字秉臣,辛亥革命后改字圣陶。1894年生于江苏苏州,著名(　　),代表作有(　　)、(　　)。他又是现代文学史上最早的童话作家,作品有(　　)、(　　)。他对我国语文教学和科研发表过很多精辟见解,论著收入《叶圣陶教育论集》。

2. 《古代的服装及其他》作者(　　),浙江义乌人。我国著名(　　)、(　　)。他一生主要从事中国古代史研究,对明史研究成就尤著。其主要著作有(　　)、(　　)、(　　)等。本文选自(　　)。

3.《意大利蟋蟀》作者(　　),法国(　　)(　　)(　　)。他被世人称为"昆虫界的荷马(相传荷马为古代希腊两部著名史诗《伊利亚特》和《奥德赛》的作者)",昆虫界的"维吉尔"。出生后的几年间,他是在离家不远的马拉瓦尔祖父母家中度过的,当时年幼的他已被乡间的蝴蝶与蝈蝈这些可爱的昆虫所吸引。其代表作品有(　　)。

三、语段精读。

在封建社会里,也和今天一样,人人都要穿衣裳。但是,有一点不同,衣裳的质料、颜色、花饰有极大讲究,不能随便穿,违反了制度,就会杀头,甚至一家子都得陪着死。原来那时候,衣裳也是表示阶级身份的。

以质料而论,绸、缎、锦、绣、绡、绮等等都是统治阶级专用的。平民百姓只能穿布衣。以此,"布衣"就成为平民百姓的代名词了。有些朝代还特地规定,做买卖的,即使买得起,也禁止用丝质材料。

以颜色而论,大红、鹅黄、紫、绿等是统治阶级的"专利"。因为这些颜色的染料国内产量少,得从南洋等地进口,价格很贵。皇帝穿黄袍,最高级的官员穿大红、大紫。以下的官员穿绿,皂隶穿黑。至于平民百姓,就只好穿白了,以此,"白衣"也成为平民百姓的代名词。

至于花饰,在袍子上刺绣或者织成龙、凤、狮子、麒麟、蟒、仙鹤、各种各样的鸟等等,也是按贵族、官僚的地位和等级分别规定的。平民百姓连绣一条小虫儿小鱼儿也不行,更不用说描龙画凤了。不但如此,在统治阶级内部,也有极大讲究,例如龙袍,只有皇帝才能穿,绣着凤的衣服,只有皇后才配穿,即便是最大的官僚,如穿这样的服装,就犯"僭用"、"大逆不道"的罪恶,非死不可。

北宋时有一个大官僚,很能办事,也得到皇帝信任。有一次多喝了一点酒,不检点穿件黄衣服,被人看见告发,几乎闯了大祸。

明太祖杀了很多功臣,其中有几个战功很大的,被处死的罪状之一是僭用龙凤服饰。

本来,贵族、官僚和平民都一样长着眼睛鼻子,一样黄脸皮、黑头发,一眼看去,如何能分出贵贱来?唯一区别的办法是用衣裳的质料、色彩、花饰来作为地位等级的标志;特别是花饰,官服的前胸绣有动物图案,文官用鸟,武官用兽,又按品级分别规定哪一级用什么鸟什么兽,是一点儿也不能含糊的。这样,不用看面貌,一看衣裳的颜色和花饰就知道是什么地位的贵族、什么等级的官员了。当然,衬配着衣裳的还有帽子、靴子。例如皇帝的平天冠,皇后和贵族妇女的凤冠,官员的纱帽、朝靴,以及身上佩带的紫金鱼袋或者帽上的翎毛。

1. 解释下列句中的"以"字。

(1) 以质料而论,绸、缎、锦、绣、绡、绮等等都是统治阶级专用的。平民百姓只能

穿布衣。（　　）

(2) 以此，"布衣"就成为平民百姓的代名词了。（　　）

(3) 以下的官员穿绿，皂隶穿黑。（　　）

2．"不但如此，在统治阶级内部，也是有极大讲究"，"如此"指代什么？

3．古代为什么称平民百姓为"布衣"、"白衣"，称衙门的差役为"皂隶"？

4．概括这几段文字的中心意思。

5．简析这段文字的说明结构及顺序。

四、阅读下面短文，回答后面的问题。

伊斯兰教的经典《古兰经》几处提到了中国的丝绸，说：今世行善积德者，来世可以进入乐园，穿丝绸衣服。阿拉伯人把中国的丝绸看得格外神圣，连先知穆罕默德也只在朝拜真主时才穿丝绸服装。在古罗马，凯撒大帝曾身穿丝绸长袍去看戏，引得在场的贵族羡慕不已，他们甚至不惜用相等重量的黄金去购买丝绸，上等丝绸每磅竟值黄金12两。迫使皇帝下令禁止皇家穿用丝绸。轻盈华丽、柔软光亮的丝绸简直成为神话中"天堂"里的宝物。

我国古代纺织工具和技术具有很高的水平。如纺纱由远古使用纺锤到汉代使用纺车，又由手摇到脚踏，元代又造出了水力大纺车。1769年英国人阿克莱制造出的水力纺车比我国晚了几个世纪。织机最早为踞织机，远在六七千年以前，我国就有了原始织机。春秋时期发明了脚踏的斜织机。提花技术，在商代就已经掌握，春秋时期有了巨大发展，汉代以后更加纯熟。汉代提花机已十分复杂，提综的蹑多达120个，提花工艺复杂，织一匹绵需要两个月时间。汉绵花纹生动，十分美丽。后来马钧又改进了提花机，使我国古代提花技术更加高超。

我国纺织工艺遥遥领先，享有盛誉，对世界纺织业有重要影响，这是中华民族的贡献和骄傲。

1. 填空题。

(1) 第一段文字,先说明阿拉伯人把中国丝绸(　　),后说明在古罗马,中国丝绸简直被视为(　　)。作者引用这两例是为了(　　)。

(2) 第二段文字分别说明我国古代(　　)和(　　)具有很高的水平,都是按(　　)顺序进行说明的。

2. 选择题。

(1) 这篇短文的说明中心是(　　)。

  A. 外国人喜欢中国丝绸

  B. 我国古代纺织技术对世界纺织业有重要影响

  C. 我国古代纺织工具和技术具有很高的水平

  D. 我国纺织工艺遥遥领先,对世界纺织业有重要影响

(2) 这段短文运用了多种说明方法,但没有运用(　　)的方法。

  A. 引用 B. 举例子 C. 作比较 D. 下定义

五、写作。

以"我的××(服装)"为题,写一篇300字左右的说明文,可以从服装的质料、颜色、花饰、式样等方面来写。

第十单元

世相百态

第1课 阿Q正传

【学习导航】

《阿Q正传》是一部中篇小说,是中国乃至世界文学宝库中的一颗明珠,它成功地塑造了阿Q这个世界文学画廊中的典型形象。

学习本文,要认真分析小说的典型环境,认识环境描写对表现人物形象和深化小说主题的重要意义。本文环境描写有两大特点:一是把典型环境的描写融进故事情节的叙述之中。如两章的开头部分,既是情节的叙述又是时代气氛和典型环境的描绘。二是通过富有典型意义的事件和细节,反映特定的时代气氛。如衣箱寄存,信件往来,辫子盘法等细节,形象地反映了辛亥革命时期农村的落后、闭塞,交代了故事的社会背景和典型环境。

在未庄这个典型环境中,在辛亥革命这个大的历史背景下,分析、把握阿Q的性格特点,可以帮助我们更好地理解小说深刻的思想内涵。课文清晰地描写出阿Q对革命的态度变化的思想轨迹,形象地展现了阿Q对革命由神往到失意再到破灭的过程,表现了阿Q式农民的落后和不觉悟,画出了半封建半殖民地"沉默国民的灵魂",深刻揭示了辛亥革命失败的教训。

学习本文,要分析小说的艺术特点,体会小说精湛的白描手法,精微的心理刻画;还要品味小说精彩的语言,意味深长的内蕴,幽默讽刺的风格。如在阿Q高喊造反,唱着戏文在街上"飞了一通"的时候,赵太爷这个未庄最有权势的人,竟然叫阿Q为"老Q",表现出对阿Q的恭维之意;赵白眼则称"Q哥"以示与阿Q的亲近,这都是他们没有探到革命虚实,对革命恐慌和畏惧的真实写照。然而阿Q对这些美称,却全然听不进去,他只习惯他的正名"阿Q",这是何等可悲!由此,我们不难体察到阿Q遭受屈辱的根深蒂固。几个寻常的称呼,蕴涵着多么丰富深刻的内容。

学习时要注意思考:阿Q仅仅只是可笑吗?鲁迅先生塑造这一形象的意图何在?要反复阅读课文,理解环境描写与人物性格和情节发展的关系,把握小说的思想意义。

【扩展练习】

一、给下列词语中加点的字注音。

溥仪（　　）　　窘困（　　）　　惴惴（　　）　　怃然（　　）　　错愕（　　）

拗断（　　）　　初隽（　　）　　络绎（　　）　　黑魆魆（　　）　　擎（　　）

二、根据意思写出相应的词语。

1. 一向合不来。　　　　　　　　　　　　　　　　　　　　　　　（　　）

2. 极其厌恶、痛恨。　　　　　　　　　　　　　　　　　　　　　（　　）

3. 形容双方思想感情融洽，心意相合。　　　　　　　　　　　　　（　　）

4. 不合时令、不合季节的打扮。　　　　　　　　　　　　　　　　（　　）

5. 仓促之间感到惊愕。　　　　　　　　　　　　　　　　　　　　（　　）

三、课文节选自原著第七章"革命"和第八章"不准革命"。仔细阅读课文，说说这两章标题的含义。

"革命"所指的是：

（1）＿＿＿＿＿＿＿　（2）＿＿＿＿＿＿＿　（3）＿＿＿＿＿＿＿

"不准革命"所指的是：

（1）＿＿＿＿＿＿＿　（2）＿＿＿＿＿＿＿　（3）＿＿＿＿＿＿＿

四、体会词义差别，从括号中选择恰当的词语填空。

1. 他得意之余，禁不住大声的＿＿＿＿＿道："造反了！造反了！"（嚷、喊）

2. "老Q，"赵太爷＿＿＿＿＿的迎着低声的叫。（怯怯、惴惴）

3. 大家都＿＿＿＿＿，没有话。（愕然、怃然）

4. 他很想即刻＿＿＿＿＿住他，拗断他的竹筷，放下他的辫子。（揪、拽）

5. 于是心里便＿＿＿＿＿起了忧愁：洋先生不准他革命。（浮、涌）

五、阅读课文，回答下列问题。

1. 文章开头，作者为什么在日期的表述上花费了那么多笔墨？

2. 小说怎样描写阿Q投降革命后的得意心情？

3. 找出课文中描写假洋鬼子外貌、语言、行动的段落,填写下表。

方　　法	课　文　内　容
外貌描写	
语言描写	
行动描写	
结　　论	

六、按要求将下列句子分类。

① 但茶坊酒肆里却都说,革命党要进城,举人老爷到我们乡下来逃难了。

② 至于革命党,有的说便在这一夜进了城,个个白盔白甲:穿着崇正皇帝的素。

③ 不知怎么一来,忽而似乎革命党便是自己,未庄人却都是他的俘虏了。

④ 第二天他起得很迟,走出街上看时,样样照旧。

⑤ 革命党虽然进了城,倒还没有什么大异样。知县大老爷还是原官,不过改称了什么,而且举人老爷也做了什么——这些名目,未庄人都说不明白——官,带兵的也还是先前的老把总。

⑥ 但未庄也不能说是无改革。几天之后,将辫子盘在顶上的逐渐增加起来了。

⑦ 况且有一回看见小D,愈使他气破肚皮了。

⑧ 但他终于饶放了,单是怒目而视的吐一口唾沫道:"呸!"

⑨ 未庄人都惊服,说这是柿油党的顶子,抵得一个翰林。

⑩ 阿Q越想越气,终于禁不住满心痛恨起来,毒毒的点一点头:"不准我造反,只准你造反?妈妈的假洋鬼子——好,你造反!造反是杀头的罪名啊,我总要告一状,看你抓进县里去杀头——满门抄折,——嚓,嚓!"

1. 表现辛亥革命波及未庄的句子:_____

2. 表现人民群众不了解革命的句子:_____

3. 表现辛亥革命妥协、不彻底的句子:_____

4. 表现阿Q愚昧、狭隘、保守等落后思想的句子:_____

5. 表现阿Q"精神胜利法"的句子:_____

七、阅读下面的文段,回答问题。

造反?有趣,……来了一阵白盔白甲的革命党,都拿着板刀,钢鞭,炸弹,洋炮,三尖两刃刀,钩镰枪,走过土谷祠,叫道,"阿Q!同去同去!"于是一同去。……

这时未庄的一伙鸟男女才好笑哩,跪下叫道,"阿Q,饶命!"谁听他!第一个该死的是小D和赵太爷,还有秀才,还有假洋鬼子,……留几条么?王胡本来还可留,但也不要了。……

东西,……直走进去打开箱子来:元宝,洋钱,洋纱衫……秀才娘子的一张宁式床先搬到土谷祠,此外便摆了钱家的桌椅,——或者也就用赵家的罢。自己是不动手的了,叫小D来搬,要搬得快,搬得不快打嘴巴。……

赵司晨的妹子真丑。邹七嫂的女儿过几年再说。假洋鬼子的老婆会和没有辫子的男人睡觉,吓,不是好东西!秀才的老婆是眼胞上有疤的。……吴妈长久不见了,不知道在哪里,——可惜脚太大。

1. 从文段中可以看出,阿Q"革命"的目的是_____

2. "造反?有趣"说明了什么?

3. 从这几段文字可以看出,阿Q的革命观是合理的成分与荒唐的成分相混合。试简要分析其合理性与荒唐成分。

4. 这几段文字从小说的表现手法看,是_____描写,写造反的消息传至未庄时阿Q的_____,表明了他对革命的_____。由此可以看出阿Q是一个_____的农民。

八、选取课文中一个片段改编成课本剧,并分角色演一演。

第2课　项　　链

【学习导航】

莫泊桑是19世纪后半叶法国批判现实主义作家,被誉为"世界短篇小说巨匠",代表作有《羊脂球》《项链》《我的叔叔于勒》等。

《项链》是莫泊桑的短篇小说代表作之一。主人公玛蒂尔德向往舒适豪华的生活,每天都梦想自己能够成为上流社会的一员,"她觉得她生来就是为着过高雅和奢华的生活",因此,当机会来临时,她尽一切努力,终于尽情地享受了一晚梦寐以求的欢乐,却为此付出了十年的青春。小说对当时法国社会小人物的向往和痛苦、追求和遭遇给予了极大的关注和同情,感慨社会的不公和命运对小人物的残酷,同时也表现了带有普遍意义的人性弱点。小说也赞扬了女主人公在遭遇了命运的沉重打击,从梦中醒来后所表现出的那份勇气、坚强和做人的尊严。

全文按情节的发展可分为五部分。第一部分,写玛蒂尔德为参加舞会而向佛来思节夫人借项链;第二部分,写玛蒂尔德在舞会上出尽风头和丢失项链;第三部分,写玛蒂尔德赔项链;第四部分,写玛蒂尔德为偿还债务付出了十年的青春;第五部分,写玛蒂尔德得知为之付出沉重代价的项链原来是假的。

欣赏这篇小说,还要抓住以下几个特点:

1. 人物性格的生动刻画。课文以大量的篇幅,通过玛蒂尔德自己的言行,深刻而细腻地表现她种种丰富的内心活动。如写她拿到请柬后"懊恼地把请柬丢在桌上,咕哝着:'你叫我拿着这东西怎么办呢?'"转而又怒视丈夫,伤心落泪,把她那种既兴奋又为贫困而懊恼的复杂心情刻画得惟妙惟肖。注意揣摩文中这些细腻的心理描写。

2. 情节构思的独具匠心。情节波澜起伏,结尾耐人寻味,在玛蒂尔德得知所借的项链是赝品时戛然而止,言有尽而意无穷。

学习这篇文章要从分析故事情节与人物形象入手,以对人物心理描写的分析带动对人物整体形象的分析,以人物形象的分析带动对小说情节结构和思想内容的分析,整体把握小说的写作特色。

【扩展练习】

一、给下列词语中加点的字注音。

寒伧(　　)　佳肴(　　)　衣褶(　　)　惆怅(　　)

契约(　　)　租赁(　　)　绾发(　　)　誊写(　　)

二、解释下列词语的意思,并给加点的字注音。

自惭形秽(　　):_____

面面相觑（　　）：_____

三、说说下面各句中加点的词语与括号里的词语的区别,体会课文语言的特点。

1. 住宅的寒伧,墙壁的黯淡(黑暗),家具的破旧(陈旧),衣料的粗陋,都使她苦恼。

_____

_____

2. 她梦想那些宽敞的客厅,那里张挂着古时的壁衣,陈设着精巧(精美)的木器,珍奇(珍贵)的古玩。

_____

_____

3. 她一向就想望(向往)着得人欢心,被人艳羡,具有诱惑力而被人追求。

_____

_____

4. 她狂热地兴奋地跳舞,沉迷(陶醉)在欢乐里。

_____

_____

四、小说中的主人公玛蒂尔德面对命运的沉重打击所表现出来的勇气、坚强和尊严令人感动。与同学讨论,她偿还债务的行为值不值得。将理由写下来。

_____

_____

五、阅读课文结尾部分,回答下列问题。

1. 作者为什么要写佛来思节夫人"依旧年轻,依旧美丽动人"?

_____

2. 路瓦栽夫人说:"而且都是因为你!……"这表现了她怎样的心情?此处的省略号有什么作用?

_____

_____

3. "于是她带着天真的得意的神情笑了"一句中,"天真"的含义是什么?

_____

_____

六、阅读下面文段,完成文后各题。

第十年年底,债都还清了,连那高额的利息和利上加利滚成的数目都还清了。

路瓦栽夫人现在显得老了。她成了一个穷苦人家的粗壮耐劳的妇女了。她胡乱地_____着头发,歪斜地_____着裙子,_____着一双通红的手,高声大气地

_____着话,用大桶的水刷_____地板。但是有时候,她丈夫办公去了,她一个人坐在窗前,就回想起当年那个舞会来,那个晚上,她多么美丽,多么使人倾倒啊!

　　要是那时候没有丢掉那挂项链□她现在是怎样一个境况呢□谁知道呢□谁知道呢□人生是多么奇怪□多么变幻无常啊□极细小的一件事可以败坏你□也可以成全你□

1. 在文中横线上填入恰当的词语。
2. 在第3段的方框处加上标点符号。
3. 路瓦栽夫人是否不再像以前那样虚荣了?结合文段相关内容说说自己的理解。

_____
_____

4. 如果小说到这一段后就结尾,你认为与原来的结尾效果有什么不同?

_____
_____

七、写作。

　　玛蒂尔德丢失项链后,为什么不去向佛来思节夫人说明?如果说明了又会怎样呢?对此进行合理的想象,写一篇短文。

第 3 课 竞 选 州 长

【学习导航】

马克·吐温(Mark Twain,1835—1910)是美国批判现实主义文学的奠基人,世界著名的短篇小说大师,被誉为"美国文学中的林肯"。其代表作品有《竞选州长》、《哥尔斯密的朋友再度出洋》、《镀金时代》、《汤姆·索亚历险记》、《哈克贝里·费恩历险记》、《傻瓜威尔逊》、《赤道环球游记》等。

本文揭露了美国"民主政治"的虚伪。一个正派、清白的老实人在竞选中成了最不正派、最不清白的"罪人",这就告诉人们资本主义的所谓"自由竞选"、"民主政治"不过是资产阶级政客争权夺利、残酷倾轧的遮羞布。小说也暴露了资本主义"言论自由"的虚伪。资产阶级所谓的"言论自由"实质就是用谎言来诬蔑、攻击、陷害对方,来蒙蔽欺骗人民群众。小说还撕开了资本主义国家"两党制"的画皮。资产阶级政党在本质上都是一样的,都不能反映广大人民的意志。这篇小说的思想意义远远超出了它所产生的那个时代,今天,它依然是我们认识资产阶级民主的虚伪和欺骗性的好教材。

本文写作特点如下。

1. 巧妙地安排明暗两条线索

不让竞选对手正面出场,把他们大量卑鄙无耻的竞选活动放在幕后;大量引用报纸上的文字,然后用"我"这条明线把它串起来,并形成鲜明的对比。

2. 运用多种多样的幽默手法达到讽刺效果

首先,作者安排的矛盾双方是在人品上完全对立的两种人。其次,作者的幽默还表现在用夸张的手法,描写不少离奇的事件。本文用明显的夸张产生幽默的例子,既显得滑稽又具有讽刺力量。最后,小说的语言幽默含蓄,富有讽刺意味。这种幽默含蓄的嘲弄,比起金刚怒目的严词斥责来,具有更大的批判作用。

【扩展练习】

一、给加点字注音。

怂( )恿　缄( )默　中( )伤　动辄( )　谰( )言
诨( )名　教唆( )　玷( )污　悲恸( )　赐( )予

二、解释词语。

滔天罪行：_____

偃旗息鼓：_____

习以为常：_____

相提并论：_____
声望：_____
甘拜下风：_____

三、阅读课文，回答下列问题。

1. 课文开端部分主要运用了什么表现手法？目的何在？

2. 课文开端部分引用祖母的信，作用是什么？

3. 本文用第一人称来写作，有什么作用？

四、阅读下面文段，完成文后各题。

我无法摆脱这种困境，只得深怀耻辱，准备着手"答复"那一大堆毫无根据的指控和卑鄙下流的谎言。但是我始终没有完成这个任务，因为就在第二天，有一家报纸登出一个新的恐怖案件，再次对我进行恶意中伤，说因一家疯人院妨碍我家的人看风景，我就将这座疯人院烧掉，把院里的病人统统烧死了，这使我万分惊慌。接着又是一个控告，说我为了吞占我叔父的财产而将他毒死，并且要求立即挖开坟墓验尸。这使我几乎陷入了精神错乱的境地。在这些控告之上，还有人竟控告我在负责育婴堂事务时雇用老掉了牙的、昏庸的亲戚给育婴堂做饭。我拿不定主意了——真的拿不定主意了。最后，党派斗争的积怨对我的无耻迫害达到了自然而然的高潮：有人教唆9个刚刚在学走路的包括各种不同肤色、穿着各种各样的破烂衣服的小孩，冲到一次民众大会的讲台上来，紧紧抱住我的双腿，叫我做爸爸！

我放弃了竞选。我降下旗帜投降。我不够竞选纽约州州长运动所要求的条件，所以，我呈递上退出候选人的声明，并怀着痛苦的心情签上我的名字：

"你忠实的朋友，过去是正派人，现在却成了伪证犯、小偷、拐尸犯、酒疯子、贿赂犯和讹诈犯的马克·吐温。"

1. 上文叙述了四件诬陷"我"的事，请依次概括写出。

_____

2. 用文中的语句填空。

我无法摆脱这种困境,只得深怀耻辱,准备着手"答复"那一大堆毫无根据的指控和卑鄙下流的谎言,可第二天就_____,然后是_____,接着是_____,最后,终于放弃竞选,提出了退出竞选的声明。

3. "我"甘拜下风,自动退出竞选的原因是(　　)。

　　A. 感到自己不如其他竞选优秀

　　B. 意识到自己并不具备竞选的条件

　　C. 认识到这种竞选已经毫无意义可言

　　D. 觉得这样的竞选使自己精疲力竭

4. 谈谈你对课文最后的落款的理解。

第十单元 练习与测试

一、选择题。

1. 下列词语中加点字的注音有误的一项是(　　)。
   A. 动辄(zhé)　　漩涡(wō)　　偃旗息鼓(yǎn)
   B. 缄默(jiān)　　隐衷(zhōng)　　大事渲染(xuàn)
   C. 嫌疑(xián)　　鼎沸(fú)　　声名狼藉(jí)
   D. 晦气(huì)　　教唆(suō)　　以释群疑(shì)

2. 依次填入下面括号内的词语,最恰当的一组是(　　)。
   ① 玛蒂尔德不像她丈夫预料的那样高兴,她懊恼地把请柬(　　)在桌上。
   ② 所有的男宾都(　　)她,打听她的姓名,求人给介绍……
   ③ 她觉得她生来就是为着过(　　)和奢华的生活,因此她不断地感到痛苦。
   A. 丢　注视　高雅　　　　B. 扔　盯着　雅致
   C. 抛　瞧着　典雅　　　　D. 放　打量　优雅

3. 下列各句中加点的词语,使用不恰当的一项是(　　)。
   A. 阿Q一到里面,很吃了一惊,只见假洋鬼子正站在院子的中央,对面挺直的站着赵白眼和三个闲人,正在必恭必敬地听说话。
   B. 王成和李江本来是素不相能的,经朋友介绍相识后慢慢成了"共患难"的朋友。
   C. 那一望无边挤得密密层层的大荷叶迎着阳光舒展开,就像铜墙铁壁一样。
   D. 那时有多少善良的人被逼上梁山,举起了反抗的义旗。

4. 鲁迅先生以反映辛亥革命为主题的小说是(　　)。
   A.《药》、《风波》、《祝福》
   B.《故乡》、《祝福》、《阿Q正传》
   C.《药》、《风波》、《阿Q正传》
   D.《故乡》、《社戏》、《一件小事》

5. 关于《竞选州长》一文说法有误的一项是(　　)。
   A. 课文是作者根据自己1868年去纽约采访州长竞选的素材写成的一篇政治讽刺小说。
   B. 这篇小说是靠大量引文推动故事情节发展的。
   C. 小说运用夸张、讽刺的手法来表现主题。
   D. 这篇小说具有一般小说的传统故事情节。

二、填空题。

1. 小说的三要素是_____、_____、_____。

2. 鲁迅,原名_____,中国现代文学的奠基者,_____运动的主将。1918年第一次以"鲁迅"为笔名发表现代文学史上第一篇白话小说《_____》。《阿Q正传》是一部著名的_____篇小说,后收入小说集《_____》。

3. 《项链》以_____为线索,通过_____为项链付出沉重代价的描写,表现了深刻的主题。这篇小说_____巧妙,结局出乎意料,描写精彩细腻,显示了作品非凡的艺术表现力。

4. 马克·吐温是_____国批判现实主义文学的奠基人,世界著名的短篇小说大师,被誉为"_____"。《竞选州长》是一篇_____小说,写于1870年。

三、指出下列句子运用的修辞手法。

1. 革命党便是造反,造反便是与他为难。(　　　)
2. 这一种可怜的眼光,是阿Q从来没有见过的,一见之下,又使他舒服得如六月里喝了雪水。(　　　)
3. 她陶醉于自己的美貌胜过一切女宾,陶醉于成功的光荣,陶醉在人们对她的赞美和羡妒所形成的幸福的云雾里,陶醉在妇女们所认为最美满最甜蜜的胜利里。(　　　)

四、阅读下面的文段,完成文后各题。

杨志却待要回言,只见对面松林里影着一个人,在那里舒头探脑价望。杨志道:"俺说甚么,兀的不是歹人来了!"撇下藤条,拿了朴刀,赶入松林里来,喝一声道:"你这厮好大胆,怎敢看俺的行货!"赶来看时,只见松林里一字儿摆着七辆江州车儿;六个人脱得赤条条的,在那里乘凉;一个鬓边老大一搭朱砂记,拿着一条朴刀。见杨志赶入来,七个人齐叫一声"阿也!"都跳起来。杨志喝道:"你等是甚么人?"那七人道:"你是甚么人?"杨志又问道:"你等莫不是歹人?"那七人道:"你颠倒问!我等是小本经纪,那里有钱与你!"杨志道:"你等小本经纪人,偏俺有大本钱!"那七人问道:"你端的是甚么人?"杨志道:"你等且说那里来的人?"那七人道:"我等弟兄七人是濠州人,贩枣子上东京去;路途打从这里经过,听得多人说,这里黄泥冈上时常有贼打劫客商。我等一面走,一头自说道:'我七个只有些枣子,别无甚财货,只顾过冈子来。'上得冈子,当不过这热,权且在这林子里歇一歇,待晚凉了行。只听得有人上冈子来,我们只怕是歹人,因此使这个兄弟出来看一看。"杨志道:"原来如此,也是一般的客人。却才见你们窥望,惟恐是歹人,因此赶来看一看。"那七个人道:"客官请几个枣子了去。"杨志道:"不必。"提了朴刀,再回担边来。

老都管坐着道:"既是有贼,我们去休!"杨志说道:"俺只道是歹人,原来是几个贩枣子的客人。"老都管别了脸对众军道:"似你方才说时,他们都是没命的!"杨志道:"不必相闹;俺只要没事便好。你们且歇了,等凉些走。"众军汉都笑了。杨志也把朴刀插在地上,自去一边树下坐了歇凉。

没半碗饭时，只见远远地一个汉子，挑着一副担桶，唱上冈子来。唱道：

"赤日炎炎似火烧，野田禾稻半枯焦。

农夫心内如汤煮，公子王孙把扇摇！"

那汉子口里唱着，走上冈子来，松林里头歇下担桶，坐地乘凉。众军看见了，便问那汉子道："你桶里是甚么东西？"那汉子应道："是白酒。"众军道："挑往那里去？"那汉子道："挑出村里卖。"众军道："多少钱一桶？"那汉子道："五贯足钱。"众军商量道："我们又热又渴，何不买些吃？也解暑气。"正在那里凑钱，杨志见了，喝道："你们又做甚么？"众军道："买碗酒吃。"杨志调过朴刀杆便打，骂道："你们不得洒家言语，胡乱便要买酒吃！好大胆！"众军道："我们自凑钱买酒吃，干你甚事？也来打人！"杨志道："你理会得甚么！到来只顾吃嘴！全不晓得路途上的勾当艰难！多少好汉被蒙汗药麻翻了！"

那挑酒的汉子看着杨志冷笑道："你这客官好不晓事！早是我不卖与你吃，却说出这般没气力的话来！"

正在松树边闹动争说，只见对面松林里那伙贩枣子的客人，都提着朴刀走出来问道："你们做甚么闹？"那挑酒的汉子道："我自挑这酒过冈子村里卖，热了在此歇凉。他众人要问我买些吃，我又不曾卖与他。这个客官道我酒里有甚么蒙汗药。你道好笑么？说出这般话来！"那七个客人说道："呸！我只道有歹人出来，原来是如此。说一声也不打紧。我们正想酒来解渴，既是他们疑心，且卖一桶与我们吃。"那挑酒的道："不卖！不卖！"这七个客人道："你这汉子也不晓事！我们须不曾说你。你左右将到村里去卖，一般还你钱，便卖些与我们，打甚么不紧？看你不道得舍施了茶汤，便又救了我们热渴。"那挑酒的汉子便道："卖一桶与你不争，只是被他们说的不好。又没碗瓢舀吃。"那七人道："你这汉子忒认真！便说了一声，打甚么不紧？我们自有椰瓢在这里。"只见两个客人去车子前取出两个椰瓢来，一个捧出一大捧枣子来。七个人立在桶边，开了桶盖，轮替换着舀那酒吃，把枣子过口。无一时，一桶酒都吃尽了。七个客人道："正不曾问得你多少价钱？"那汉道："我一了不说价，五贯足钱一桶，十贯一担。"七个客人道："五贯便依你五贯，只饶我们一瓢吃。"那汉道："饶不得，做定的价钱！"一个客人把钱还他，一个客人便去揭开桶盖，兜了一瓢，拿上便吃。那汉去夺时，这客人手拿半瓢酒，望松林里便走。那汉赶将去。只见这边一个客人从松林里走将出来，手里拿一个瓢，便来桶里舀了一瓢酒。那汉看见，抢来劈手夺住，望桶里一倾，便盖了桶盖，将瓢望地下一丢，口里说道："你这客人好不君子相！戴头识脸的，也这般啰唣！"

那对过众军汉见了，心内痒起来，都待要吃。数中一个看着老都管道："老爷爷，与我们说一声！那卖枣子的客人买他一桶吃了，我们胡乱也买他这桶吃，润一润喉也好。其实热渴了，没奈何；这里冈子上又没讨水吃处。老爷方便！"老都管见众军所说，自心里也要吃得些，竟来对杨志说："那贩枣子客人已买了他一桶吃，只有这一桶，胡乱教他们买吃了避暑气。冈子上端的没处讨水吃。"杨志寻思道："俺在远远处望这厮们都买他的酒吃了；那桶里当面也见吃了半瓢，想是好的。打了他们半日，胡乱容他买碗吃罢。"杨志道："既然老都管说了，教这厮们买吃了，便起身。"众军健听了这话，凑了五贯足钱，来买酒吃。那卖酒的汉子道："不卖了！不卖了！这酒里有蒙汗药在里头！"众军陪着笑，说道："大哥，值得便还言语？"那汉道："不卖了！休缠！"这贩枣子的客人劝道："你这个汉子！他也说得差了，你也忒认真，连累我们也吃你说了几声。须不关他众人之事，胡乱卖与他众人吃些。"那汉道："没事讨别人疑心做甚么？"这贩枣子客人把那卖酒的汉子推开一边，只顾将这桶酒提与众军去吃。那军汉开了桶盖，无甚舀吃，陪个小心，问客人借这椰瓢用一用。众客人道："就送这几个枣子与你们过酒。"众军谢道："甚么道理！"客人道："休要相谢，都是一般客人，何争在这百十个枣子上？"众军谢了，先兜两瓢，叫老都管吃一瓢，杨提辖吃一瓢。杨志哪里肯吃？老都管自先吃了一瓢，两个虞侯各吃一瓢。众军汉一发上，那桶酒登时吃尽了。杨志见众人吃了无事，自本不吃，一者天气甚热，二乃口渴难熬，拿起来，只吃了一半，枣子分几个吃了。那卖酒的汉子说道："这桶酒被那客人饶一瓢吃了，少了你些酒，我今饶了你众人半贯钱罢。"众军汉凑出钱来还他。那汉子收了钱，挑了空桶，依然唱着山歌，自下冈子去了。

那七个贩枣子的客人立在松树旁边，指着这一十五人，说道："倒也！倒也！"只见这十五个人，头重脚轻，一个个面面相觑，都软倒了。那七个客人从松树林里推出这七辆江州车儿，把车子上枣子都丢在地上，将这十一担金珠宝贝都装在车子内，遮盖好了，叫声"聒噪！"一直望黄泥冈下推去了。杨志口里只叫苦，软了身体，挣扎不起。十五人眼睁睁地看着那七个人都把这金宝装了去，只是起不来，挣不动，说不得。

1. 简要概括一下选文的主要内容。

2. 杨志遇到贩枣人后，又面临什么矛盾？

3. 杨志是如何处理这些矛盾的呢？从中可看出杨志有怎样的性格？

4. 卖酒的汉子道："不卖！不卖！这酒里有蒙汗药在里头！"他为什么要这样说？

5. 本文是如何写"天热"的？对天热的描写有什么作用？

第十一单元

融入社会

第1课 新 闻

【学习导航】

一、新闻的要素和基本特点

本单元学习的新闻是指其狭义的概念——消息的阅读和写作。消息是对最近发生事实的及时而简明的报道。消息要"用事实说话",属于记叙性的文体。

新闻要具备五个"W":when(何时)、where(何地)、who(何人)、what(何事)、why(何故)。这五个"W",被称为新闻五要素。和写作记叙文一样,一条消息中如果缺少了某个要素,就会使报道显得模糊不清,甚至减少了可信度,从而削弱新闻的效果。

消息作为新闻文体的一种,有如下特点。

1. 真实性

"真实是新闻的生命"。消息中所报道的事实,包括人名、地名、时间、数字、引语、做法乃至细节都要做到准确无误,绝不允许虚构、夸大、缩小或"想当然"。读者一旦发现报道有失实之处,不但新闻的生命宣告终止,而且会影响传播媒体的威信。

2. 实效性

顾名思义,新闻必须讲求实效性,迅速及时。如果延误了时间,新闻变成了旧闻,就失去其价值。

3. 简明性

篇幅短小,文字简练,重点突出,内容具体,是消息的文体要求。消息写得过长,会影响读者的阅读兴趣;尤其是在信息社会中,每天有数不清的新信息出现,如何让人们在较短的时间里获得丰富的信息,更应当成为消息写作者追求的目标。写得短些,让主要事实说话,力戒空话、套话和不必要的议论。

4. 思想性

新闻媒体,要坚持正确导向。新闻在社会主义精神文明建设中有着重要的作用,因此,必须坚持正确的舆论导向,要遵循党和国家的路线、方针、政策,选择有社会意义、有针对性的事件予以报道,注意新闻的思想性。

二、新闻的结构

新闻一般由标题、导语、主体、背景、结尾五个部分构成。

1. 标题

"标题是新闻的眼睛"。它要求以简明的文字,突出报道的主要事实,揭示新闻的主旨,以吸引读者的注意。一般性的消息都用单行标题,称为主题(又称为"正题"),用来概括消息报道的主要事实或观点。例如,《天津人喝上黄河水》。有的消息除主题之外还有引题与副题。引题在主题之上,或引发主题,或点明报道事件的意义。例如,《全面建设小康社会开创中国特色社会主义事业新局面(引题)中国共产党全国代表大会在京开幕(主题)》。副题在主题之后,对主题起补充作用。例如,《外交部发言人发表谈话(主题)中方强烈谴责耶路撒冷自杀式爆炸事件(副题)》。引题、副题所用的字号都要小于主题。引题、副题是二者兼有还是只取其一,主要依据消息的内容而定。

2. 导语

导语是消息的第一段(短消息有时只是消息的第一句话)。要用简洁的语言,概括新闻的核心内容。导语可以引发读者的阅读兴趣;对于一般浏览报纸的人,只读导语,也能获取报道提供的信息。

3. 主体

主体是阐述新闻内容的主要部分,是对报道的事实作具体的叙述或进一步的说明。通过这一部分,人们可以对新闻事实有更具体、更全面的了解;消息的主旨也主要在这一部分中得以体现。

4. 背景

背景是关于新闻事件的历史和环境的材料,在消息中起补充、交代作用,这些材料有助于揭示主旨,突出所报道事件的意义。背景材料的使用要注意适量与必要,切不可喧宾夺主。背景有时独立成段,有时穿插在消息主体的叙述中。

5. 结尾

结尾是消息的最后一段或最后一句话,一般是指出事物的发展趋势或对所报道的内容作概括式小结。

以上是消息的一般结构形式。有的消息可以没有背景、结尾,这取决于消息报道的内容。

三、例文简析

《中国遥感卫星八号成功发射 搭载首颗公益小卫星"希望一号"》是一则引人注目的消息。标题采用正副标题结合的方式,正标题"中国遥感卫星八号成功发射"揭示了消息的中心内容,副标题"搭载首颗公益小卫星'希望一号'",是对正标题的补充。两个标题结合,很好地概括了全文的内容。

导语部分,首先用极其简练的语言告诉读者新闻发生的时间、地点以及"'长征四号丙'运载火箭成功地将'中国遥感卫星八号'送入太空,搭载火箭升空的我国首颗公益小卫星'希望一号'也顺利进入预定的太阳同步轨道"的信息。

紧接着就转入主体部分,介绍了"中国遥感卫星八号"和"希望一号"小卫星的研制、用途和意义。最后一句话是结尾,写出卫星升空的意义。

这篇消息一稿一事,主题突出,文字简练,体现了新闻写作"真、新、短"的基本要求。

【扩展练习】

一、填空题。

1. 新闻作为一种文体,其含义有广义和狭义之分。从广义说,它指新闻报道,包括_____、_____、_____及新闻图片、新闻评论等,从狭义来说,它指_____。

2. 新闻的特点有_____、_____、_____、_____。

3. 新闻的结构一般由_____、_____、_____、_____、_____五个部分构成。

二、阅读训练。

阅读下面的材料,然后完成问题。

河南省是我国著名的小麦产地,其优质专用小麦种植面积已达2500万亩,部分优质小麦品种的面筋值含量、蛋白质含量等重要指标已达到国际市场的先进标准。2002年11月20日,5000吨河南出产的优质小麦在江苏连云港码头正式装船,运往印度尼西亚。这是我国食用小麦出口的零的突破。据介绍,中国粮油食品(集团)进出口有限公司已与德国托福公司、法国索福来公司等国际粮商共签订了总量为9.16万吨的河南食用小麦的出口合同,在未来的5个月内,还将陆续出口至印度尼西亚、新西兰、越南、菲律宾等国。中国出口食用小麦引起国际市场的关注。路透社已在全球硬质小麦报价单上首次列入郑州小麦,与美国、加拿大和澳大利亚等传统出口国的小麦并列。食用小麦的顺利出口,为河南小麦主产区庞大的库存找到了市场突破口,对优化河南省小麦品种结构,促进农民增收将产生积极的影响。

1. 如果把上述的事实材料写成新闻,请写出这条新闻的导语。

2. 请为这条消息拟一个标题。

第 2 课　通　讯

【学习导航】

　　通讯是指以叙述、描写为主要表达方式,真实、生动、及时地报道现实生活中有社会价值的人物、事件的一种新闻体裁。消息与通讯是新闻报道的两种最主要形式。

　　通讯与狭义的新闻(消息)之间没有严格的界限。通讯是由新闻演变而成的,它与消息在反映对象上内容基本相同,都要求真实、准确、及时地报道事实。但与消息又有区别:一是容量不同。我国新闻工作者把消息比作"电报",把通讯比作"书信",这是有一定道理的。消息只概括报道一个事实,大多为突发事件,片段事实,且一事一报,简洁明快。通讯则要具体地报道事件的整个过程,比消息更详尽,更具体,故事性更强。二是时效性要求不同。消息的要求快而新,力求"第一个",甚至"现场"报道,刻不容缓。通讯需要深入采访,对时间的要求稍宽松些,略晚于消息见报。三是表现手法不同。消息只要开门见山、简明扼要地把事情说清楚即可,表达方式比较单一,要求用第三人称写作。通讯较细致些,要求善于提炼主题,讲究结构章法。在表现手法上更自由灵活,它可综合运用记叙、描写、议论、抒情、说明等表达方式及各种修辞手法,人称也可选择,文学性与逻辑性更强。

　　每篇新闻报道都有一个主题,它是新闻报道主要表达的中心思想,是新闻报道的灵魂。作为新闻报道的主要形式的通讯,其主题的含义深浅,直接影响到稿件质量的高低。

　　通讯的主题具备思想深刻、针对性强的特点。

　　新闻事实各具特色,情形千差万别,通讯的结构必须适应不同的情况,灵活安排,以反映出事实的多样性与丰富性。

　　常见的通讯结构方式有两种:纵式结构、横式结构。

　　纵式结构又称层进式结构,是以事件发生、发展的过程和人物生活的历程为线索来安排材料结构。横式结构又称并列式结构,是以报道对象内部各个事实之间的逻辑联系为线索,概括出若干个"方面",有机地构成一篇结构严谨的通讯。

　　按报道的内容分,通讯可分为人物通讯、事件通讯、工作通讯、综合通讯等。常见的特写、专访、散记、记行、速写、随笔、巡礼等也都属于通讯。

　　人物通讯,是指以报道先进人物和一些有特殊意义的人物为主的通讯。这类通讯侧重写人物的精神风貌,通过人物的先进事迹反映人物的先进思想,来鼓励、教育读者。

　　事件通讯,指报道典型的、有普遍教育意义的新闻事件的通讯。目的在于赞扬新时代的新思想、新风尚,提示社会生活的本质。

工作通讯,指报道实际工作中出现的新问题、新经验、新方法等的通讯。目的是引导读者因地制宜、因事制宜推广经验、解决问题。

综合通讯,指反映现实生活的发展变化的通讯。目的是使读者开拓眼界、增长见识、鼓舞信心、激发热情。

1. 通讯的写作要求

真实典型。通讯取材广泛,各种材料皆可进入文章。无论什么材料,都必须客观、真实、典型。人物不能神化或丑化,精神不能拔高,事件不能夸大,工作不能虚假。

时代感强。通讯报道的对象应是有社会价值的人物与事件,目的是展示社会风貌,突出人物的思想品质和事件的社会意义。主题与材料均要求针对性强,富有时代气息。

灵活多样。结构灵活,严谨有序,综合运用记叙、描写、议论、抒情等表达方式及各种表现方法,形象生动地描摹、表现人物与事件,以事感人,以情感人,使读者如见其人、如闻其声、如入其境。

2. 关于例文

这是一则事件通讯,主要报道济南趵突泉复涌这一喜讯,赞扬泉城人民为保护泉水而付出的努力。此则通讯综合运用了记叙、描写、抒情、议论等表达方式,使用比喻、引用、对偶、反问、拟人等修辞手法,还采用倒叙、补叙等手法,不但使读者清楚整个事件的来龙去脉,而且行文活泼生动,引人入胜,令读者深受感染。

【扩展练习】

一、填空题。

1. 通讯的主题具备_____、_____的特点。

2. 通讯的写作要求是_____、_____、_____。

3. 通讯具有_____、_____、_____等特点。

二、通讯和消息有何异同?

三、选择一位你熟悉的三好学生或优秀教师,进行观察、采访,写一则人物通讯。要求写一两个细节,运用描写、抒情、议论等表现手法。

第 3 课　计　　划

【学习导航】

一、计划的作用和写作要求

计划,是人们为了达到一定的目的,对未来时期的活动所作的部署和安排。计划制订于工作开始之前。计划的内容包括:目标或任务,实现这一目标或完成这一任务的步骤、方法与对时间的要求。计划的作用在于:目标明确,做到心中有数、有章可循,减少工作的盲目性;有利于各方面、各部门协调一致,分工合作,合理利用人力、物力资源;便于督促、检查,推动工作的进行。

计划的种类很多,可以依据不同的标准对其进行不同的分类。按性质分,有生产计划、学习计划、工作计划、科研计划等;按范围分,有国家计划、单位计划、部门计划、个人计划等;按时间分,有远景计划、年度计划、季度计划、月计划等;按内容分,有综合计划、专题计划等;按形式分,有条文式计划、表格式计划等。规划、方案、安排等都属于计划的范畴。

作为一种事务文书,计划一般应包括以下三部分。

1. 标题

标题应写在第一行中间,通常包括单位的名称、有效期限、计划的种类。例如,《学生会文娱部2014—2015学年第一学期工作计划》《××大学2015年招生工作计划》等。有的计划标题中可略去单位名称或有效期限。如果认为计划尚不成熟,可在标题下加括号注明"讨论稿"、"草案"等。

2. 正文

这是计划的主体部分。从第二行空两格写起。正文包括以下内容:①前言,说明制订计划的指导思想、依据、本单位具体情况。前言一定要简明扼要,不说空话、套话。②目标任务,写明总的目标和这一段时间里要完成哪些具体任务。目标和任务一定要明确、切实,是经过努力能够达到的,切忌说大话,搞不切实际的假指标。③实施步骤,写明实现既定目标、完成既定任务分几步走,每一步的具体内容是什么,在什么时限内进行。步骤的安排要合理并适当留有余地,便于执行时根据客观情况的变化进行必要的修改。④措施,包括分工、人力物力安排、具体方法、监督检查办法等。措施要求具体可行,便于操作。⑤实施计划的保证条件。有些计划可以不写前言和实施计划的保证条件,但目标、步骤和措施三项是不可缺少的。因此,人们称目标、措施和步骤是计划的"三要素"。计划的正文一般采用分条陈述的方式。

3. 落款

在正文的右下方应写明制订计划的日期。写完日期,后面应空两格。如果在计划标题中没有写明单位名称,还要在日期上面一行写上制订计划的单位名称。

制订计划要讲究科学性与严肃性。目标要实事求是,步骤、措施要具体可行,便于检查。计划一经制订,就要严格执行;但制订计划时要留有一定的余地,以便执行过程中根据客观情况的变化进行必要的修改。

二、例文简析

例文一　学生会文娱部××××—××××学年第一学期工作计划

《学生会文娱部××××—××××学年第一学期工作计划》是一个部门的工作计划。从计划的内容看,是一份综合计划,用条文的形式表述。

在前言部分,写明了指导思想:"为使我校学生文娱活动开展得更加丰富多彩"。主旨明确、单一。

"任务"一节写明了工作的具体目标:组织好"国庆、校庆、迎新晚会"和元旦晚会两个晚会;举办吉他培训和舞蹈培训两个培训班;组织音乐欣赏会或音乐知识讲座——一次音乐普及活动。

"时间安排"(即工作步骤)一节,按周逐项安排了自9月至12月(第一学期)的活动日程,把三项工作任务逐一落到了实处。时间安排合理,便于实施与检查。

三项"措施"是完成任务的保证:团结协作、责任到人、增购CD盘。重点突出(确保两次晚会),切实可行(为求行文简练,具体分工不必一一写出;如果是事关重大的计划,则有必要写明主要负责人)。

"各项活动所需资金"一节,属于实施计划的必要条件。

这份计划实事求是,目标明确,步骤与措施切实、具体;表述上条理清楚,语言简洁、准确。这些,都值得在阅读中体会、借鉴。

例文二　××中学政教处开展"中国精神"教育活动的计划

《××中学政教处开展"中国精神"教育活动的计划》是一个部门的工作计划。从计划的内容看,是一份专题计划,用条文的形式表述。

计划主旨明确、单一,紧紧围绕"开展'中国精神'教育活动"这一专题展开。

前言部分提出了活动的总目标——也是开展这一活动的指导思想:"为了增强学生的爱国意识,增强他们的民族自尊心和自信力"。

"目的与要求"部分,将总目标分解为六个方面的具体内容,大体涵盖了学生生活、学习的各个方面,使目标更明确、具体、作为学习的依据。

"方法与步骤"部分中提出的四个阶段:宣传学习、专题讲座、讲故事比赛、总结汇报,也就是开展这一活动的主要方式方法;每一种方式中又有若干具体做法;按照时间的顺序,列出工作步骤,就做到了有章可循,便于检查和日后总结。

"几点措施"主要讲组织领导问题。所列几项做到了分工明确,各司其职,确保把计划的实施落到实处。

【扩展练习】

一、填空题。

1. 计划的"三要素"是_____、_____和_____。

2. 计划的标题一般包括_____、_____、_____三方面的内容。

二、在例文一中,任务一项:"举办吉他培训班和舞蹈培训班;组织一次音乐欣赏会或音乐知识讲座"句中两个加点的连词位置可否互相调换?为什么?

三、在例文一中,以下两句话中括号中的话可否删去?请说明理由。

1. 协助搞好校运动会的(有关)工作。

2. (努力创造条件,)举办一次女子健美操训练班,以满足广大女生的要求。

四、阅读训练。

阅读下面这篇计划,指出它存在哪些毛病。

××中学绿叶文学社学期活动计划

加入WTO和申奥成功,给我们带来的机遇和挑战,对每一个中国人的素质提出了更高的要求。为了适应这一形势,为了落实学校关于积极开展课外学科小组活动的决定,全面提高文学社成员的文学素养,特制订文学社活动计划如下:

一、目标与要求

1. 开展读名著活动。文学社每位成员读5本《"语文教学大纲"课外阅读推荐科目》中规定的作品,写出读书心得笔记。

2. 开展创作活动。每位成员本学期写不少于3篇(首)诗文。力争全社成员创作的作品有5篇在市报上发表。

3. 组织一次参观和一次讲座。

4. 继续办好油印小报《绿叶》。

二、具体安排

1. 参观中国现代文学馆(9月上旬)。

2. 举办文学讲座,请作家××或诗人×××主讲(10月中旬,正在联系中)。

3. 在小组交流的基础上,组织全社读书心得交流会(11月中旬)。

4. 迎新年创作朗诵会(12月下旬)。

三、措施

1. 文学社每周活动一次。时间为下午四时至五时半;平时为小组活动,每月一次全社活动。

2. 社刊《绿叶》由月刊改为半月刊,发表文学社成员作品。

3. 由×××、×××同学负责对外联络工作:联系作家报告,向报刊推荐作品等。

8月25日

第4课　总　　结

【学习导航】

一、总结的作用与写作要求

总结,是人们对过去一段的工作、学习或思想状况进行回顾、检查与评价。总结写于一个阶段的工作、学习任务完成之后。其内容包括情况回顾、主要成绩与不足、经验与教训、今后的打算几个方面。总结的主要目的在于分析、研究前一段工作、学习中出现的一些带有规律性的东西,以资借鉴。总结的作用正如毛泽东同志所说的:"需要把我们工作中的经验,包括成功的经验和错误的经验,加以总结,使那些有益的经验得到推广,而从那些错误的经验中吸取教训。"总结的过程是一个由感性认识上升到理性认识的过程;总结是改进工作、学习的主要方法。

总结的种类很多,可以依据不同的标准对其进行不同的分类。按性质分,有工作总结、学习总结、思想总结或某项专题的总结等;按范围分,有个人总结、单位总结、地区总结等;按时间分,有月总结、季度总结、年度总结等。

一般来说,总结并没有固定的格式。但作为事务文书,总结应包括以下三个部分。

1. 标题

标题位于写作第一行中间。大部分总结标题由单位名称、期限、总结的内容三部分组成,如《××学院2012年上半年工作总结》。一些专题总结也可以用能够概括基本经验、揭示主题的语句作标题,再用副标题注明单位名称、总结内容等,如《以防为主,防治结合——××市公安局消防大队工作总结》;也可以不加副标题,如《多种经营是致富之路》。

2. 正文

这是总结的主体部分。从第二行空两格写起。正文包括以下内容:①情况回顾。写明在什么基础上开展了什么工作,取得了什么样的成果。这一部分旨在交代取得成绩的背景,概括主要成果,作为总结的出发点,要力求简明扼要,不要叙述过程。②主要成绩与不足。这一部分要求准确、实事求是,有一是一,有二是二,恰如其分,既不夸大成绩,又不掩饰不足;要对材料进行归纳,采用分条列举的方式;表述上夹叙夹议,可以选用典型事例,但叙述一定要概括。③经验与教训。这是对事实的理性思考,是以事实为基础,找出规律性的东西,寻出经验与教训是进行总结的主要目的。也可以将主要成绩与经验,不足与教训,合在一起写,但一定要把感性认识上升到理性认识,不能仅罗列事实。④今后的设想和打算。在总结经验教训的基础上,提出今后的打算,制定新的措施,明确努力方向,这部分在内容上要切实,不要说空话、大话。

3. 落款

在正文的右下方写明总结完成的日期。如果在总结标题中没有写明单位名称或个人姓名,应在日期上面一行写上。

写总结首要明确目的,即总结出规律性的东西,作为今后的借鉴;切忌把总结写成流水账。写总结一定要实事求是,对成绩与不足的评价要准确。还要分析研究,努力寻求新鲜经验,避免老一套。

二、例文简析

《××师范学校第九届艺术节总结》是一项专题总结,是按事务文书的通用格式写成的。

情况回顾极其简明扼要,说明艺术节历时 12 天,取得了"圆满成功"。既然是第九届艺术节,自不待言,是在前八届艺术节经验的基础上举办的。

成绩与经验共四点,是经过归纳的,并上升到了理性认识的高度。第一,"思想统一,组织有力"。思想即追求"高品位、高质量、高效益"的目标;组织即建立筹备小组——这两项也是对计划中的目标与措施落实情况的检查;而"高品位、高质量、高效益"的目标也是总结、评价艺术节活动成绩与不足的尺度。第二,"内容丰富,推陈出新"。列举六项内容足见其丰富多彩,创新表现在两个方面:新创作内容占一半,有三项活动是首次举办。第三,"参与面广,质量高"。以统计数字(参加活动的人数和人次)证明参与面广;以节目被市广播电台与电视台选播证明节目质量高。第四,"宣传力度大,社会影响好"。写艺术节产生的社会影响,总结出要做好对外宣传这一经验。第二、三、四三项成果也足以证明,艺术节确实实现了"高品位、高质量、高效益"的既定目标。

两点不足实事求是,对今后的教学工作和艺术节组织(包括其他课外活动安排)提出了新要求:"书法有待进一步加强"——这对于师范学校尤其显得重要与迫切;课外活动内容要适量,不能影响和干扰课堂教学。

今后设想部分简短地表明今后的决心。

这篇总结篇幅不长,但内容充实,条理清楚;从事实中总结出了带有规律性的东西,对今后的工作有针对性和指导意义;在陈述上点面结合、以叙述为主夹叙夹议(比如"参与面广,质量高"一节,既有"人人参与"的概括,又有统计数字的实证,有重点剧目的举例,也有取得这一成果原因的分析),增强了总结的说服力。

【扩展练习】

一、填空题。

1. 总结正文一般包括_____、_____、_____、_____几个方面的内容。总结的目的在于找出_____,作为今后的借鉴。

2. 总结一般包括三个部分_____、_____、_____。

二、写作训练。

期中考试结束了,写一篇前半学期的学习总结,对自己的学习状况进行回顾、检查与评价。总结的内容包括情况回顾、主要成绩与不足、经验与教训、今后的打算几个方面。

第十一单元 练习与测试

一、填空题。

1. 新闻作为一种文体,其含义有广义和狭义之分。从广义说,它指新闻报道,包括_____、_____、_____、_____及新闻图片、新闻评论等,从狭义来说,它指_____。

2. 新闻的特点有_____、_____、_____、_____。

3. 新闻的结构一般由_____、_____、_____、_____、_____五部分组成。

4. 计划的"三要素"是_____、_____和_____。

5. 计划的标题一般包括_____、_____、_____三方面的内容。

6. 通讯的主题具备_____、_____的特点。

7. 通讯的写作要求是_____、_____、_____。

二、选择题。

1. 新闻的第一生命是(　　)。
   A. 新鲜性　　　B. 真实性　　　C. 时效性　　　D. 简洁性

2. 新闻的第二生命是(　　)。
   A. 新鲜性　　　B. 真实性　　　C. 时效性　　　D. 简洁性

3. 在所有消息中,最常见、最主要的是(　　)。
   A. 综合消息　　B. 述评消息　　C. 动态消息　　D. 经验消息

4. 消息内容要素中的核心要素是(　　)。
   A. 何时　　　　B. 何地　　　　C. 何人　　　　D. 何事

5. 凡具有重大新闻价值的消息大多采用(　　)。
   A. 单行标题　　B. 双行标题　　C. 多行标题　　D. 大字标题

6. 一则消息标题不可缺少的是(　　)。
   A. 引题　　　　B. 正题　　　　C. 副题　　　　D. 子题

7. 消息写作中,最主要、最重要的部分是(　　)。
   A. 标题　　　　B. 导语　　　　C. 主体　　　　D. 背景材料

8. 通讯在写作时可以借鉴文学写作中的一些表现手段,但大前提、大原则是(　　)。
   A. 可以适当虚构　　　　　　B. 可以适当可夸张
   C. 可以合理想象　　　　　　D. 不能虚构

9. 通讯区别于消息的重要标志是(　　)。
   A. 新闻性　　　B. 真实性　　　C. 时效性　　　D. 形象性

三、写作训练。

认真阅读《××师范学校第九届艺术节总结》,以此为基础,拟定《××师范学校第十届艺术节计划》。

要求:

1. 艺术节的目标不变;

2. 基本上维持六项活动内容,具体名称与要求应根据实际情况有所调整;

3. 充分利用已有经验,发扬成绩,使艺术节活动更上一层楼;

4. 要克服第九届艺术节的不足,并有相应的改进措施。

第十二单元

求学之志

第1课 劝 学

【学习导航】

　　荀子(前313—前238)名况,尊号为"卿";因"荀"与"孙"二字古音相通,故又称孙卿。战国时期赵国人,著名思想家、教育家,儒家代表人物之一,对儒家思想有所发展,提倡性恶论,常被与孟子的性善论比较。荀况对重整儒家典籍也有相当的贡献。

　　《劝学》是荀子的名作。作者否认有"生而知之"的"天才",强调后天学习的重要性,提出了要顺应自然规律,"善假于物"的学习方法,揭示了学习的内部规律是知识的积累,并指出只要发挥人的主观能动作用,坚持不懈、专心致志地进行学习,就能取得成效。

　　《劝学》是《荀子》的第一篇,共有15节,这里节选的是第1、3两节和第6节的前半部分,阐述了荀子对学习的意义和作用、学习的方法和态度等问题的观点和看法。

　　课文第1段首先提出全文的中心论点:学不可以已。接着论述了学习的意义。作者用五个比喻,论证学习的意义在于提高自己,改变自己。人只有经过"博学"(广泛地学习)才能增长知识,培养品德,锻炼才干,成为一个有道德、有学问的人。

　　第2段,论述学习的作用。作者用五个比喻,论证学习能够弥补不足。最后得出结论:君子之所以能超越常人,并非先天素质与一般人有差异,而是因为后天善于学习。

　　第3段,论述学习的方法和态度。作者用十个比喻,来论证学习要逐步积累,要坚持不懈,要专心致志。

　　作者以日常生活中常见的事情或现象作比喻,把抽象的道理说得具体、生动,深入浅出。并且运用了大量的排比与对偶,使文章气势充沛,语言流畅。

【扩展练习】

一、选择题。

　　1. 下边加点的字的字形、注音全对的一组是(　　　)。

A. 輮(róu)以为轮　　金就砺(lì)则利　　知(zhì)明而行无过矣
B. 虽有槁暴(bào)　　须臾(yú)　　　　驽(nú)马
C. 善假(jiǎ)于物　　跬(kuǐ)步　　　　金石可镂(lòu)
D. 跂(qǐ)而望　　　骐骥(jì)　　　　　爪(zhǎo)牙

2. 下边句子中没有通假字的一项是（　　）。
　　A. 则知明而行无过矣　　　　B. 君子生非异也
　　C. 君子博学而日参省乎己　　D. 虽有槁暴,不复挺者

3. 为下列各句加点词选出恰当的一项。
（1）假舆马者,非利足也,而致千里。（　　）
　　A. 假如　　　B. 假装　　　C. 借助,利用　　　D. 假的
（2）积土成山,风雨兴焉。（　　）
　　A. 在那里　　B. 什么　　　C. 助词　　　　　D. 代词"之"
（3）虽有槁暴,不复挺者,輮使之然也。（　　）
　　A. 欺凌,损害　B. 晒　　　　C. 又猛又急的　　D. 暴躁
（4）驽马十驾,功在不舍。（　　）
　　A. 量词;功劳,功勋　　　　　B. 驾驶;工作,事情
　　C. 马拉车一天所走的路程;成功,功效　D. 量词;功能
（5）假舟楫者,非能水也,而绝江河。（　　）
　　A. 断,断绝　　B. 超越,超过　C. 拒绝　　　　D. 横渡,横穿

4. "而"字主要有下列用法,后边句中的"而"属于哪种用法,请把相应用法的序号填在句后的括号里。
　　A. 连词,表并列关系。　　　　B. 连词,表递进关系。
　　C. 连词,表转折关系。　　　　D. 连词,表因果关系。
　　E. 连词,表顺承关系。　　　　F. 连词,表修饰关系。

① 青,取之于蓝而青于蓝（　　）
② 君子博学而日参省乎己（　　）
③ 吾尝终日而思矣（　　）
④ 积善成德,而神明自得（　　）
⑤ 顺风而呼,声非加疾也（　　）
⑥ 蟹六跪而二螯（　　）

5. 下列句子中与其他三句句式不相同的一项是（　　）。
　　A. 青,取之于蓝而青于蓝
　　B. 登高而招,臂非加长也
　　C. 冰,水为之,而寒于水
　　D. 君子生非异也,善假于物也

二、阅读下列文段,完成习题。

"积土成山,风雨兴焉;积水成渊,蛟龙生焉;积善成德,而神明自得,圣心备焉。故不积跬步,无以至千里;不积小流,无以成江海。骐骥一跃,不能十步;驽马十驾,功在不舍。锲而舍之,朽木不折;锲而不舍,金石可镂。蚓无爪牙之利,筋骨之强,上食埃土,下饮黄泉,用心一也。蟹六跪而二螯,非蛇鳝之穴无可寄托者,用心躁也。"

1. 下面句中的"焉"字意义和用法不同于其他三句的是（　　）。

  A. 积土成山,风雨兴焉　　　　　　B. 子亦有不利焉

  C. 朝济而夕设版焉　　　　　　　D. 将焉取之

2. 指出下列加点字的古今不同的意思。

  A. 蟹六跪而二螯

古义指：_____

今义指：_____

  B. 用心一也

古义指：_____

今义指：_____

3. 按照"之"字意义的用法,全是代词的一项是（　　）。

①青,取之于蓝　②黄鹤楼送孟浩然之广陵　③不如须臾之所学也　④蚓无爪牙之利,筋骨之强　⑤冰,水为之　⑥君将哀而生之乎　⑦非蛇鳝之穴无可寄托者　⑧孤之有孔明,犹鱼之有水也

  A. ②③⑤　　　B. ①⑤⑥　　　C. ③⑦⑧　　　D. ④⑤⑧

4. 从文言句式特点看,不同于其他三句的一句是（　　）。

  A. 蚓无爪牙之利,筋骨之强　　　B. 何陋之有

  C. 句读之不知,惑之不解　　　　D. 然而不王者,未之有也

5. 准确翻译下面文句。

(1) 积善成德,而神明自得,圣心备焉。

译：

(2) 驽马十驾,功在不舍。

译：

6. 本段共六句,共分几层？请在文中标出来,并指出每层的大意。

7. 本段运用了哪几种论证方法。

第 2 课　师　说

【学习导航】

　　韩愈(768—824),字退之,出生于河南河阳(今河南孟县),祖籍郡望昌黎郡(今河北省昌黎县),自称昌黎韩愈,世称韩昌黎;晚年任吏部侍郎,又称韩吏部。卒谥文,世称韩文公。唐代文学家,与柳宗元是共同倡导中国唐代古文运动,合称"韩柳"。苏轼称赞他"文起八代之衰,道济天下之溺,忠犯人主之怒,勇夺三军之帅"(八代:东汉,魏,晋,宋,齐,梁,陈,隋)。其散文与诗均有名,著作有《昌黎先生集》。

　　《师说》是韩愈的一篇著名论文。据方成珪《昌黎先生诗文年谱》考证,此文作于唐德宗贞元十八年(802),这一年,韩愈35岁,任国子监四门博士,这是一个"从七品"的学官,职位不高,但是他在文坛上早已有了名望,他所倡导的"古文运动"也已经展开,他是这个运动公认的领袖。这篇文章是针对门第观念影响下"耻学于师"的坏风气写的。门第观念源于魏晋南北朝的九品中正制,自魏文帝曹丕实行九品中正制后,形成了以士族为代表的门阀制度,重门第之分,严士庶之别,士族的子弟,凭高贵的门第可以做官,他们不需要学习,也看不起老师,他们尊"家法"而鄙从师。到唐代,九品中正制废除了,改以官爵的高下为区分门第的标准。这对择师也有很大的影响,在当时士大夫阶层中,就普遍存在着从师"位卑则足羞,官盛则近谀"的心理。韩愈反对这种错误的观念,提出以"道"为师,"道"在即师在,这是有进步意义的。与韩愈同时代的柳宗元在《答韦中立论师道书》中说:"今之世不闻有师,有辄哗笑之,以为狂人。独韩愈奋不顾流俗,犯笑侮,收召后学,作《师说》,因抗颜而为师,愈以是得狂名,居长安,炊不暇熟,又挈挈而东,如是者数矣。"由此可以看出《师说》的写作背景和作者的斗争精神。

　　全文分 4 段。

　　第 1 段,提出中心论题,并以教师的职能作用总论从师的重要性和择师的标准。开篇第一句"古之学者必有师"句首冠以"古之"二字,既说明古人重视师道,又针对现实,借古非今。"必有"二字,语气极为肯定。然后指出师的职能作用是"传道授业解惑",从正面申述中心论点。接着紧扣"解惑"二字,从不从师的危害说明从师的重要,从反面申述中心论点。最后紧扣"传道"二字,阐明道之有无是择师的唯一标准,一反时俗,将贵贱长少排出标准之外,为下文针砭时弊张本。

　　第 2 段,批判不重师道的错误态度和耻于从师的不良风气。这一段用对比的方法分三层论述。第一层,把"古之圣人"从师而问和"今之众人"耻学于师相对比,指出是否尊师重道,是圣愚的关键所在;第二层,以为子择师而自己不从师作对比,指出"小学而大遗"的谬误;第三层,以巫医乐师百工之人与士大夫之族作对比,批判当时社会上轻视师道的风气。

第3段，以孔子为例，指出古代圣人重视师道的事迹，进一步阐明从师的必要性和以能者为师的道理。这一段开头先提出"圣人无常师"的论断，与第1段"古之学者必有师"呼应，并且往前推进一步，由"学者"推进到"圣人"，由"必有师"推进到"无常师"。举孔子为例加以论述，因为孔子在人们心目中是至圣先师，举孔子为例就有代表性，能加强说服力。由此得出"弟子不必不如师，师不必贤于弟子"的结论，这个结论显然是正确的。这种以能者为师的观点就是"道之所存，师之所存"的观点。

第4段，赞扬李蟠"不拘于时"、"能行古道"，说明写作本文的缘由。"不拘于时"的"时"指"耻学于师"、"惑而不从师"的社会风气。"古道"指"从师而问"，以"闻道"在先者为师的优良学风。从而总结全文主旨，点明主题。

本文在写作上的特点是运用对比的方法，反复论证，并辅之以感叹句来加强说服力。例如，第2段，首先用一个感叹句紧承前一段，转入对"师道之不传也久矣"的分析，然后从三方面作对比。先用古今对比，指出从师与不从师的两种结果；次用对自己与对儿子的要求不同来对比，指出"士大夫之族"行为的自相矛盾；最后用"士大夫之族"与"巫医乐师百工之人"对比，批判士大夫的错误想法，指出这是"师道不复"的真正原因。从后果、行为、心理等方面逐层深入分析，笔锋犀利。几个感叹句，均有加强感染力的作用。句式也有变化，"其皆出于此乎"，是用推测语气作判断；"吾未见其明也"是用肯定语气作判断；"其可怪也欤"，是用惊诧语气作判断。"同"中有"变"，感情一层比一层强烈。

【扩展练习】

一、选择题。

1. 《师说》的中心论点是（　　）。
   A. 古之学者必有师　　　　　　B. 师者，所以传道授业解惑者也
   C. 师道之不传也久矣　　　　　D. 道之所存，师之所存也

2. 下列句中"于"的用法与例句相同的一项是（　　）。
   例句：学于余
   A. 于其身也　　　　　　　　　B. 而耻学于师
   C. 不拘于时　　　　　　　　　D. 其皆出于此乎

3. "不拘于时"一句是（　　）。
   A. 被动句　　　B. 判断句　　　C. 省略句　　　D. 宾语前置句

4. 下列加点词语的注音和解释正确的一项是（　　）。
   A. 六艺经传皆通习之　　　　　传：chuán，流传
   B. 作《师说》以贻之　　　　　贻：dài，赠送
   C. 授之书而习其句读者　　　　读：dòu，句中的停顿

D. 位卑则足羞,官盛则近谀　　　　　谀：rù,阿谀,奉承

二、填空题。

5. 韩愈,字_____,世称_____,卒谥"_____",作品集有《_____》。他是唐代"_____"的倡导者,后人称之为"文起八代之衰",位列"唐宋八大家"之首,其余七家为_____、_____、_____、_____、_____、_____、_____。

6. 用课文原文回答下列问题。
   ① 老师的职能是什么?_____；
   ② 择师的标准是什么?_____；
   ③ 作者引述孔子的言行得出了什么结论?_____,_____。

三、阅读下面两段文字,完成7—10题。

古之学者必有师。师者,所以传道授业解惑也。人非生①知之②,孰能无惑?惑而不从师,③为惑④,终不解⑤。生⑥吾前,其闻道也固先乎吾,吾从而师之;生乎吾后,其闻道也亦先乎吾,吾从而师之。吾师道也,⑦庸知其年之先后生于吾乎?是故无贵无贱,无长无少,道之⑧存,师之所存也。

嗟乎!师道之不传也久矣,欲人之无惑也难矣!古之圣人,其出人也远矣,犹且从师而问焉;今之众人,其下圣人也亦远矣,而耻学于师。是故圣益圣,愚益愚。圣人之所以为圣,愚人之所以为愚,其皆出于此乎?爱其子,择师而教之;于其身也,则耻师焉,惑矣。彼童子之师,授之书而习其句读者,非吾所谓传其道解其惑者也。句读之不知,惑之不解,或师焉,或不焉,小学而大遗,吾未见其明也。巫医乐师百工之人,不耻相师。士大夫之族,曰师曰弟子云者,则群聚而笑之。问之,则曰:"彼与彼年相若也,道相似也,位卑则足羞,官盛则近谀。"呜呼!师道之不复,可知矣。巫医乐师百工之人,君子不齿,今其智乃反不能及,其可怪也欤!

7. 给文中空缺的①②③④⑤⑥⑦⑧八处选填恰当虚词(则、其、于、也、而、之、焉、乎、矣、以、哉、所、且、者、即、夫)。

8. 下列两组加点词的含义分析正确的一组是(　　)。
   ① 其为惑也,终不解矣　　② 于其身也,则耻师焉,惑矣
   ③ 圣人之所以为圣　　　　④ 师者,所以传道授业解惑也
   A. ①与②的"惑"相同,③与④的"所以"不同
   B. ①与②的"惑"相同,③与④的"所以"亦相同
   C. ①与②的"惑"不相同,③与④的"所以"也不同
   D. ①与②的"惑"不相同,③与④的"所以"相同

9. 从句式特征看,与"师者,所以传道授业解惑也"一句相同的一项是(　　)。
   A. 道之所存,师之所存也　　B. 句读之不知,惑之不解
   C. 不拘于时,学于余　　　　D. 圣人无常师

10. 下面对这两段文字分析不正确的一项是(　　)。

　　A. 第一段所提出的无论贵贱长幼,有道者皆可为师的择师标准,打破了门第观念,很有积极意义。

　　B. 作者认为那些童子之师不是真正意义上的老师,只是"小学"而已。

　　C. 第二段作者接连用了三个对比,层层深入,从不同侧面批判当时士大夫耻于从师的不良风气。

　　D. 作者对于士大夫看不起"巫医乐师百工之人"反而还比不上他们,给予了强烈的责备和讽刺。

四、阅读下面一文,完成 11－14 题。

送李愿归盘谷序(节选)

韩　愈

　　愿之言曰:"人之称大丈夫者,我知之矣。利泽施于人,名声昭于时。坐于庙朝,进退百官,而佐天子出令。其在外,则树旗旄,罗弓矢,武夫前呵,从者塞途。供给之人,各执其物,夹道而疾驰。喜有赏,怒有刑。才畯满前,道古今而誉盛德,入耳而不烦。曲眉丰颊,清声而便体,秀外而惠中,飘轻裾,翳长袖,粉白黛绿者,列屋而闲居,妒宠而负恃,争妍而取怜。大丈夫之遇知于天子,用力于当世者之所为也。吾非恶此而逃之,是有命焉,不可幸而致也。

　　"穷居而野处,升高而望远,坐茂树以终日,濯清泉以自洁。采于山,美可茹;钓于水,鲜可食。起居无时,惟适之安。与其有誉于前,孰若无毁于其后?与其有乐于身,孰若无忧于其心。车服不维,刀锯不加,理乱不知,黜陟不闻。大丈夫不遇于时者之所为也,我则行之。

　　"伺候于公卿之门,奔走于形势之途,足将进而趦趄,口将言而嗫嚅,处污秽而不羞,触刑辟而诛戮,侥幸于万一,老死而后止者,其于为人贤不肖何如也?"

11. 对下面加点的两组虚词分析理解正确的一项是(　　)。

　　① 其在外,则树旗旄,罗弓矢　　② 我则行之

　　③ 其于为人贤不肖何如也　　　　④ 大丈夫之遇知于天子

　　A. ①与②的"则"相同,③与④的"于"不同。

　　B. ①与②的"则"不相同,③与④的"于"相同。

　　C. ①与②的"则"相同,③与④的"于"也相同。

　　D. ①与②的"则"不相同,③与④的"于"也不同。

12. 对文中下列四句的理解不当的一项是(　　)。

　　A. "坐于庙朝,进退百官,而佐天子出令"是指在朝廷做官,掌管人事大权,直接辅助皇帝的人。

　　B. "才畯满前,道古今而誉盛德,入耳而不烦"意为团结人才,效法古人,德行高尚,能接受批评意见而不烦恼。

C. "与其有誉于前,孰若无毁于其后"与其当面受到称赞,还不如背后无人毁谤。

D. "足将进而趑趄,口将言而嗫嚅"想进去而又迟疑不前,想要说话而又不敢讲。

13. 对文中的"大丈夫"、"我"解说正确的一项是( )。

　A. "大丈夫"是指那种"奔走于形势之途"为求一官半职而趋炎附势、投机钻营的人。

　B. "大丈夫"是指那种"各执其物,夹道而疾驰"且美女如云的游手好闲之徒。

　C. "我"是"穷居而野处"的山林隐士。

　D. "我"是"处污秽而不羞"、"出污泥而不染"的清廉之士。

14. 对本文分析不正确的一项是( )。

　A. 本文第一段写的是达官贵人,他们深得皇帝宠幸,在朝可发号施令,出外则前呼后拥,居家有美女投怀。

　B. 第二段写的是山林隐士,他们没有生活规律,自由自在,不闻世事。

　C. 第三段写的是为求发达而攀附权贵,不知廉耻的势利小人。

　D. 李愿通过对三种人的比较,表明自己怀才不遇,生不逢时,退而归隐的心情。

五、阅读三段关于文章创作的短文,完成 15—16 题。

气,水也;言,浮物也。<u>水大而物之浮者,大小毕浮①</u>。气之与言犹是也;气盛,则言之短长与声之高下者皆宜。(韩愈《答李翊书》)

孔子曰:"言之无文,行而不远。"又曰:"辞达而已矣。"<u>夫言止于达意,即疑若不文,是大不然②</u>。求物之妙,如系风捕影,能使是物了然于心者,盖千万人而不一遇也,而况能使了然于口与手者乎。是之谓辞达。辞至于能达,则文不可胜用矣。(苏轼《答谢民师书》)

且所谓文者,务为有补於世而已矣;所谓辞者,犹器之有刻镂绘画也。诚使巧且华,不必适用;诚使适用,亦不必巧且华。要之以适用为本,以刻镂绘画为之容而已。不适用,非所以为器也,不为之容,其亦若是乎?否也。<u>然容亦未可已也,勿先之其可也③</u>。(王安石《上人书》)

15. 翻译文中画线的三句话。

　① _____。

　② _____。

　③ _____。

16. 根据文意,回答下列问题。

　① 韩、苏、王三人对于文章写作的观点有何共同之处?_____,_____。

　② 三人对观点的表述和论证有何相似之处?_____。

第3课　游褒禅山记

【学习导航】

王安石(1021—1086),字介甫,号半山,北宋临川人(今江西省东乡县上池村人),北宋政治家、思想家、文学家,唐宋八大家之一。封荆国公,世称王荆公。

王安石在文学上也是位革新派。他是欧阳修倡导的北宋诗文革新运动的积极参与者,反对北宋初年浮靡的文风,主张文章"务为有补于世"。他的诗文多为揭露时弊,反映社会矛盾之作,体现了他的政治主张和抱负。他的散文雄健峭拔,在唐宋八大家中独树一帜,诗歌遒劲清新,词虽不多而风格高峻。他的作品今存《临川集》、《临川集拾遗》等。官至宰相,主张改革变法。诗作《元日》、《梅花》等最为著名。

本文写于宋仁宗至和元年(1054)七月某日,是作者与他的两位朋友和两个胞弟同游褒禅山后所写。这是一篇记述与议论相结合的散文,与一般游记不同,独具特色。

全文按照记叙和议论的层次,可分为5段。

第1段:从篇首至"盖音谬也",记述褒禅山命名的由来。文章开头紧扣题目,开门见山地先说明褒禅山又叫华山之后,接着追述之所以命名为褒禅山的原因。然后把笔墨转向眼前所见的慧空禅院上来。说明现在看到的慧空禅院,就是当年慧褒禅师居住的房舍和坟墓之所在。因为这毕竟是一篇游记,所以当写到慧空禅院之后,便以它为基点,重点来记叙褒禅山的名胜华山洞。

第2段:从"其下平旷,有泉侧出"至"而不得极夫游之乐也",记叙游览褒禅山后洞的情形。这段承接第1段华山洞的方位和命名,进一步分别就华山洞的前洞和后洞加以叙写。

第3段:从"于是余有叹焉"至"此余之所得也",写未能深入华山后洞所产生的感想和体会。这段开头"于是余有叹焉"一句,奠定了全段的基调,为展开议论作了带有浓厚感情色彩的转折。

第4段:从"余于仆碑"至"此所以学者不可以不深思而慎取之也",写由于仆碑而引起的联想。从山名的以讹传讹,联想到古籍的以讹传讹,使作者触目伤怀,慨叹不已。因而又进一步提出"此所以学者不可以不深思而慎取之也"。

第5段:从"四人者"至篇末。记录同游者姓名和写作时间。

本文不同于一般的游记,不重山川风物的描绘,而重在因事说理,以说理为目的,记游的内容只是说理的材料和依据。文章以记游的内容为喻,生发议论,因事说理,以小见大,准确而充分地阐述一种人生哲理,给人以思想上的启发,使完美的表现形式与深刻的思想内容和谐统一。

文章前面记游山,后面谈道理,记叙和议论结合得紧密而自然,并且前后呼应,结构严谨,行文缜密。文中的记游内容是议论的基础及事实依据;议论是记游内容在思想认识上的理性概括和深化。前面的记游处处从后面的议论落笔,为议论作铺垫;后面的议论又处处紧扣前面的记游,赋予记游内容以特定的思想意义。记叙和议论相辅相成,互为补充,相得益彰。

本文的主旨在于阐述要"有志"、"尽吾志"的观点,另外也涉及"深思而慎取"的观点,因此,文章的选材、详略无一不经过精心裁定,紧扣这两个观点。记游部分就写景来看似乎平淡无奇,实际上是深思熟虑、刻意安排的。第一段介绍褒禅山概况从略;第二段记游华山洞经过从详。前者又详记仆碑文字,其余从略;后者又记前洞和后洞概况从略,记游后洞经过颇详。记前洞和后洞概况,又前洞略,后洞详;记游后洞,又写经过略,补叙经过、写心情之"悔"详。议论部分对应记叙部分,也有侧重。议游华山洞的心得甚详,借仆碑抒发感慨从略。议游华山洞的心得,又议"志"较详,议"力"、"物"从略。

【拓展练习】

一、选择题。

1. 下面加点字的注音正确的一项是(　　)。
    A. 庐冢(zhǒng)　　　　　　何可胜道(shēng)
    B. 盖音谬也(miù)　　　　　窈然(yǎo)
    C. 安上纯父(fù)　　　　　　无物以相之(xiàng)
    D. 咎其欲出者(jiū)　　　　瑰怪(guī)

2. 下列句中加点字的解释不正确的一项是(　　)。
    A. 余与四人拥火以入　　　　拥:持,拿。
    B. 夫夷以近,则游者众　　　夷:平坦。
    C. 世之奇伟、瑰怪、非常之观　观:观点。
    D. 不得极夫游之乐也　　　　极:尽情享受。

3. 下列句中的"其"与"其孰能讥之乎"中的"其"意义和用法相同的一项是(　　)。
    A. 以其求思之深而无不在也
    B. 距其院东五里
    C. 余亦悔其随之而不得极夫游之乐也
    D. 一之谓甚,其可再乎

4. 下列句中加点词古今意义相同的一项是(　　)。
    A. 比好游者尚不能十一
    B. 此所以学者不可以不深思而慎取之也

C. 古人之观于天地、山川、草木、虫鱼、鸟兽，往往有得

D. 而世之奇伟、瑰怪、非常之观，常在于险远

5. 下列句中加点的词没有活用现象的一项是（　　）。

　　A. 于是余有叹焉　　　　　　　B. 则或咎其欲出者

　　C. 唐浮图慧褒始舍于其址　　　D. 火尚足以明也

6. 下列句中与"非常之观"的"观"意义相同的一项是（　　）。

　　A. 古人之观于天地、山川、草木、虫鱼、鸟兽

　　B. 此则岳阳楼之大观也

　　C. 因得观所谓石钟者

　　D. 予观夫巴陵胜状，在洞庭一湖

二、阅读下面的文字，完成1—6题。

于是余有叹焉。古人之观于天地、山川、草木、虫鱼、鸟兽，往往有得，以其求思之深而无不在也。夫夷以近，则游者众；险以远，则至者少。而世之奇伟、瑰怪、非常之观，常在于险远，而人之所罕至焉，故非有志者不能至也。有志矣，不随以止也，然力不足者，亦不能至也。有志与力，而又不随以怠，至于幽暗昏惑而无物以相之，亦不能至也。然力足以至焉，于人为可讥，而在己为有悔；尽吾志也而不能至者，可以无悔矣，其孰能讥之乎？此余之所得也。

1. 对下列各句中加点词的解释，正确的一项是（　　）。

　　A. 于是余有叹焉　　　　　　叹：叹惜

　　B. 夫夷以近　　　　　　　　夷：平安

　　C. 而人之所罕至焉　　　　　罕：少

　　D. 其孰能讥之乎　　　　　　孰：怎么

2. 作者强调"于险远"得"非常之观"要有（　　）条件。

　　A. 三个：有力、有志、不随以止

　　B. 三个：有力、有志、有物相之

　　C. 四个：力、志、物、不随以怠

　　D. 五个：志、力、物、己不悔、人不讥

3. 对下列句中加点"以"字的用法分类正确的一项是（　　）。

　　① 以其求思之深而无不在也　　　② 夫夷以近

　　③ 不随以止　　　　　　　　　　④ 至于幽暗昏惑而无物以相之

　　⑤ 然力足以至焉　　　　　　　　⑥ 可以无悔矣

　　⑦ 又以悲夫古书之不存　　　　　⑧ 此所以学者不可以不深思而慎取之也

　　A. ①⑦／②③④⑤／⑥⑧　　　　B. ④⑦／①②③⑤／⑥⑧

　　C. ①⑦／③⑤⑥⑧／②④　　　　D. ④⑦／②③①⑤／⑥⑧

4. 对下列句子的翻译，不正确的一项是（　　）。

A. 以其求思之深而无不在也——因为他们探求思索深入,而且没有不触及的领域。

B. 有志矣,不随以止也——有了志向,又不盲目地跟随他人而停止前进。

C. 至于幽暗昏惑而无物以相之——至于那些幽暗的使人昏惑不辨的地方,却没有外物帮助他。

D. 后世之谬其传而莫能名者——后人弄错了它流传的(文字),而没有人能够说明情况。

5. "此余之所得也"一句,总括了作者的游览体会,不属于"之所得"的一项是( )。

　　A. 世之奇伟、瑰怪、非常之观,常在于险远,而人之所罕至焉,故非有志者不能至也。

　　B. 力不足者,亦不能至也。

　　C. 至于幽暗昏惑而无物以相之,亦不能至也。

　　D. 余于仆碑,又以悲夫古书之不存,后世之谬其传而莫能名者,何可胜道也哉!

6. 对这段文字的解说,不正确的一项是( )。

　　A. 作者认为要到达奇伟、瑰怪和非常之观,需要志、力、物,三者之中,志最重要。

　　B. 作者认为只要尽了"吾志",即使不能到达奇伟、瑰怪和非常之观,也是没有什么值得后悔的。

　　C. 作者对古人"求思之深"作了赞扬,但古人没有得出自己这样深刻的结论,也很惋惜。

　　D. 平坦而近的地方,游览的人多,但这些人看不到奇伟、瑰怪、非常之观。

第十二单元 练习与测试

一、选择题。

1. 下列加点字注音,全部正确的一组是( )。
   A. 靛(diàn)青　蓼(liǎo)蓝　中(zhōng)绳
   B. 槁暴(bào)　参省(shěng)　跬(kuǐ)步
   C. 驽(nǔ)马　句读(dú)　六艺经传(chuán)
   D. 庐冢(zhǒng)　窈(yǎo)然　音谬(miù)

2. 加点字解释完全正确的一项是( )。
   A. 木直中(合乎)绳(绳子)
   B. 虽(虽然)有槁暴,不复挺者
   C. 君子博学而日参省(省察)乎己
   D. 金石可镂(镂空)

3. 下列句中没有通假字的一句是( )。
   A. 虽有槁暴,不复挺者
   B. 木直中绳,鞣以为轮
   C. 君子博学而日参省乎己
   D. 君子生非异也

4. 下列"于"的用法与例句相同的一项是( )。
   例:冰,水为之,而寒于水
   A. 君子生非异也,善假于物也
   B. 青,取之于蓝,而青于蓝
   C. 于是赵王乃斋戒五日
   D. 师不必贤于弟子

5. 下列有关文学知识正确的一项是( )。
   A. 王安石,北宋人,字临川,号半山,有《临川先生文集》,为唐宋散文八大家之一。
   B. 王安石生封荆国公,故世称之为"王荆公",又因卒谥"文",故又称为王文公。
   C. 古人称谓一般不直呼其名,而可称籍贯、字号、官名、排行等,如"庐陵萧君圭君玉"就含有籍贯、姓氏、官名和字。
   D. 古人之所谓"浮图"和"庐冢"即为和尚和寺院。

6. 下面语句的停顿,标示正确的一句是( )。
   A. 师道之不传也/久矣
   B. 李氏/子蟠
   C. 非吾/所谓传/其道/解其惑/者也
   D. 行成/于思,毁于/随

7. 下列句子中"师"的意义不同于其他三句的是( )。
   A. 道之所存,师之所存也
   B. 择师而教之

C. 孔子师郯子、苌弘、师襄、老聃

D. 圣人无常师

8. 下列加点的实词含义相同的一组是(　　)。
   A. 有碑仆道,其文漫灭　以其乃华山之阳而名之也
   B. 何可胜道也哉　山不在高,有仙则名
   C. 独其为文犹可识　至于幽暗昏惑而无物以相之
   D. 其文漫灭　今由与求也,相夫子

9. 下面句中的"其"都作代词用的一组是(　　)。
   ① 然余亦悔其随之而不得极夫游之乐也
   ② 其下平旷,有泉侧出
   ③ 其孰能讥之乎
   ④ 至于誓天断发,泣下沾襟,何其衰也
   ⑤ 一狼径去,其一犬坐于前
   ⑥ 圣人之所以为圣,愚人之所以为愚,其皆出于此乎
   ⑦ 云霏霏其承宇
   ⑧ 则其好游者不能穷也
   A. ①②⑤⑧　　B. ①③④⑥　　C. ②③⑤⑦　　D. ④⑥⑦⑧

10. 下列加点词语古今意义相同的一句是(　　)。
    ① 小学而大遗
    ② 于是余有叹焉
    ③ 古人之观于……往往有得
    ④ 非常之观,常在于险远
    ⑤ 至于幽暗昏惑而无物以相之
    ⑥ 此所以学者不可以不深思而慎取之也
    ⑦ 比好游者尚不能十一
    A. ①　　　B. ②　　　C. ③　　　D. ⑤

二、填空题。

1. 《劝学》的中心论点是_____,翻译为现代汉语是_____。
2. 韩愈,字_____,自谓郡望昌黎,所以世称"_____"。他是唐代"_____"的倡导者,后人列他为"_____"之首。
3. 《游褒禅山记》作者_____,字_____,号_____,北宋_____家、_____家,卒谥文,故又称"王文公"。

三、阅读理解。

(一)

嗟乎!师道之不传也久矣!欲人之无惑也难矣!古之圣人,其出人也远矣,犹且

从师而问焉；今之众人，其下圣人也亦远矣，而耻学于师。是故圣益圣，愚亦愚。圣人之所以为圣，愚人之所以为愚，其皆出于此乎？爱其子，择师而教之；<u>于其身，则耻师焉，惑之不解，或师焉，或不焉，小学而大遗，吾未见其明也</u>。巫医乐师百工之人，不耻相师。士大夫之族，曰师曰弟子云者，则群聚而笑之。问之，则曰："彼与彼年相若也，道相似也，位卑则足羞，官盛则近谀。"呜呼！师道之不复，可知矣。<u>巫医乐师百工之人，君子不齿，今其智乃反不能及，其可怪也欤</u>！

1. 指出下列句中"其"的意义。
   ① 授之书而习其句读者　　　　　　　　　　　　（　　）
   ② 今其智乃反不能及　　　　　　　　　　　　　（　　）
   ③ 其皆出于此乎　　　　　　　　　　　　　　　（　　）
   ④ 于其身也　　　　　　　　　　　　　　　　　（　　）

2. 下列句中"而"的用法与其他三项不同的是（　　）。
   A. 人非生而知之者　　　　B. 惑而不从师
   C. 犹且从师而问焉　　　　D. 择师而教之

3. 下列句中没有古今异义词语的一项是（　　）。
   A. 句读之不知　　　　　　B. 小学而大遗
   C. 古之学者必有师　　　　D. 圣人之所以为圣

4. 翻译文中画线的句子，并指出其句式特点。

5. "师道之不传也久矣"一句在全文结构中的作用是：_____
_____

（二）

于是余有叹焉。古人之观于天地、山川、草木、虫鱼、鸟兽，往往有得，以其求思之深而为不在也。夫夷以近则游者众；险以远，则至者少。而世之奇伟、瑰怪、非常之观，常在于险远，而人之所罕至焉，故非有志者不能至也。有志矣，不随以止也，然力不足者，亦不能至也。有志与力，而又不随以怠，至于幽暗昏惑而无物以相之，亦不能至也。然力足以至焉，于人为可讥，而在己为有悔；尽吾志也而不能至者，可以无悔矣，其孰能讥之乎？此余之所得也。

余于仆碑，又以悲夫古书之不存，后世之谬其传而莫能名者，何可胜道也哉！此所以学者不可以不深思而慎取之也。

1. 下列各组加点的词解释各不相同的一组是（　　）。
   A. 古人之<u>观</u>于天地、山川、草木、虫鱼、鸟兽，往往有得
      而世之奇伟、瑰怪、非常之<u>观</u>
      此则岳阳楼之大<u>观</u>也
   B. 古人之观于天地、山川、草木、虫鱼、鸟兽，往往有<u>得</u>
      此余之所<u>得</u>也

君为我呼入,吾得兄事之

C. 何可胜道也哉

此所谓战胜于朝庭

吾观夫巴陵胜状,在洞庭一湖

D. 夫夷以近则游者众

今操芟夷大难,略已平矣

台隍枕夷夏之交,宾主尽东南之美

2. 下列句中加点的虚词含义和用法相同的一项是(　　)。

　　A. 夫夷以近则游者众;险以远,则至者少

　　B. 其孰能讥之乎？此余之所得也

　　C. 有志矣,不随以止也,然力不足者,亦不能至也

　　D. 有志与力,而又不随以怠,至于幽暗昏惑而无物以相之

3. 对上面两段文字分析不正确的一项是(　　)。

　　A. 文中托古言事,更增加了立论的力度。这一点和韩愈的《师说》中开头便言"古之学者必有师"有相似之处。

　　B. 文中以景喻物,用"世之奇伟、瑰怪、非常之观"比喻某种最高成就的境界。而这种境界不是每个人都能达到的。

　　C. "尽吾志也而不能至者,可以无悔矣,其孰能讥之乎"指出只要"尽吾志",虽然不能达到目的,也可以无讥无悔。

　　D. 这两段文字紧相承接,最后得出一个结论:"学者不可以不深思而慎取之也"。

4. 下列不属于"此余之所得也"的"得"这一项的是(　　)。

　　A. 世之奇伟、瑰怪、非常之观,常在于险远。

　　B. 故非有志者不能至也。

　　C. 然力不足者,亦不能至也。

　　D. 有志与力,而又不随以怠,至于幽暗昏惑而无物以相之,亦不能至也。

(三)

田单①将攻狄,往见鲁仲子。仲子曰:"将军攻狄,不能下也。"田单曰:"臣以五里之城,七里之郭,破亡余卒,破万乘之燕,复齐墟。攻狄而不下,何也?"上车弗谢而去,遂攻狄。三月而不克之也。田单乃惧,问鲁仲子曰:"先生谓单不能下狄,请闻其说。"鲁仲子曰:"将军之在即墨,坐而织蒉②,立则丈插③,为士卒倡曰:'可往矣!宗庙亡矣,魂魄丧矣,归于何党矣!'当此之时,将军有死之心,而士卒无生之气。闻若言,莫不挥泣奋臂而欲战。此所以破燕也。当今将军东有夜邑④之奉,西有淄上⑤之娱,黄金横带,而驰乎淄、渑之间,有生之乐,无死之心,所以不胜者也。"田单曰:"单有心,先生志之矣。"明日乃厉气循城,立于矢石之所,乃援枹鼓之,狄人乃下。(《战国策·齐

策六》)

[注]①田单:战国时齐人,以功封安平君。②蒉:草编的筐子。③丈插:即"杖锸",拄着铁锹。④夜邑:地名。⑤淄上:地名。

1. 以下例句中的"所以"和"此所以破燕也"中的"所以"意义、用法相同的一组是( )。

① 师者,所以传道授业解惑也
② 君、相之所以为民计者,亦不过前此数法也
③ 亲贤臣,远小人,此先汉所以兴隆也
④ 此所以学者不可以不深思而慎取之也
⑤ 此世所以不传也
⑥ 天地之所以养人者,原不过此数也
⑦ 此吾所以为治平之民虑也
⑧ 所以遣将守关者,备他盗之出入与非常也

  A. ①⑥⑦   B. ③④⑤⑦⑧   C. ①②⑥   D. ②③④⑤⑧

2. "明日乃厉气循城"一句的正确意思是( )。

  A. 第二天就激励士气,巡视城中。
  B. 第二天就激励士气,沿城墙巡视。
  C. 第二天就振作精神,巡视城中。
  D. 第二天就振作精神,沿城墙巡视。

3. 鲁仲子在战前预言:"将军攻狄,不能下也。"从原文本意来看,他这样说的主要依据是( )。

  A. 先前田单织蒉杖锸,贫困窘迫;而今黄金横带,四处游乐,已经丧失斗志。
  B. 过去田单城郭狭小,背水一战;如今东有夜邑,南有淄上,因而尾大不掉。
  C. 眼下情况已和破燕时不同。现在情况是田单享有厚俸,溺于欢娱,只有士卒奋臂欲战,当时情况完全相反。
  D. 目前情况已和破燕时不同。当时情况是田单有死之心,因而士卒无生之气,现在情况完全相反。

模拟考试题

高职语文期中考试模拟试卷

(上册1—3单元)

本试卷分第Ⅰ卷(选择题)和第Ⅱ卷(非选择题)两部分。满分100分,考试时间90分钟。

第Ⅰ卷(选择题,共50分)

一、选择题。(1—14题,每题3分;15—18题,每题2分)

1. 下列加点字的注音正确的一项是(   )
   A. 紫绡(xiāo)   黏(nián)液   撷(zhé)拾   反馈(guì)
   B. 譬(pì)如   憎(zēng)厌   祈(qí)祷   恪(kè)守
   C. 雾霭(ǎi)   卤(lú)莽   慰藉(jì)   流岚(lán)
   D. 长篙(gāo)   香醇(chún)   思量(liàng)   蒂(dì)部

2. 下面的词语中,没有错别字的是(   )。
   A. 其乐融融   万劫不复   废寝忘食   殷勤
   B. 五采缤纷   怨天尤人   感人肺腑   翱翔
   C. 后悔莫急   曲径通幽   遍体鳞伤   火炬
   D. 瓜熟蒂落   丧失殆尽   喋喋不休   栋梁

3. 下列对病句的修改,不正确的是(   )。
   A. 通过这次科普讲座,使大家深刻认识到了吸烟的危害。(将"通过"或"使"去掉)
   B. 我有一个儿子,生活得很幸福。(在"生活"前加"他")
   C. 为了保重学生的身体健康,学校要搞好"阳光体育"活动。(将"保重"去掉)
   D. 考生在考试前出现失眠现象,往往是因为心理负担过重造成的。(将"往往"去掉)

4. 下面加点的成语,使用不恰当的一句是(   )。
   A. 那几幅画都不怎么样,只有这一幅梅花图还差强人意。
   B. 在学问的海洋中,有无数的蓬莱仙岛,涉猎其中,其乐无穷。
   C. 年轻人在成长的过程中,很容易犯自鸣得意的毛病,还美其名曰"自尊自信",这是值得年轻朋友注意的一个问题。

D. 青春是可爱的,生活是美好的,只要你保持纯真,永远有一颗赤子之心,人生就会满足、快乐。

5. 选出标点符号使用不正确的一项是(　　)。

　　A. 我们——简明扼要地说,就是每一个单独的"我"——到底重要还是不重要?

　　B. 平日里,我们尚要珍惜一粒米、一叶菜,难道可以对亿万粒菽粟亿万滴甘露濡养出的万物之灵,掉以丝毫的轻心吗?

　　C. "父与子"时常被看做是对立的两方,意味着思想的冲突,观念的差异,新与旧的不同,进步与保守的矛盾。

　　D. 未名湖、三角地、五四运动场、新建的图书馆……等我都是第一次见到,却让我感到是那样的熟悉,仿佛以前在哪里见过。

6. 下列场所张贴的标语表达得体的一项是(　　)。

　　A. 医院门口:祝您早日康复,欢迎下次光临

　　B. 饭店门口:宾至如归

　　C. 高考考场:失败乃成功之母

　　D. 建筑工地:雷厉风行,争分夺秒

7. 有关诗歌的赏析,表述有误的一项是(　　)。

　　A. 诗歌的基本特征是:以抒情见长、具有音乐美、形象凝练。

　　B. 新诗是在1919年"五四运动"时期始创和发展起来的一种新诗体。

　　C. 诗歌用凝练的语言和恰当的艺术手段,创造优美的意境来感染读者。

　　D. 诗歌中的"境"就是要表达的思想感情,"意"就是所描绘的具体景物和生活画面。

8. 下列有关文学、文化常识表述不正确的是(　　)。

　　A.《我很重要》的作者毕淑敏和《我的四季》的作者张洁都是我国当代女作家。

　　B. 郭沫若在新诗《炉中煤》中把具有新气象的祖国比作"年青的女郎"。

　　C.《南州六月荔枝丹》属于文艺性说明文,即科学小品。

　　D. 清明节的主要习俗是划龙舟、吃粽子,杜牧有"清明时节雨纷纷"的诗句。

9. 下列对这首诗的赏析,不恰当的一项是(　　)。

移居(其二)

陶渊明

春秋多佳日,登高赋新诗。过门更相呼,有酒斟酌之。

农务各自归,闲暇辄相思。相思则披衣,言笑无厌时。

此理将不胜,无为忽去兹。衣食当须纪,力耕不吾欺。

【注释】将:岂;纪:经营

　　A. 全诗生动地描写了诗人佳日登高赋诗的美好情景。

B. "有酒斟酌之"意思是与友人边饮酒边斟酌诗句。

C. "相思则披衣"意思是因相思而夜不能寐,披衣起彷徨。

D. 最后两句是说应该通过自己的辛勤劳作解决衣食问题。

阅读下面的文字,完成 10—15 题。

①荔枝是亚热带果树,性喜温暖,遇有微霜就会受害。所以成都、福州是它生长的北限。②汉武帝曾筑扶荔宫,把荔枝移植到长安,没有栽活,迁怒于养护的人,竟然对他们施以极刑。③宋徽宗时,福建"以小株结实者置瓦器中,航海至阙下,移植宣和殿"。④徽宗写诗吹嘘说:"密植造化出闽山,禁御新栽荔枝丹。"实际上不过当年成熟一次而已。⑤明代文征明有《新荔枝篇》诗,说常熟顾氏种活了几株,"仙人本是海山姿,从此江乡亦萌蘖"。但究竟活了多少年,并无下文。⑥现在科学发达,使荔枝北移,将来_____。

我国幅员辽阔,不同地区有不同的特产。因地制宜,努力发展本地区的特产,是切合实际的做法。盛产荔枝的地区,应该大力发展荔枝的生产。苏轼有诗云:"罗浮山下四时春,卢橘杨梅次第新。日啖荔枝三百颗,不辞长作岭南人。"但日啖三百颗,究竟能有几人呢?社会主义现代化的荔枝生产,应该能够逐步满足广大人民的生活需要。

10. 下列句中"造化"与"密植造化出闽山"中的"造化"词义相近的一项是(　　)。

　　A. 孙悟空从水帘洞出来,连声说:"造化,造化,里面有石桌、石凳、石碗,真是一个天然居住所在。"

　　B. 然而造化又常常为庸人设计。

　　C. 他刚过了桥,桥就塌了,这不是他的造化吗?

　　D. 王明出生的时候,天上出现了一道七色彩虹,大家都说这孩子将来会有些造化。

11. 文中引用汉武帝筑扶荔宫的资料,主要目的是(　　)。

　　A. 揭露汉武帝的残忍。

　　B. 引用故事丰富文章内容,增加文学情趣。

　　C. 嘲讽汉武帝对荔枝生产习性的无知。

　　D. 说明荔枝是亚热带果树,性喜温暖,成都、福州是它生长的北限。

12. 在文中举出的三个例子中,荔枝北移的三个地点分别是(　　)。

　　A. 长安、福建、江乡　　　　　　B. 长安、宣和殿、江乡

　　C. 长安、开封、常熟　　　　　　D. 长安、阙下、常熟

13. 第一段文字主要说明的是(　　)。

　　A. 荔枝是亚热带果树,性喜温暖

　　B. 荔枝是亚热带果树,成都、福州是它生长的北限

　　C. 荔枝北移的历史

D. 现代科技条件下,荔枝北移是有一定可能的事

14. 填入文中画线处最恰当的一项是(　　)。
   A. 完全不是不可能的事　　　　B. 也许不是完全不可能的事
   C. 完全是可能的事　　　　　　D. 也许完全不是不可能的事

15. 文中第二段的中心句应是(　　)。
   A. 我国幅员广阔,不同地区有不同的特产。
   B. 因地制宜,努力发展本地区的特产,是切合实际的做法。
   C. 产荔枝的地区,应该大力发展荔枝的生产。
   D. 社会主义现代化的荔枝生产,应该能够逐步满足广大人民的生活需要。

阅读下面的文字,完成 16—18 题。

> 我必须是你近旁的一株木棉,
> 作为树的形象和你站在一起。
> 根,紧握在地下;
> 叶,相触在云里。
> 每一阵风过我们都相互致意,
> 但没有人听懂我们的言语。
> 你有你的铜枝铁干
> 像刀、像剑,也像戟;
> 我有我红硕的花朵
> 像沉重的叹息,
> 又像英勇的火炬。
> 我们分担寒潮、风雷、霹雳;
> 我们共享雾霭、流岚、虹霓。
> 仿佛永远分离,
> 却又终身相依。
> 这才是伟大的爱情,
> 坚贞就在这里:
> 爱——
> 不仅爱你伟岸的身躯,
> 也爱你坚持的位置,足下的土地。

16. "根,紧握在地下;叶,相触在云里。"运用的修辞方法判断正确的是(　　)。
   A. 对偶、拟人　　B. 比喻、拟人　　C. 对偶、比喻　　D. 比喻、夸张

17. 最能代表诗人爱情观的诗句是(　　)。
   A. 仿佛永远分离,却又终身相依。
   B. 我们分担寒潮、风雷、霹雳;我们共享雾霭、流岚、虹霓。

C. 我必须是你近旁的一株木棉,作为树的形象和你站在一起。

D. 根,紧握在地下;叶,相触在云里。

18. 诗人爱情观的核心是（　　）。

A. 独立　　　　B. 忠贞　　　　C. 平等　　　　D. 奉献

第Ⅱ卷（非选择题 共 50 分）

二、填空和表达题。（本大题 3 个小题,共 8 分）

19. 补写下列名句的上句或下句。（任选三句 3 分）

(1) 人生自古谁无死,_____。

(2) _____,近墨者黑。

(3) 谁言寸草心,_____。

(4) _____,更上一层楼。

(5) 乱石穿空,惊涛拍岸,_____。

20. 在下面的横线上续写句子,使句式、修辞方法相同,语意连贯。（2 分）

青春是一首歌,她扣动我们的心弦;青春_____,_____;青春_____,_____。

21. 你一定看了很多电视剧和电影,把你最喜欢的一部影视剧有条理地介绍给你的同学,与他们一起分享。先想一想你要介绍的内容、先后顺序,并列出一个口头介绍提纲。介绍时可以参考以下提纲。（3 分）

主要人物与演员：_____

主要情节：_____

最打动你的地方：_____

三、阅读下面文字,完成后题。（本大题 5 个小题,共 12 分）

当我说出"我很重要"这句话的时候,颈项后面掠过一阵战栗。我知道这是把自己的额头裸露在弓箭之下了,心灵极容易被别人的批判洞伤。

许多年来,没有人敢在光天化日下表示自己"很重要"。我们从小受到的教育都是——"我不重要"。

作为一名普通士兵,与辉煌的胜利相比,我不重要。

作为一个单薄的个体,与浑厚的集体相比,我不重要。

作为一位奉献型的女性,与整个家庭相比,我不重要。

作为随处可见的人的一分子,与宝贵的物质相比,我们不重要。

……

对于我们的父母,我们永远是不可重复的孤本。无论他们有多少儿女,我们都是独特的一个。

假如我不存在了,他们就空留一份慈爱,在风中蛛丝般无法附丽地飘荡。

假如我生了病,他们的心就会皱缩成石块,无数次向上苍祈祷我的康复,甚至愿灾痛以十倍的烈度降临于他们自身,以换取我的平安。

我的每一滴成功,都如同经过放大镜,进入他们的瞳孔,摄入他们的心底。

假如我们先他们而去,他们的白发会从日出垂到日暮,他们的泪水会使太平洋为之涨潮。

面对这无法承载的亲情,我们还敢说我不重要吗?

……

俯对我们的孩童,我们是至高至尊的唯一。我们是他们最初的宇宙,我们是深不可测的海洋。假如我们隐去,孩子就永失淳厚无双的血缘之爱,天倾西北,地陷东南,万劫不复。盘子破裂可以粘起,童年碎了,永不复原。伤口流血了,没有母亲的手为他包扎。面临抉择,没有父亲的智慧为他谋略……

面对后代,我们有胆量说我不重要吗?

……

相交多年的密友,就如同沙漠中的古陶,摔碎一件就少一件,再也找不到一模一样的成品。面对这般友情,我们还好意思说我不重要吗?

我很重要。

我对于我的工作我的事业,是不可或缺的主宰。我的独出心裁的创意,像鸽群一般在天空翱翔,只有我才捉得住它们的羽毛。我的设想像珍珠一般散落在海滩上,等待着我把它用金线串起。我的意志向前延伸,直到地平线消失的远方……

没有人能替代我,就像我不能替代别人。

我很重要。

我对自己小声说。我还不习惯嘹亮地宣布这一主张,我们在不重要中生活得太久了。

我很重要。

我重复了一遍。声音放大了一点。我听到自己的心脏在这种呼唤中猛烈地跳动。

我很重要。

我终于大声地对世界这样宣布。片刻之后,我听到山岳和江海传来回声。

是的,我很重要。我们每一个人都应该有勇气这样说。我们的地位可能很卑微,我们的身份可能很渺小,但这丝毫不意味着我们不重要。

<u>重要并不是伟大的同义词,它是心灵对生命的允诺。</u>

……

人们常常从成就事业的角度,断定我们是否重要。但我要说,只要我们在时刻努力着,为光明在奋斗着,我们就是无比重要地生活着。

让我们昂起头,对着我们这颗美丽的星球上无数的生灵,响亮地宣布——

我很重要。

22. "我知道这是把自己的额头裸露在弓箭之下了"中的"弓箭"指什么?(2分)
_____

23. 你对画线句子"重要并不是伟大的同义词,它是心灵对生命的允诺。"怎样理解?
_____。(2分)

24. 文中从四个方面列举了我很重要的理由,请分条加以概括。(4分)
(1) _____
(2) _____
(3) _____
(4) _____

25. 文中加点的句子运用了什么修辞,类似的句子还有很多,说说它们在文中的作用。(2分)
_____

26. 从"我对自己小声说"到最后"响亮地宣布",是一个由小声到大声的转变过程,这一过程变化的原因是什么?(2分)
_____

四、作文。(30分)

27. 阅读下面的文字,根据要求作文。

有人说:"有两种东西,一旦失去才知道可贵:一是青春,一是健康。"其实,失去后才知道可贵的又何止于此。

请以"失去后才知道可贵"为话题写一篇不少于600字的文章,文体不限。

高职语文期末考试试卷

(上册 1—6 单元)

本试卷分第Ⅰ卷(选择题)和第Ⅱ卷(非选择题)两部分。满分 100 分,考试时间 90 分钟。

第Ⅰ卷(选择题,共 50 分)

一、选择题。(1—14 题,每题 3 分;15—18 题,每题 2 分)

1. 下列加点的字注音完全正确的一项是(   )。
   A. 瀛洲(yíng)   进谏(jiàn)   渌水(lù)
   B. 衣冠(guān)   天姥(lǎo)   剡溪(shàn)
   C. 蒙蔽(bì)   间进(jiàn)   期年(qī)
   D. 邹忌(jì)   窥视(kuī)   昳丽(yì)

2. 下列加点词释义有误的一组是(   )。
   A. 邹忌讽齐王(婉言进谏)   形貌昳丽(光艳美丽)
   B. 朝服衣冠(穿戴)   孰视之(通熟,熟悉)
   C. 栗深林兮惊层巅(栗:使……战栗,惊:使……震惊)
   D. 列缺霹雳(列缺:指闪电。列,同"裂")

3. 依次填入下列句子横线处的词语,最恰当的一组是(   )。
   ① 他骑着三轮车,靠下乡挨户_____啤酒瓶挣几个钱来养家糊口。
   ② 父亲是一位严父,他那些_____的要求或许在别人看来,似乎有些不近人情。
   ③ 现在科技人员正在研制一种_____这种传染病的疫苗,人类彻底战胜非典型肺炎可能是为期不远的事了。
   A. 搜集 严格 预防   B. 收集 严厉 防御
   C. 搜集 严厉 防御   D. 收集 严格 预防

4. 下列句子中,加点成语使用不恰当的一组是(   )。
   A. 财会专业的王华战战兢兢地走着,唯恐摔倒。
   B. 与人讨论要有中心,最忌海阔天空、漫无边际地讨论作风。
   C. 清晨的校园,空气格外清新,晓华悠然自得地在花园里散步。
   D. 这盆花非常漂亮,放在她房里可以说门当户对了。

5. 下列句子,与"他是一个没有学问的人"意思基本相同的一项是(   )。
   A. 他是不是一个没有学问的人呢?   B. 他不是一个没有学问的人啊!

C. 难道他是一个有学问的人吗？　　　D. 他是一个有学问的人，不是吗？

6. 下列句子中，没有语病的一项是（　　）。

　　A. 他那崇高的品质经常浮现在我的脑海中。

　　B. 王经理同意挪用备用资金要给予必要的纪律处分。

　　C. 经过这次报告会，对大家的启发很大。

　　D. 他喝酒毫无节制，还时常提起他要画的那幅杰作。

7. 在下面的情景中，表达最为得体的一句话是（　　）。

市中学生运动会在体育馆举行，张俊负责布置场地。在本校场地前，他发现了许多装满物品的纸箱子，经询问得知箱子是兄弟学校的。时间很紧张，张俊决定尽快与兄弟学校的师生协商一下，请他们把箱子搬走。

　　A. 没时间了，你们赶快把箱子搬走，耽误了我的工作，老师又得批评我了。

　　B. 要不这样吧，我帮你们搬箱子，你帮我布置场地，总可以了吧？

　　C. 非常抱歉，我们正在布置场地，人多杂乱，为了避免把你们的物品弄坏，请尽快把纸箱搬走，好吗？

　　D. 对不起，先生，为了市运动会能够顺利召开，为了我们两个学校的友谊，请您把箱子搬走，好吗？

8. 下列表述不符合倡议书、建议书和申请书基本格式的一项是（　　）。

　　A. 倡议书、建议书和申请书都由标题、称呼、正文、结语、署名和日期组成。

　　B. 标题可直书文种，或在文种前加上相应的内容。

　　C. 称呼顶格写，为倡议、建议、申请的对象。

　　D. 结语一般写上鼓动性和号召性的句子。

9. 关于与古体诗的说法，有误的一项是（　　）。

　　A. 一般将唐以前创作的诗称为古诗，也叫古体诗、古风。唐以后的诗叫律诗、格律诗，或叫近体诗。

　　B. 古体诗又称古诗、古风，是相对于唐代成熟的律诗而言的。多数通篇是五言句或七言句，也有以五言、七言为主而杂有长短句的。

　　C. 古诗没有严格的平仄，体现自由的抑扬韵律，用韵比较自由，可以一韵到底，也可以换韵。篇幅一般较长，容量较大。

　　D. 李白是唐代最杰出的浪漫主义诗人，他各体兼善，但尤精七古七绝，杜甫称赞他的诗为"笔落惊风雨，诗成泣鬼神"。

10. 下列文学常识表述错误的是（　　）。

　　A.《论语》虽然是记言的语录体散文，但写的极富特色，书中许多用语简洁明快，幽默含蓄，形象生动，哲理性强。

　　B. 孟子，战国时期邹国（今山东邹城）人，中国古代著名思想家、教育家，战国时期儒家代表人物。

C.《战国策》是一部国别体史书。是战国时期各国历官和策士的言论辑录和谋略,这是一部研究战国历史的重要典籍。

D.《诗经》是我国最早的一部诗歌总集,风、雅、颂是《诗经》常用的表现手法。

11. 对下面这首诗的赏析不正确的一项是(　　)。

山中留客

山光物态弄春晖,莫为轻阴便拟归。

纵使晴明无雨色,入云深处亦沾衣。

A. 第一句中,"弄"字传神入化,赋予万物以生动的情态、和谐的意趣。

B. 第一句从正面描写山中景致,细致描绘山川、草木沐浴在春光中的形态。

C. 诗人揣度客人的心理,以退为进,第三、四句转写天晴无雨之时的情景。

D. 第四句中,"入云深处"四字,含蓄、简洁,激起人们无穷的想象,用令人神往的意境,引起客人游山之兴。

阅读下面的文段,完成12—14题。

十八岁使我想起初长彩羽、引吭试啼的小公鸡,使我想起翅膀甫健、开始翱翔于天空的幼鹰,整个世界填满不了十八岁男孩子的雄心和梦。

十八岁使我想起我当年跟学校大队同学远足深山。春夏初交,群峰碧绿,我漫步于参天古木之中,发现一大丛新长的桉树,枝桠上翘,新芽竞长,欣欣向荣。我指着其中挺秀的一株对同学说,这就是我,十八岁的我。好自负的年龄啊!

孩子,现在你是十八岁了,告诉我你把自己比作什么? 做些什么年轻的梦? 我不想向你说教,只是希望你不要想得太复杂,太现实。青春是可爱的,希望你保持纯真,永远有一颗赤子之心,人生就会满足、快乐。

东东,人到了中年便时有闲愁,怪不得词人会感叹年华一瞬,容销金镜,壮志消残,我也不免有些感触。想起一手托着你的身体,一手为你洗澡的去日;想起你吵闹不睡,我抱着你在走廊上行走半夜的情景;想起陪你考幼稚园、考初中、考高中的一段段往事;还有那无数琐碎而有趣的回忆……孩子,一切都历历在目,我真不相信十八年已溜走了。不过,看到你英姿俊发,我年轻时的梦,正由你在延展,亦深觉人生之乐,莫过于目睹下一代的成长、茁壮。你读过《金缕曲》吧,劝君惜取少年时,孩子,多珍重!

12. 下列对作者开头提起十八岁便使他想起"小公鸡"、"幼鹰"的理解,不正确的一项是(　　)。

A. 从生理角度看,小公鸡、幼鹰刚好才具备了试啼翱翔的能力,这与十八岁的青年是相似的。

B. 从心理角度看,小公鸡、幼鹰都有一展身手的雄心,这与十八岁的青年具有相似点。

C. 这样写,是因为孩子非常喜欢小公鸡、幼鹰,因而能引出他的雄心和梦想。

D. 这样写化抽象为形象,显得很生动。

13. 下列对最后一段加点的"感触"的理解,不正确的一项是(　　)。
　　A. 年华易逝,自己不知不觉已人到中年。
　　B. 抚养下一代非常艰辛。
　　C. 自己年轻时的梦,正由子女延展,深觉人生之乐。
　　D. 孩子思想复杂,不能面对现实。

14. 下列对文段的分析,不正确的一项是(　　)。
　　A. 作者是以父亲和挚友的双重身份来祝贺孩子的十八岁生日的。
　　B. 作者对孩子不经意间已经长大,既欣慰又迷惘。
　　C. 作者把自己对孩子的关爱一一叙述,希望长大了的孩子能够体会父母的辛苦。
　　D. 通过与孩子的谈话,作者把对孩子的爱和尊重自然而然地流露出来。

阅读《鱼我所欲也》,回答 15—18 题。

鱼,我所欲也,熊掌,亦我所欲也,二者不可得兼,舍鱼而取熊掌者也。生,亦我所欲也,义,亦我所欲也,二者不可得兼,舍生而取义者也。生亦我所欲,所欲有甚于生者,故不为苟得也。死亦我所恶,所恶有甚于死者,故患有所不避也。如使人之所欲莫甚于生,则凡可以得生者何不用也?使人之所恶莫甚于死者,则凡可以避患者何不为也?由是则生而有不用也;由是则可以避患而有不为也。是故所欲有甚于生者,所恶有甚于死者。非独贤者有是心也,人皆有之,贤者能勿丧耳。

一箪食,一豆羹,得之则生,弗得则死。呼尔而与之,行道之人弗受;蹴尔而与之,乞人不屑也。

万钟则不辨礼义而受之,万钟于我何加焉!为宫室之美,妻妾之奉,所识穷乏者得我欤?向为身死而不受,今为宫室之美为之;向为身死而不受,今为妻妾之奉为之;向为身死而不受,今为所识贫乏者得我而为之:是亦不可以已乎?此之谓失其本心。

15. 对加点的词解释不准确的一项是(　　)。
　　A. 故患有所不避(躲避)也　　　　B. 所欲有甚(超过)于生者
　　C. 乞人不屑(因轻视而不肯接受)也　　D. 此之谓失其本心(自己的修养)

16. 加点词用法相同的一项是(　　)。
　　A. 得之则生　　　　　　　颓然就醉,不知日之入
　　B. 舍身而取义　　　　　　千里马常有而伯乐不常有
　　C. 凡可以辟患者何不为也　今为宫室之美为之?
　　D. 二者不可得兼　　　　　宋,所谓无雉兔鲋鱼者也

17. 翻译有误的一项是(　　)。
　　A. 呼尔而与之——没有礼貌地吆喝着给你吃
　　B. 为所识穷乏者得我欤——为了所认识的贫穷的人感激我吗

C. 向为身死而不受——从前(为了"礼义")宁愿死也不接受(施舍)

D. 贤者能勿丧耳——(只不过)贤者能不丢掉它罢了

18. 对本文理解有误的一项是(　　)。

　　A. 作者在文中表达的主要观点是"二者不可得兼"。

　　B. 首段用"舍鱼而取熊掌"的常情来比喻"舍生而取义"的道理。

　　C. 第三段主要用对比的方法说明不应为物欲所获而丧失本心。

　　D. 文中运用了不少两两相对的句子,形式优美,情感强烈,说理透辟。

第Ⅱ卷(非选择题 共50分)

二、填空和表达题。(19－21小题,共8分)

19. 翻译文言文阅读材料中画线的句子。(2分)

鱼,我所欲也,熊掌,亦我所欲也

_____

20. 补写下列名句的上句或下句。(任选三句3分)

(1) 我们分担寒潮、风雷、霹雳;_____。

(2) 蒹葭苍苍,_____。所谓伊人,_____。

(3) 身既死兮神以灵,_____。

(4) _____,使我不得开心颜?

21. 改错题。找出下面这份应聘信在格式方面存在的问题。(至少找出3处,3分)

尊敬的张校长:

　　您好!

　　在报纸上看到贵校的招聘启事,我对教师一职很感兴趣。我现年××岁,生于××市,今年7月从中国暨南大学华文学院华文教育系毕业。高中时期我是班里的班长。大学期间曾担任过学生会学习部部长一职,业余时间,我还参加学校各项活动。此外,我曾开办过补习班。我善于思考,有团队合作的精神。如能被贵校录用,相信能用自己所学到的知识做出贡献。

　　祝

身体健康!工作顺利!

××××年××月××日
杨××

(1) _____

(2) _____

(3) _____

三、阅读下面的文字,完成22—27题。(每小题2分共12分)

春天,我在这片土地上,用我细瘦的胳膊,紧扶着我锈钝的犁。深埋在泥土里的树根、石块,磕绊着我的犁头,消耗着我成倍的体力。我汗流浃背,四肢颤抖,恨不得立刻躺倒在那片刚刚开垦的泥土之上。可我懂得我没有权利逃避,在给予我生命的同时给予我的责任。我无须问为什么,也无须想到有没有结果。我不应白白地耗费时间,去无尽地感慨生命的艰辛,也不应该自艾自怜命运怎么这样不济,偏偏给了我这样一块不毛之地。我要做的是咬紧牙关,闷着脑袋,拼却全身的力气,压到我的犁头上去。我绝不企望找谁来代替,因为在这世界上,每人都有一块必得由他自己来耕种的土地。

我怀着希望播种,那希望绝不比任何一个智者的希望更为谦卑。

每天,我望着掩盖着我的种子的那片土地,想象着它将发芽、生长、开花、结果。如一个孕育着生命的母亲,期待着自己将要出生的婴儿。我知道,人要是能期待,就能够奋力以赴。

夏日,我曾因干旱,站在地头上,焦灼地盼过南来的风,吹来载着雨滴的云朵。那是怎样地望眼欲穿、望眼欲穿呐!盼着、盼着,有风吹过来了,但那阵风强了一点,把那片载着雨滴的云朵吹了过去,吹到另一片土地上。我恨过,恨我不能一下子跳到天上,死死地揪住那片云,求它给我一滴雨。那是什么样的痴心妄想!我终于明白,这妄想如同想要拔着自己的头发离开大地。于是,我不再妄想,我只能在我赖以生存的这块土地上,寻找泉水。

没有充分的准备,便急促地上路了。历过的艰辛自不必说它。要说的是找到了水源,才发现没有盛它的容器。仅仅是因为过于简单和过于发热的头脑,发生过多少次完全可以避免的惨痛的过失——真的,那并非不能,让人真正痛心的是在这里:并非不能。我顿足,我懊恼,我哭泣,恨不得把自己撕成碎片。有什么用呢?再重新开始吧,这样浅显的经验却需要比别人付出加倍的代价来换取。不应该怨天尤人,会有一个时辰,留给我检点自己!

我眼睁睁地看过,在无情的冰雹下,我那刚刚灌浆、远远没有长成的谷穗,在细弱的稻秆上摇摇摆摆地挣扎,却无力挣脱生养它、却又牢牢地锁住它的大地,永远没有尝受过成熟是怎么一种滋味,便夭折了。

我曾张开我的双臂,愿将我全身的皮肉,碾成一张大幕,为我的青苗遮挡狂风、暴雨、冰雹……善良过分,就会变成糊涂和愚昧。厄运只能将弱者淘汰,即使为它挡过这次灾难,它也会在另一次灾难里沉没。而强者却会留下,继续走完自己的路。

22. 用四字短语概括"春季"在文中的含义,正确的一项是(　　)。(2分)
　　A. 童年时光　　B. 开拓人生　　C. 播种人生　　D. 艰苦岁月

23. 选文运用了什么表现手法?文中"干旱"和"狂风、暴风、冰雹"的含义是什么?(2分)

24. 春天犁耕受阻,"我"为什么没有逃避?(2分)

25. 第五段"于是,我不再妄想,我只能在我赖以生存的这块土地上,寻找泉水。"这句话的含义是什么?(2分)

26. 解释词语(2分)
怨天尤人:
不毛之地:

27. 这段文字中,伴随着人生的经历,作者的情感经历是:(2分)
春天:_____、_____　夏天:_____、_____

四、作文。(30分)

28. 冯巩曾开玩笑说:"在相声界,我小品演得最好;在小品界,我相声说得最棒……"这句话听来怪怪的,以己之长来比他人之短,算何英雄?但是,我们也不必非要用己之短来比他人之长啊!每个人都有自己的舞台,身材好长得漂亮的有T台,文化高的有奖台,懂艺术的有展台,搞体育的有领奖台……我,亦有我的舞台。

请以"舞台"为话题,写一篇不少于700字的文章。题目自拟,文体不限(诗歌除外)。

高职语文期中考试试题

(上册 7—9 单元)

本试卷分卷一(选择题)和卷二(非选择题)两部分。满分 100 分,考试时间 90 分钟。考试结束后,将本试卷和答题卡一并交回。

卷一(选择题 共 50 分)

一、选择题。(1—14 题,每题 3 分;15—18 题,每题 2 分)

1. 下列词语中,加点字的读音完全正确的一组是(　　)。
   A. 粗略(lüè)　铁砧(zhēn)　着力(zhuó)　弥足珍贵(mí)
   B. 庇护(pì)　花坞(wù)　蒙昧(méng)　有的放矢(dì)
   C. 祈(qí)求　颀长(qí)　缜密(shěn)　广袤无垠(mào)
   D. 碣石(jié)　扁舟(piān)　芳甸(diàn)　含情脉脉(mài)

2. 下列各句中,没有错别字的一句是(　　)。
   A. 梦虽荒唐,然而那仰慕雄关、热爱国土的心却是真挚的,深沉的。
   B. 材料只是生糙的钢铁,选择与安排才显出艺术的锤练刻画。
   C. 教育界一些知名人士大声急呼:让好歌曲尽快走向我们的少年儿童。
   D. 我们要做一个热爱生活的人,不能对周围的事物莫不关心。

3. 依次填入下面横线处的词语,最恰当的一项是(　　)。
   ① 景泰蓝要涂上色料,铜丝粘在上面,涂色料就有了_____。
   ② 为了查找方便,就需要_____图书目录。
   ③ 没有痕迹的保持,人们就不会有知识、技能和经验的_____。
   ④ 阁在古代往往是对收藏_____文献的建筑的称呼。
   A. 分界　编写　积累　贵重
   B. 界限　编制　积累　贵重
   C. 分界　编写　积淀　宝贵
   D. 界限　编制　积淀　宝贵

4. 下列句子中标点符号的使用,正确的一项是(　　)。
   A. 这件事是不是他干的,我们调查清楚后再下结论。
   B. 畅销海外的名贵药材:天麻、红花、雪莲等,已被抢购一空。
   C. 厂里接到通知,让小张、或者小王去北京开会。
   D. 为提高自身素质,他报名参加了《中国文化与世界文化暑期讲习班》。

5. 下列句子中成语的运用,最恰当的一项是(　　)。
   A. 我们对新生进行了一次摸底测试,结果成绩相差悬殊,良莠不齐。

B. 她天生一副好嗓子,唱起歌来娓娓动听,无人不夸。

C. 明天就要考试了,哪里还有闲情逸致去逛公园。

D. 这个孩子又勤奋又机灵,很会看风使舵,将来一定会大有前途。

6. 下列各句中,语意明确,没有语病的一句是(　　)。

　　A. 尽管严寒酷暑,我们都坚持早起跑步。

　　B. 2007年我国大学招收的新生,将是历年来高考招生最多的一年。

　　C. 我看见老师很高兴,急忙上前打招呼。

　　D. 在老师的帮助下,他很快取得了进步。

7. 从修辞角度看,填入下面横线处的句子,表达效果最好的一项是(　　)。

阿拉伯的诗人说,牡蛎在海滩上赏月,_____刚巧落在它心上,变成了一颗晶莹的珍珠。

　　A. 天上的一朵乌云　　　　　　B. 划过天际的流星雨

　　C. 洒落的一缕月光　　　　　　D. 天使的一滴眼泪

8. 下列各句中,用语最得体的一项是(　　)。

　　A. 我在这个问题上请教了很多人,都得不到解决,于是不耻下问,向叶圣陶先生请教。

　　B. 在座的不是董事长,就是总经理,现在请大家出钱出物,为国家尽匹夫之责。

　　C. 贵校师生十分热情地请我们作报告,校长亲自在校门口恭候光临,我很感动。

　　D. 王老,喜逢您70岁生日,祝您寿比南山。

9. 下列有关文学文化常识的表述,不正确的一项是(　　)。

　　A. 碧野,原名黄潮洋,现代著名作家,他的代表作有长篇小说《阳光灿烂照天山》和散文集《月亮湖》等。

　　B. 张若虚,唐朝诗人,与贺知章、张旭、包融号称"吴中四士"。

　　C. 法布尔是法国著名昆虫学家,他的《昆虫记》以大量富有文学色彩的科学报告材料组成的巨著。

　　D. 吴晗,原名春晗,浙江义乌人,我国近代著名明史专家、著名历史学家。

10. 对下面这首词的理解,不恰当的一项是(　　)

青玉案　元夕①

辛弃疾

东风夜放花千树,更吹落,星如雨。宝马雕车香满路,凤箫声动,玉壶光转,一夜鱼龙舞。蛾儿雪柳黄金缕,笑语盈盈暗香去。众里寻他千百度,蓦然回首,那人却在,灯火阑珊处。

【注释】①元夕:农历正月十五晚上。

　　A. "花千树"、"星如雨"形象地写出元宵佳节花灯满树、烟火满天的景象。

B. "宝马雕车香满路"句描绘出有钱人家骄奢糜烂、寻欢作乐的奢侈生活。

C. "凤箫声动"三句表现出通宵欢娱、彻夜歌舞的热闹景象。

D. 上阕"一夜"二字和下阕"灯火阑珊"前后呼应,说明已苦心寻"那人"很久了。

阅读下面的文字,完成 11—14 题。

①在天山的高处,常常可以看到巨大的天然湖。②湖面明净如镜,水清见底。③高空的白云和四周的雪峰清晰地倒_____水中,把湖光山色天影_____为晶莹的一体。④在这幽静的湖上,唯一活动的东西就是天鹅。⑤天鹅的洁白增添了湖水的明净,天鹅的叫声增添了湖面的幽静。⑥人家说山色多变,而我看事实上湖色也是多变的。⑦如果你站立高处_____望湖面,眼前是一片赏心悦目的茫茫碧水,如果你再留意一看,接近你的视线的是那闪闪的鳞光,像千万条银鱼在游动,而远处平_____如镜。⑧湖色越远越深,由远到近,是银白,淡蓝,深青,墨绿,非常分明。⑨传说中有这么一个湖,湖水是古代的一个不幸的哈萨克少女滴下的眼泪,湖色的多变正是象征着那个古代少女的万种哀愁。

11. 选段横线处依次应填的恰当的词语是( )。

A. 影 结 遥 滑   B. 挂 连 远 整   C. 映 融 瞭 展   D. 悬 溶 翘 面

12. 这段文字所描写的中心景物是( )。

A. 高空的白云   B. 四周的雪峰

C. 是传说中的少女   D. 巨大的天然湖

13. 对文中写白云、雪峰、天鹅的意图分析正确的一项是( )。

A. 描绘天山高处的壮美景色

B. 化静为动,为天山高处的景色注入活力

C. 衬托天然湖的明净、幽静

D. 为天然湖提供鲜明的背景

14. 对文中加写有关哈萨克少女的传说的意图分析正确的一组是( )。

A. 克服写景文章常出现的见物不见人的缺点,做到景中有人。

B. 衬托哈萨克人民今天所过的幸福生活。

C. 说明天山高处的天然湖是一个苦难的湖,不幸的湖。

D. 以传说增加文章的情趣,吸引读者。

阅读下面文字,完成 15—18 题。

从十五岁那年起,我就上不起学了。

我上学是由本家供给的。那时祖母已殁,只剩下母亲和我。本家们有的给我们些钱,贴补吃喝;有的给我们间房住;有的灵活些,告诉我们什么时候缺吃的了,到他家去,添两双筷子总还可以;而有一家就是专门供我一年两次的学费。十五岁以前,

我受到的就是这么一种"集体培养"。但是,就在那年的冬天,这位本家来到母亲和我的屋里。

"干什么呢?"他问。

"温书,准备寒假考试。"我答。

"别考了。现在大伙都不富裕,你也不小了,出去找点事做吧。"

我沉默了,母亲也无言。吃人嘴短,还能说什么呢?于是我合上了笔记本和书,从此结束了我的学生生涯。

"找点事做",那时很难。先要买些"履历片"回来填写,写好后再托本家、亲戚四面八方找门路,呈送上去。回音,大都是没有的,但是要等待。母子两个茫茫然地等着,等着一个谁也不愿多想的茫茫然的未来。

<u>茫然中还是有事可做的。</u>子承母业,去当当。比每天上学稍晚的时间,便夹个包去当铺,当了钱出来径直奔粮店买粮。家底单薄,当得的钱,只够一天的"嚼裹儿",计:棒子面一斤,青菜若干,剩下的买些油盐。当得无可再当了,便去押"小押"。那比当铺更低一等,因此也是更加苛酷的买卖。他们为"方便"穷人计,可以不收实物,拿了当铺的"当票"就能押。押得无可再押了,仍旧有办法,就是找"打小鼓的"把"押票"再卖掉。卖,就更"方便"了。每天胡同里清脆的小鼓声不绝如缕,叫来就可以交易。一当二押三卖,手续虽不繁难,我和母亲的一间小屋里可就渐渐地显露出空旷来,与老郝叔的家日益接近。

15. 画线句子在文中的作用表述正确的一项是(　　)。

  A. 内容转折   B. 概括上文   C. 承上启下   D. 引起下文

16. 下列不是文中记叙内容的一项是(　　)。

  A. 本家无力补贴,被迫中途辍学。

  B. 寻求职业无果,只得茫然等待。

  C. 无奈于承母业,一当二押三卖。

  D. 侥幸进入大学旁听,过上雅人生活。

17. 文段主要运用的表达方式是(　　)。

  A. 叙述   B. 议论   C. 抒情   D. 描写

18. 对"我沉默了,母亲也无言"这句话理解正确的一项是(　　)。

  A. 我和母亲都很内向,不爱说话。

  B. 我和母亲都很生气,不愿说话。

  C. 本家不能提供学费了,而自家又无钱上学,加上"吃人嘴短"的心理,无话可说。

  D. 这两段文字运用了赋声以形、赋声以色的方法表现听觉感受。

卷Ⅱ（非选择题 共50分）

二、填空与表达。（三个小题，共8分）

19. 写出下列横线处空缺的名句。（任选三句）(3分)

(1) 十年树木，_____。

(2) _____，千金散尽还复来。

(3) 春江潮水连海平，_____。

(4) 可怜楼上月徘徊，_____。

(5) _____，勿以善小而不为。

20. 仿照下面句子的意义和格式，在横线上补写出句式相同的两句话。(2分)

如果你是一棵大树，就洒下一片绿荫；_____，_____；_____，_____。这样就实现了自己的价值。

21. 某班同学在阅读《西游记》时，对唐僧这个人物有两种不同的看法。为此，语文老师组织了一场辩论。假如你是反方，针对正方辩词该怎样反驳？不超过100字。(3分)

正方：我方认为，唐僧是一个可亲可敬的人。他以慈悲为怀，即使误放妖魔，也不愿伤及无辜；他勇敢无畏，能力超强，不管遇到什么磨难，总是能战胜它。最终取得真经要归功于他。

反方：_____

三、阅读下面的文字，完成22—26题。(12分)

啊，如果我有三天视力的话，我该看些什么东西呢？

第一天，我要看到那些好心的、温和的、友好的、使我的生活变得有价值的人们。首先，我想长时间地凝视着我亲爱的教师安妮·莎莉文·麦西夫人的脸，当我还是孩提时代，她就来到我家，是她给我打开了外部世界。我不仅要看她脸部的轮廓，为了将她牢牢地放进我的记忆，还要仔细研究那张脸，并从中找出同情的温柔和耐心的生动的形迹，她就是靠温柔与耐心来完成教育我的困难任务。我要从她的眼睛里看出那使她能坚定地面对困难的坚强毅力和她经常向我显示出的对于人类的同情心。

第一天将是一个紧张的日子。我要将我的所有亲爱的朋友们叫来，好好端详他们的面孔，将体现他们内在美的外貌深深地印在我的心上。我还要看一个婴儿的面孔，这样我就能看到一种有生气的、天真无邪的美，它是一种没有经历过生活斗争的美。

我还要看看我那群忠诚的、令人信赖的狗的眼睛——那沉着机警的小斯科第、达基和那高大健壮而懂事的大戴恩、海尔加，它们的热情、温柔和淘气的友谊使我感到温暖。

在那紧张的第一天里,我还要仔细观察我家里那些简朴小巧的东西。我要看看脚下的艳丽色彩,墙壁上的图画和那些把一所房屋改变成家的熟悉的小东西。我要用虔敬的目光凝视我所读过的那些凸字书,不过这眼光将更加急于看到那些供有视力的人读的印刷书。因为在我生活的漫长黑夜里,我读过的书以及别人读给我听的书,已经变成一座伟大光明的灯塔,向我揭示出人类生活和人类精神的最深源泉。

在能看见东西的第一天下午,我将在森林里作一次长时间漫步,让自己的眼睛陶醉在自然界的美色里,在这有限的几个小时内我要如醉如痴地欣赏那永远向有视力的人敞开的壮丽奇景。结束短暂的森林之旅,回来的路上可能经过一个农场,这样我便能看到耐心的马匹犁田的情景(或许我只能看到拖拉机了!)和那些以土地为生的人的宁静满足的生活。我还要为绚丽夺目而又辉煌壮观的落日祈祷。

当夜幕降临,我能看到人造光明,而体验到双重的喜悦。这是人类的天才在大自然规定为黑夜的时候,为扩大自己的视力而发明创造的。

在能看见东西的第一天夜里,我会无法入睡,脑海里尽翻腾着对白天的回忆。

22. 从第一段文字中,作者为什么要"凝视"她亲爱的教师安妮·莎莉文·麦西夫人的脸?这位教师是一个怎样的人?(4分)

23. 第二段"我"为什么既要端详朋友们的面孔,又想看婴儿的面孔?(2分)

24. 第六段写"我"将在森林里作一次长时间的漫步,反映了"我"怎样的情趣?但为什么后文又说"结束短暂的森林之旅"?(2分)

25. 读完节选文后,你认为海伦·凯勒具有怎样美丽的灵魂?(2分)

26. 认真阅读下面一段话,领会其中的特殊含义。(2分)
因为在我生活的漫长黑夜里,我读过的书以及别人读给我听的书,已经变成一座伟大光明的灯塔,向我揭示出人类生活和人类精神的最深源泉。

四、阅读下面的材料，根据要求写作文。(30 分)

27. 面对批评，有的人闻过则喜，对批评者充满感激；有的人我行我素，对批评者不予理睬；有的人百般辩解，对批评者心怀不满；也有的人会勃然大怒，甚至对批评者打击报复……

请以"面对批评"为话题写一篇文章。要求：①立意自定，题目自拟；②文体不限；③不少于 700 字；④文中不得出现本人的姓名、校名。

高职语文期末考试试题

(上册 7—12 单元)

本试卷分第Ⅰ卷(选择题)和第Ⅱ卷(非选择题)两部分。满分 100 分,考试时间 90 分钟。考试结束后,将本试卷和答题卡一并交回。

第Ⅰ卷(选择题 共 50 分)

一、选择题。(1—14 题,每题 3 分;15—18 题,每题 2 分)

1. 下列词语中加点的字,读音全都正确的一项是(　　)。
   A. 跬(kuǐ)步　　骐骥(jì)　　驽(nǔ)马　　金石可镂(lòu)
   B. 缄默(jiān)　　隐衷(zhōng)　　教唆(suō)　　大事渲染(xuàn)
   C. 动辄(zhé)　　漩涡(wō)　　铁砧(zhēn)　　善假(jià)于物
   D. 须臾(yú)　　嫌疑(xián)　　句读(dú)　　六艺经传(chuán)

2. 下列各组词语中,有错别字的一项是(　　)。
   A. 猖狂　褐色　臭名昭著　年青力壮
   B. 仓皇　喉咙　提心吊胆　残缺不全
   C. 轻蔑　口碑　价廉物美　自轻自贱
   D. 咒骂　喝彩　兴高采烈　咸与维新

3. 下列句子中,标点符号使用错误的一项是(　　)。
   A. 什么叫领导?领导就是服务。几年前,我曾说过,愿意给教育、科技部门的同志当后勤部长。
   B. 不管怎么说,这几年经济发展是快的。
   C. 没有理想,没有纪律,就会像旧中国那样一盘散沙,那我们的革命怎么能成功?我们的建设怎么能成功?
   D. 概括地说就是"尊重知识,尊重人才"八个字,事情成败的关键就是能不能发现人才,能不能使用人才?

4. 依次填入下面各句横线上的词语,恰当的一项是(　　)。
   ①《教育法》规定,任何组织和个人不得以_____为目的开办学校及其他教育机构。
   ②我最近在_____去年所写的杂文,拟将被删削的、被禁止的全部加进去,另行出版。
   ③中国足协_____王俊生发表声明,决定不再聘用英国人霍顿为中国男足主

教练。

④ 今天_____遇见一位多年未见的朋友,真是喜出望外。

A. 赢利　收集　受权　偶尔　　　B. 营利　收集　授权　偶然

C. 赢利　搜集　授权　偶然　　　D. 营利　搜集　受权　偶尔

5. 下列各句中加点的成语和熟语使用恰当的一项是(　　)。

 A. 当然,不管这些第三世界的国家如何发展导弹与核武器,其数量和质量都不可能与美国的核武器同日而语。

 B. 这次,他平时自学的电脑维修技术终于派上了用场,只见他二一添作五,一会儿工夫就把电脑故障排除了。

 C. 展览会上,该市的小商品销量大减,而高科技产品却备受欢迎,真可谓"失之东隅,收之桑榆"。

 D. 某公司非法占地,最终作茧自缚:所建37幢别墅式建筑被主管部门勒令全部拆除。

6. 下列新闻标题语义明确,没有语病的一句是(　　)。

 A. 安理会官员谴责伊外交官被害

 B. 欧冠巴萨完胜晋级　尤文战平阿森纳遭淘汰

 C. 我市首家食品加工企业欧罗巴成功上市

 D. 部分代表委员提议将公务员收受烟草馈赠视为受贿

7. 一位自尊心极强的同学做错了某件事,建议他去道歉,最得体的一项是(　　)。

 A. 这件事你错了,该赔礼道歉去。

 B. 这事咱们也有不对的地方,最好还是向人家说清楚。

 C. 这事难道你没有错吗,赶快去认错!

 D. 这事你确确实实做错了,还不去认错?

8. 下列四句对联所吟咏的对象依次正确的是(　　)。

 ① 艾人驱瘴千门福;碧水竞舟十里欢。

 ② 月静池塘桐叶影;风摇庭幕桂花香。

 ③ 万点春灯,银花有色;一轮皓月,玉宇无尘。

 ④ 相逢马上纷桃雨;喜见树前闹杏花。

 A. 端午　中秋　元宵　清明　　B. 端午　元宵　中秋　清明

 C. 元宵　中秋　清明　端午　　D. 清明　中秋　元宵　端午

9. 下列关于文学常识的表述,不正确的一项是(　　)。

 A.《狂人日记》是在《新青年》杂志上发表的,是鲁迅的第一篇白话小说,也是中国最早的现代白话小说,它标志着中国小说的发展已经进入一个全新的时代。

B. 荀子,战国时期赵国人,著名思想家,教育家,道家代表人物之一。

C. 王安石生前封荆国公,故世称之为"王荆公",又因卒谥"文",故又称为王文公。

D. 马克·吐温是美国批判现实主义文学的奠基人,世界著名的短篇小说大师,被誉为"美国文学中的林肯"。

10. 下列关于应用文知识的表述,不正确的一项是(　　)。

A. 总结,是人们对过去一段的工作、学习或思想状况进行回顾、检查与评价。

B. 计划,是人们为了达到一定的目的,对未来时期的活动所作的部署和安排,目标、步骤和措施是计划的"三要素"。

C. 通讯是由新闻演变而成的,它与消息在反映对象上内容基本相同,都要求真实、准确、及时地报道事实。

D. 新闻一般由标题、导语、主体、背景、结尾五个部分构成,必须要有结尾。

11. 对下列古诗理解不正确的一项是(　　)。

竹凉侵卧内,野月满庭隅。重露成涓滴,稀星乍有无。

暗飞萤自照,水宿鸟相呼。万事干戈里,空悲清夜徂!(《倦夜》杜甫)

A. "竹"、"野"二字,不仅暗示出诗人宅旁有竹林,门前是郊野,也分外渲染出一派秋色。

B. 三、四两句紧紧相乘,又有所变化,上句扣竹,下句扣月。

C. 诗的最后两句诗人只吐胸臆,为家事而忧心。

D. 这首诗的构思布局精巧玲珑。全诗起承转合,井然有序。前六句写景,由近及远,有粗转细,用空间的变换暗示时间的推移,画面变幻多姿,情节步步诱人。

阅读下面的文字,完成 12—14 题。

"造反?有趣……来了一阵白盔白甲的革命党,都拿着板刀,铁鞭,炸弹,洋炮,三尖两刃刀,钩镰枪,走过土谷祠,叫道,'阿 Q! 同去同去!'于是一同去。……

"这时未庄的一伙鸟男女才好笑哩,跪下叫道,'阿 Q,饶命!'谁听他! 第一个该死的是小 D 和赵太爷,还有秀才,还有假洋鬼子……留几条么? 王胡本来还可留,但也不要了。……

"东西……直走进去打开箱子来:元宝,洋钱,洋纱衫……秀才娘子的一张宁式床先搬到土谷祠,此外便摆了钱家的桌椅——或者也就用赵家的罢。自己是不动手的了,叫小 D 来搬,要搬得快,搬得不快打嘴巴。……

"赵司晨的妹子真丑。邹七嫂的女儿过几年再说。假洋鬼子的老婆会和没有辫子的男人睡觉,吓,不是什么好东西! 秀才的老婆是眼胞上有疤的。……吴妈长久不见了,不知道在哪里,——可惜脚太大。"

12. 这几段文字可以看出,阿 Q"革命"的目的是(　　)。

A. 图痛快,娶老婆,发横财,报私仇。

B. 寻求刺激,建立幸福家庭,盼望经济翻身,要求彻底推翻封建统治。

C. 娶妻,经济翻身,政治解放,生活环境不断改善。

D. 娶妻,发横财,要独立,政治上彻底翻身。

13. 这几段文字从小说的表现手法看,属于(　　)。

A. 肖像描写,写了白盔白甲的革命党人和未庄一群女人的肖像。

B. 行动描写,写革命党到未庄时,各类人物的种种丑态。

C. 对话描写,写阿Q在朦胧中与革命党人及未庄的一伙鸟男女们的对话。

D. 心理描写,写造反的消息传到未庄时阿Q的幻想,表明了他对革命的糊涂认识。

14. 从这几段文字可以看出,阿Q是(　　)。

A. 无产阶级中极端贫困的革命先锋

B. 有一定觉悟但又自私自利的农民

C. 受辛亥革命影响而积极参加革命的人

D. 想革命而又尚未真正觉悟的农民

阅读下面的文言文,完成15—18题。

古之学者必有师。师者,所以传道授业解惑也。人非生而知之者,孰能无惑?惑而不从师,其为惑也,终不解矣。

生乎吾前,其闻道也固先乎吾,吾从而师之;生乎吾后,其闻道也亦先乎吾,吾从而师之。吾师道也,夫庸知其年之先后生于吾乎?是故无贵无贱,无长无少,道之所存,师之所存也。

嗟乎!师道之不传也久矣!欲人之无惑也难矣!古之圣人,其出人也远矣,犹且从师而问焉;今之众人,其下圣人也亦远矣,而耻学于师。是故圣益圣,愚益愚。圣人之所以为圣,愚人之所以为愚,其皆出于此乎?爱其子,择师而教之;于其身也,则耻师焉,惑矣。彼童子之师,授之书而习其句读者,非吾所谓传其道解其惑者也。句读之不知,惑之不解,或师焉,或不焉,小学而大遗,吾未见其明也。巫医乐师百工之人,不耻相师。士大夫之族,曰师曰弟子云者,则群聚而笑之。问之,则曰:"彼与彼年相若也,道相似也,位卑则足羞,官盛则近谀。"呜呼!师道之不复,可知矣。巫医乐师百工之人,君子不齿,今其智乃反不能及,其可怪也欤!

15. 下列句子中,加点字的解释不正确的一项是(　　)。

A. 师道之不传也久矣(风尚)

B. 是故圣益圣,愚益愚(愚笨)

C. 于其身也,则耻师焉,惑矣(疑难问题)

D. 小学而大遗(丢弃)

16. 对下列各句中加点的字意思的判断,正确的一项是(　　)。

① 是故圣益圣,愚益愚
② 是故无贵无贱,无长无少,道之所存,师之所存也
③ 圣人之所以为圣
④ 师者,所以传道授业解惑也

  A. ①与②的"是故"相同,③与④的"所以"不同。
  B. ①与②的"是故"相同,③与④的"所以"相同。
  C. ①与②的"是故"不同,③与④的"所以"不同。
  D. ①与②的"是故"不同,③与④的"所以"相同。

17. 下列句子中,加点字与例句中"耻"字用法不同的一项是( )。

例句:其下圣人也亦远矣,而耻学于师

  A. 吾从而师之
  B. 是故圣益圣,愚益愚
  C. 孔子师郯子、苌弘、师襄、老聃
  D. 孔子登东山而小鲁

18. 下列对这段文字的理解,不正确的一项是( )。

  A. 作者以感叹语气,惋惜古人优良的从师风气没有能够流传下来。
  B. 作者以"古之圣人"和"今之众人"作对比,肯定了尊师重道的必要性。
  C. 作者批评有些人为子弟选择老师,自己却耻于从师的错误态度。
  D. 作者把师道不复的原因,归咎于当时的巫医乐师百工之人。

卷 Ⅱ (非选择题 共 50 分)

二、填空与表达。(3 个小题,共 8 分)

19. 用现代汉语翻译下面的句子。(2 分)

句读之不知,惑之不解,或师焉,或不焉,小学而大遗,吾未见其明也。

_____

20. 在下面的横线上填上相关的名句。(任选三句,3 分)

(1) _____,非利足也,而致千里。

(2) 三人行,_____。

(3) 君子生非异也,_____。

(4) _____,天高任鸟飞。

(5) 人生自古谁无死?_____。

21. 现代社会,上网已经成为生活中一个重要内容。许多人都有一个新颖独特的网名,例如,"追梦少年"、"快乐小猪"、"诗坛雏鹰"、"睡梦中的雄狮"、"醉里挑灯看剑"等。这些网名或寄托理想,或凸显个性,既生动形象,又好懂易记,让人过目难忘。

请你为自己另行设计一个具有个性特征和积极意义的中文网名(不少于四字),

并将你的命名缘由写在下面。(3分)

我的网名：_____

命名缘由：_____

_____

三、现代文阅读。(13分)

我无法摆脱这种困境，只得深怀耻辱，准备着手"答复"那一大堆毫无根据的指控和卑鄙下流的谎言。但是我始终没有完成这个任务，因为就在第二天，有一家报纸登出一个新的恐怖案件，再次对我进行恶意中伤，说因一家疯人院妨碍我家的人看风景，我就将这座疯人院烧掉，把院里的病人统统烧死了，这使我万分惊慌。接着又是一个控告，说我为了吞占我叔父的财产而将他毒死，并且要求立即挖开坟墓验尸。这使我几乎陷入了精神错乱的境地。在这些控告之上，还有人竟控告我在负责育婴堂事务时雇用老掉了牙的、昏庸的亲戚给育婴堂做饭。我拿不定主意了——真的拿不定主意了。最后，党派斗争的积怨对我的无耻迫害达到了自然而然的高潮：有人教唆9个刚刚在学走路的包括各种不同肤色、穿着各种各样的破烂衣服的小孩，冲到一次民众大会的讲台上来，紧紧抱住我的双腿，叫我做爸爸！

我放弃了竞选。我降下旗帜投降。我不够竞选纽约州州长运动所要求的条件，所以，我呈递上退出候选人的声明，并怀着痛苦的心情签上我的名字：

"你忠实的朋友，过去是正派人，现在却成了伪证犯、小偷、拐尸犯、酒疯子、贿赂犯和讹诈犯的马克·吐温。"

22. 上文叙述了四件诬陷"我"的事，请依次概括写出。(4分)

(1)_____

(2)_____

(3)_____

(4)_____

23. 用文中的语句填空。(3分)

我无法摆脱这种困境，只得深怀耻辱，准备着手"答复"那一大堆毫无根据的指控和卑鄙下流的谎言，可第二天就_____，然后是_____，接着是_____，最后，终于放弃竞选，提出了退出竞选的声明。

24. "我"甘拜下风，自动退出竞选的原因是(　　)。(2分)

　　A. 感到自己不如其他竞选者优秀　　B. 意识到自己并不具备竞选的条件
　　C. 认识到这种竞选已经毫无意义可言　　D. 觉得这样的竞选使自己精疲力竭

25. 本文用第一人称来写作，有什么作用？(2分)

_____

26. 谈谈你对课文最后落款的理解。(2分)

_____

四、作文。(40分)

27. 阅读下面的文字,根据要求写作文。

拳王阿里33岁那年与挑战者弗雷泽进行第3次较量。在进行到第14回合时,阿里已筋疲力尽,几乎再无丝毫力气迎战第15回合了。然而他拼命坚持着,因为他心里知道,对方肯定和自己一样,如果在精神上压倒对方,就有胜出的可能。于是他竭力保持坚毅的表情和永不低头的气势,双目如电,令弗雷泽不寒而栗,以为阿里还存有旺盛的体力。阿里的教练发现弗雷泽已有放弃的念头,便使眼色暗示阿里,阿里精神一振,更加顽强地坚持着,果然在关键时刻,对手认输了。卫冕成功的阿里还未走到擂台中央,便眼前一黑,双腿无力地跪倒在地上,弗雷泽见此情景,如遭雷击,并为此抱憾终生。

要求:全面理解材料,可以选择一个侧面,一个角度构思作文。立意自定,文体自选,题目自拟;不要脱离材料的含义作文,不要套作,不得抄袭,不少于700字。

参考答案

第一单元 绚丽青春

第1课 十八岁和其他

一、查字典、词典解决。

二、查字典、词典解决。

三、1. 沉湎 眷恋 2. 遨游 3. 废寝忘食

四、1. "欣慰"是因为孩子已经长大成人，作为一个父亲有了一个可以谈话的朋友，甚至这个朋友可能成为自己的挚友、知己。"似水流年的迷惘"是因为时光流逝，留给自己的也许只有"无法再把握孩子童年的惆怅"。

2. 这句话是"我"的深刻反思，把对孩子深深的爱融进了对孩子的尊重和理解中，是一个父亲爱与理解的集中体现。"不经心"是反思自己可能因为下意识的、习惯性的行为，不经意间伤害了孩子。"任性"是反思成人的固执与自以为是。字里行间所流露的内疚和自责，体现了一个父亲对儿子的挚爱与尊重。

3. 这句话集中体现了一个父亲对儿子的爱与理解。他唯恐因失误伤害儿子，在忐忑与内疚中发出对来世的诉求，渴望在来世加以弥补。"溺爱"原本是贬义，指过分宠爱。用在这里集中体现了父爱的强烈。

五、1. 加引号是为了突出体现人们年轻时追求成熟、独立的那种盲目性。

2. 关于"两代的矛盾"的形成原因：①父母的愚昧和落伍。父母在思想上老旧得追不上年轻人的时代。②子女的盲目与急躁。下一代对父母经验的无条件否定，年轻人盲目反抗与追求"成熟"、"独立"的急躁。③两代之间缺乏沟通，缺少平等和理解。一切矛盾的造成，归根结底是由于父母与子女间不能朋友般地交流与沟通。

3. （略）学生能有理有据地表达自己的观点即可。可组织学生先交流、讨论，后表述。

六、语言上：《十八岁和其他》语言朴素、真挚，用再平常不过的生活语言把一位父亲的爱淋漓尽致地表现了出来，让人读后无不为之动容。《诫子书》的语言典雅、凝练，寓意深刻，逻辑严密，可谓字字珠玑。

行文方式上：《十八岁和其他》是以一种谈话的方式与孩子展开平等对话与交流，

而《诫子书》则更多的是长辈对后生语重心长的谆谆告诫。

七、(略)。

第2课 我很重要

一、查字典、词典解决。

二、查字典、词典解决。

三、课文中作者运用的例证：

普通的士兵与辉煌的胜利；单薄的个体与雄浑的集体；奉献型的女性与整个家庭；人的一分子与宝贵的物质。看法：略。

四、1. 别人的批判。

2. 指人类的历史与文化，人类的精神之火。

我们是人类历史与文化、人类精神之火的传承者，对推动人类进步有不可推卸的责任。

3. "我"或许地位卑微，或许身份渺小，但人格尊严的天平，从来都是平等的。"我"对于自然、历史、生命、父母、伴侣、子女、友情、事业，都是独特、唯一的，这是每一个个体生命神圣的价值，任何人都不能忽视，要珍爱生命，善待生命。

五、1. 表示进一步解释。2. 表示语义未尽。

六、问句在过渡衔接中起到了重要作用，过渡自然，衔接巧妙。或承上启下，使文章在结构上浑然一体；或对该层面的内容进行小结，一次次强调，使文章既形式整齐，又感情充沛。例如，第6段中的问句"到底重要还是不重要"，既是对我不重要的质疑，又是作者探索个体生命价值的起始，承上启下，使文章在结构上浑然一体。

七、1. 父母或者亲情。

2. 修辞手法：夸张。作用：把父母的愁情写到了极限。

3. 用"石块"比喻父母因"我"生病而皱缩的心，传神地表达了父母的关爱之深、之切，以至于如石块般沉重，难以舒展开。

4. 比喻、排比、反问

八、(略)。

第3课 我的四季

一、查字典、词典解决。

二、不毛之地：指贫瘠的土地或荒凉的地区。不毛：不长五谷。

望眼欲穿：把眼睛都快望穿了。形容盼望的急切。

幸灾乐祸：看见别人遭受灾祸反而高兴。

入不敷出：收入不够支出。

三、1. 咬紧牙关 闷着 拼却 压到

2. 又酸又苦　灰心　丧气　捧　贴近

3. 爱过　恨过　欢笑过　哭泣过　体味过　彻悟过　活过　付出过

四、浃　尤　妄　绊　垦　籁

五、(略)。

六、1. 这篇散文运用了象征的写作手法,作者把自己的人生比作是一年的四季,文章表面写的是自然界的春夏秋冬,其实是在写作者的一生经历和对人生的种种感悟。

2. 作者的人生,春天辛勤耕耘,充满希望;夏天历经磨难,绝不放弃;秋天收获微薄,但不后悔;冬天检点自己,记录人生。

3. 生命不息,奋斗不止。

七、1. 自艾自怜　不毛之地

2. 这句话的意思是说一个人既然拥有了生命,就拥有了一份属于他自己的事业,他就有责任来完成这份事业。

3. 我绝不抱怨上天的残酷,因为我相信,只有无尽的苦难才能磨炼一个真正的自我。

4. 作者是一个富有责任感、坚毅顽强、勇于行动的人。

八、(略)。

第一单元　练习与测试

一、1. B　2. C　3. C

二、1. 夸张　2. 比喻　3. 比喻　对偶　4. 拟人

三、此题无固定答案。三句话是：1. 快乐是一种美德。2. 不为一朵花停留太久。3. 为帮过自己的人准备一份礼物。

四、参考答案：我是箭,弓上有弦;我是船,桅上有帆。

五、1. 掠过　裸露　洞伤　2. 翱翔　捷　散落　串起

六、1. 你喝过别人给你舀来的泉水;你吃过别人给你送上的食物;你听过一位姑娘的歌声;你向一个孩子问过路;你在一间猎人的小屋中曾度过一个漫漫黑夜。

2. 想要去的地方。

3. 旅途中遭遇的种种困难与险阻。

4. "这些"是指：你要把几块丝绸、几块好看的石头细心地包好。你要给姑娘准备好鲜花;你要给老人准备好烟丝;你要想着那些调皮的孩子,他们的礼物最好找也最难找。

再带上你在路上看过的风景、听过的故事,再带上你的经历和感触,在燃着火的炉边,讲给他们听。

告诉缺水的人们前头哪里有水,告诉生病的人们哪种草药可以治病,把你这一路

的经验告诉他们,把前方哪里有路告诉他们。

理由:因为这些礼物是那些帮助过他的人最需要、最喜欢的,是他们最希望得到的。

5. 家长希望孩子成为一个为别人着想的人,一个懂得感恩与回报的人。

七、(略)。

八、(略)。

九、(略)。

第二单元 编织梦想

第1课 致 橡 树

一、查字典解决。

二、查字典解决。

三、A

四、1. 作者向往的真正爱情是一种独立平等、互依互助、坚贞热烈,既尊重对方存在,又珍视自身价值的崭新的爱情观。

2. 橡树象征的是诗人想象中的恋爱对象,不是实指,而是虚指。木棉象征一切维护自身尊严,追求平等而忠贞爱情的新时代女性。

五、1. 凌霄花、鸟儿、泉源、险峰、日光、春雨

2. A

3. ①极力攀附 ②单方痴恋 ③一味奉献

4. 因为木棉是"作为树的形象"和橡树"站在一起"的,跟橡树具有同样的地位和人格。她所追求的是独立的个性、平等的地位,是一种既尊重对方存在,又珍视自身价值的崭新的爱情观。

六、归隐田园、遥望南山;云游天下、狂傲不羁;颠沛流离、忧国忧民

七、(略)。

第2课 炉 中 煤

一、查字典解决。

二、查字典解决。

三、1.《女神》 郭沫若 郭开贞 作家 诗人 戏剧家 历史学家古文字学家 社会活动家

2. 作者自己 年青的女郎

四、1. 因为本诗所表现的是"眷念祖国的情绪",而"炉中煤"的形象特征是火红、

炽热、旺盛、熊熊燃烧,这与诗人对祖国感情的热烈、深切是相一致的;"炉中煤"还具有为人奉献火与热,将自己燃烧成灰,殒身不恤的献身精神,可以形象地表现诗人为了祖国甘愿奉献一切的精神。"年青的女郎"首先表达的是诗人对祖国在"五四"之后所呈现的新气象的认识,就像一位青春焕发的姑娘,体现了诗人对祖国的赞美;另一方面,将祖国喻为"年青的女郎"而不是我们通常比作"母亲",从抒情的角度讲,更易于抒发炽烈、奔放的情感。

2. 如果只有主标题,其对于中心思想的揭示和说明就比较模糊、朦胧,副标题在这里起到了点明主题的作用,有助于读者理解作品艺术形象的内涵,使读者一接触作品,便会自觉地从中感受副标题所宣称的情绪,从而更易于为作品所感染。

3. 煤的前身"原来是有用的栋梁",过去"活埋在地底多年",今朝"总得重见天光"。从字面上看,讲的是煤形成的过程,其深层的含义,是说自己原本是国家的有用之才,但在过去黑暗现实的压迫之下,爱国之情深埋心中,不得抒发,空怀报国之志,却无报国之门。今朝,在"五四"运动的推动下,祖国焕发出新的青春,诗人的爱国情感不可抑制地喷发而出,报效祖国的时机终于来到了。

五、1. zhāo dé

2. "五四"后新生的祖国 比喻

3. B

4. 这两句诗用煤活埋在地底多年来象征诗人的爱国感情长期埋在心里,报国之才能得以施展的巨大喜悦,"重见天光"指经过"五四"运动,祖国与民族获得了新生与光明,作者报效祖国的才能和志向得到施展。

六、1. A、C 2. C

七、(略)。

第3课 风 流 歌

一、查字典、词典解决。

二、①有功绩又有文采的;英俊杰出的。②指有才学而不拘礼法。③只跟男女间情爱有关的。④轻浮放荡。在本课取第一种解释。

三、1. 彩蝶 蜜蜂 大海 明月 理想 青春 友谊 爱情 道德 时代

一方面,从全文的内容看,诗人是在从不同角度对风流的内涵进行思索、追问,对这些答案都不是全面肯定的,如果对风流的理解仅仅停留于此,未免浅陋。另一方面,具体到每一个特定的角度、特定的事物,这也是它风流的一面。譬如,狂涛骇浪中搏击的航船是一种风流,"浪上的一只白鸥"也是大海的一种风流。

2. 提示:能画出诗歌的后五节即可。

真正的风流:勇于肩负起时代的使命,无论从事何种职业,都应该兢兢业业,勤勤恳恳,尽职尽责,勇于争先,敢于创造,用自己辛勤的劳动和聪明才智,创造自我美好

的人生,创造祖国辉煌的未来。能抓住时代使命、劳动、创造、奉献、创一流业绩等核心要素即可,不必求同。

四、1. 疑问句式。作用:引起读者的思考,统率全诗的内容。

2. 第一个"她"指代"祖国";第二个"她"指代"红旗"。

修辞方法:拟人、对偶。

五、定语后置。

作用:强调了"有血、有肉"和"会喜、会愁",增强了语言的表现力,使一个有着崇高使命感的人物形象跃然纸上。

仿写要求:句式大致相同、内容和谐贯通即可,字数不必过于强求。

六、和成功并肩携手 与品貌不离左右 合欢花蕊的柱头 并蒂莲下的嫩藕 心田的庄稼 脑海的秋收

1. 比喻 拟人 排比 对偶

2. 理想/说:/"风流/和成功/并肩携手。"

青春/说:/"风流/与品貌/不离左右。"

友谊/说:/"风流/是/合欢花蕊的/柱头。"

爱情/说:/"风流/是/并蒂莲下的/嫩藕。"

道德/说:/"风流/是/我心田的/庄稼。"

时代/说:/"风流/是/我脑海的/秋收……"

3. 这两个诗歌形象把抽象的风流转化成鲜明、具体、可感的形象。"合欢花蕊的柱头"形象表达出友谊应当如同合欢花蕊的柱头般美好、馨香,这样的友谊才称得上风流;"并蒂莲下的嫩藕"则形象地表达出爱情应当如同并蒂莲下的嫩藕般纯洁、甘美、相守相谐,这样的爱情才称得上风流。

4. (略)。

七、1. 从历史角度,赞扬中华民族历史上的风流人物。

2. 屈原(战国) 张衡(汉) 张骞(汉) 鉴真(唐) 花木兰(南北朝) 佘太君(宋) 其事迹(略)

3.《岳阳楼记》范仲淹 先天下之忧而忧,后天下之乐而乐

八、(略)。

第二单元 练习与测试

一、1. C 2. C 3. A 4. C 5. B 6. C

二、1. 以抒情见长 具有音乐美 语言凝练精美

2. 舒婷 象征 内心独白 诗人想象中的恋爱对象 一切维护自身尊严,追求平等而忠贞爱情的新时代女性

3. 郭沫若 诗人 戏剧家 历史学家 社会活动家 郭开贞 沫若

4. 纪宇　当代

三、阅读理解

1. 本诗"年青的女郎"、"心爱的人儿"都比喻"五四"后新生的祖国

2. 郎、量、样；郎、莽、肠；郎、梁、光；郎、乡、样。

3. 这句话反复出现，造成了一种反复咏叹的效果，使情感渐趋热烈深沉，同时也显示了因果的脉络。首尾两句呼应，反复表达了"我"对祖国的苦恋与奉献。

四、B。

五、略。

六、作文（略）。

第三单元　探索奥秘

第1课　南州六月荔枝丹

一、1. 缯　绡　醴酪　绛　蒂　蘖　嘘　瓢

2. cāo　jūn　zǐ　zhù　què　dàn

二、逼真：极像真的。

兼程：以加倍的速度赶路。

绚丽：灿烂美丽。

次第：一个挨一个地。

迁怒：自己受了气（不如意）拿别人出气。

更足珍贵：更加值得珍重爱惜。

幅员广阔：领土面积广大宽阔。幅，宽度。员，周围。

因地制宜：根据不同地区的具体情况规定适宜的方法。因，根据。

三、略。

四、(一) 1. 荔枝的外形和大小（重量）。

2. 由一般到特殊（逻辑）；从上到下，从中间到两侧（空间）的顺序。

3. 打比方，作比较，列数字等。

(二) 1. 荔枝的原产地。

2.（1）海南岛和廉江有野生的荔枝林；（2）据记载，南越王尉佗曾向汉高祖进贡荔枝，足见当时广东已有荔枝。

3. 举例子

第2课　谈谈记忆

一、1. 定义　作用　2. 识记　保持　分类　定义　品质

二、1. "重要"一词用来修饰"组成部分",此处有强调的意思。如果去掉它,就不能准确地表明这一含义。

2. 在"学习活动"前有一修饰成分"人类",表明有意识记忆是人类所独具的一种记忆活动。如果去掉它,对有意识记忆这一概念的表述就不够严密。

3. "尽"有全、都的意思,不尽相同,是说除了相同之外还有不相同之处。这样说符合每个人记忆品质的实际。单说"不相同",就排除了相同之处,成了每个人的记忆品质都是完全独特的,这不符合实际。

4. 所谓具有逻辑意义的内容,是指各部分之间有内在的联系,可以由前一项演绎或归纳出后一项。这样说与前一句所表达的意思相一致,反映了成年人记忆的特点。如果去掉"逻辑"一词,则不够严密、准确。

三、(略)。

四、(略)。

第3课 台湾蝴蝶甲天下

一、1. xǐ piān niǎo bāo yù chán cāo

2. 卵 茵 怡 畔 禁 缤

二、1. 体察 2. 著名 3. 奇观

三、1. 大都 又 又 2. 由于 所以

3. 因为 凡是 因为 都

四、1. A 2. 迁移 溪水、泉水等流动的声音

3. 介绍台湾蝴蝶的活动区域和生活习性。

4. 举例子 打比方

5. 本段文章主要运用描写和说明相结合的方法。描摹性的语言优美生动,增强文章的趣味性,给人以美的感受,增强了说明效果和感染力。

五、示例:"庄周梦蝶","梁山伯与祝英台","蝴蝶泉的传说"。

谢逸《咏蝴蝶》(北宋):狂随柳絮有时见,舞入梨花何处寻。江天春晚暖风细,相逐卖花人过桥。

李商隐《锦瑟》:锦瑟无端五十弦,一弦一柱思华年。庄生晓梦迷蝴蝶,望帝春心托杜鹃。沧海月明珠有泪,蓝田日暖玉生烟。此情可待成追忆,只是当时已惘然。

六、(略)。

第三单元 练习与测试

一、1. B 2. C 3. B 4. B 5. D

二、查找课文解决。

三、1. 生物学粹锦 贾祖璋 南方地区 六 红色

2. 数量大　种类多　形态奇　兰屿黄裙凤蝶　皇娥阴阳蝶　蛇头蝶

四、(一)(1)荔枝一身都是宝。

(2)②段：荔枝具有食补、食疗功能。③段：荔枝树的特点与用途。④段：荔枝树的抗污染作用。

(3)逻辑顺序。

(二)1. B　2. A　3. B　4. A

五、示例：一位画家　用绚丽的色彩涂抹出一幅幅风景画　漫步海滩沐海风

第四单元　青鸟使者

第1课　求职信　应聘信

一、1. B　2. A

二、1. 不知道用人单位是否要人　要什么样的人

2. 争取面试机会

3. 标题　称谓　正文　结束语　落款

4. 知道用人单位要什么人

三、1. ×　2. √　3. ×　4. ×　5. √　6. √

四、一是语气自然：语言和句子要简单明了。写信就像说话一样,语气可以正式但不能僵硬;语言直截了当。二是通俗易懂：写作要考虑读者对象的知识背景,不要使用生僻词语、专业术语。三是言简意赅：在重点突出、内容完整的前提下,尽可能简明扼要,切忌面面俱到。四是具体明确：不要使用模糊、笼统的字眼;多使用实例、数字等具体的说明。

五、1. 缺标题　2. 称呼应顶格　3. 缺联系方法　4. 落款次序颠倒　5. 缺附件

第2课　感谢信　慰问信　贺信

一、查字典、词典解决。

二、1. (1)为何事向对方表示感谢;(2)所感谢对象的先进思想和模范事迹。这部分要写得既概括又具体,字里行间满怀感谢之情。叙述中要交代清楚时间、地点、人物、事件、原因、结果;(3)热情赞扬对方的可贵精神及其影响,并表明自己的态度。

2. (1)要明确写慰问信的对象;(2)感情要充沛真挚,语言要亲切、生动。

3. (1)发文的单向性。慰问信通常是单向进行的,由一方慰问另一方。(2)内容的针对性。慰问信是根据对象确定其内容和作用,行文目的和内容都很有针对性。(3)情感的沟通性。慰问是通过或赞扬表达崇敬之情,或同情表达关切之意的方式来达成双方的情感交流和相互理解的。

三、1. 属感谢信。

补写内容如下：

你们这种急人之难的精神，你们不畏困难连续作战的作风，你们的深情厚谊，令我们深受感动，我们决心以实际行动向你们学习。为此，特向你们表示衷心的感谢！

此致

敬礼！

2. 练习写慰问信。

慰 问 信

××县××中学全体师生员工：

你们好！惊悉你们那里暴雨成灾，大部分地区被淹，交通受阻，许多人的生命和财产受到威胁和损失。你们学校部分教室被洪水冲倒，教学设备受到很大损失，我们全体员工对你们及家人表示深切的同情并致以亲切的慰问！

你们现在的生活和学习，一定会有些困难，但我们相信，在党和政府有关部门的关怀下，生活一定能得到妥善的安排，教学也能很快恢复。灾区人民在抗洪抢险战斗中表现出来的公而忘私、团结友爱的高贵品质，使我们深受感动。

我们相距千里，不能前来抗涝救灾，深以为憾。随信寄来图书6 000册，衣物3 000件，人民币5万元，钱物微薄，聊表心意。愿我们携起手来，共同前进。

最后，祝愿你们抗灾建校早日胜利！

××公司全体员工

××××年××月××日

第3课　倡议书　建议书　申请书

一、1. B　2. B　3. A　4. B　5. D

二、1. 个人倡议书　集体倡议书　传播角度

2. 标题　称呼　正文　结尾　落款

三、1. 一是倡议书、建议书和申请书都有明确的送达目标；二是倡议书、建议书和申请书的基本格式基本相同；三是倡议书和建议书，写具体的倡议或建议事项，事项应分条列出；申请书则一般一事一请；四是结语方面，倡议书一般写上鼓动性和号召性的句子，而建议书、申请书则往往以"此致、敬礼"作为末尾的致敬语；五是行文时，要按照不同的文种及送达对象，采取不同的行文语气和风格。

2. 一是申请的事项要写清楚、具体，涉及的数据要准确无误。二是理由要充分、合理，实事求是，不能虚夸和剽窃，否则难以得到上级领导的批准。三是语言要准确、简洁，态度要诚恳、朴实。

四、写作(略)。

第四单元　练习与测试

一、1. C　2. C　3. B　4. C　5. B

二、1. 介绍学历　工作经历　工作能力　工作成绩　工作设想

2. 信息来源

3. 感谢信　慰问信　贺信　专用标题　称谓　正文　结尾　落款　标题

4. 个人　单位　集体　解决事项

三、1.（1）称呼要准确,要有礼貌。（2）问候要真诚。（3）祝颂要热诚。（4）信度称呼用尊称。

2. 建议书的正文由以下三部分构成:第一,要先阐明提出建议的原因、理由以及自己的目的、想法。第二,建议的具体内容。一般建议的内容要分条列出,这样可以做到醒目。建议要具体、明白、切实可行。第三,提出自己希望采纳的想法,但同时也应谨慎虚心,不说过头的话,不用命令的口气。

四、1. 删掉"经过全校广大师生的努力"。

2. 在"谨代表"前加"我们"。

3. 将"贵校"改为"我校"。

五、写作(略)。

第五单元　诗　情　古　韵

第1课　关雎　蒹葭

一、参阅注释或查字典解决。

二、参阅注释或查字典、词典解决。

三、1. 关关/雎鸠,在河/之洲。　2. 窈窕/淑女,琴瑟/友之。　3. 溯游/从之,宛在/水中央。

四、《关雎》写了一个男子对一个女子的思念、追求过程,表达他求之不得的痛苦和求而得之的喜悦之情。《蒹葭》表现的是一个寻求友谊(或者爱情)过程中最终失望的心理活动,深情抒发了寻求伊人而不得的诚挚感情,形象地描绘了此时此地的凄怆处境。

五、《关雎》这首诗主要运用了"兴"的艺术手法。如本诗开头"关关雎鸠,在河之洲",它原是诗人借眼前景物发端的话,但水鸟和鸣,也可以喻男女求偶,或男女间和谐恩爱。和下文"窈窕淑女,君子好逑"意义上发生关联。本诗的起兴之妙正在于诗人情趣与自然景物浑然一体的契合,也即一直为人们所乐道的情景交融的艺术境界。

六、本诗开篇便向读者展示了一个凄清的画面:一个晚秋的早晨,天色朦胧,笼

罩在晨雾中的是一望无际的沾带露珠的芦苇。一条河流,蜿蜒而去。望远处,是一块小小的沙洲。这是一幅萧瑟的晚秋晨光图,烘托主人公凄恻的情感。诗的第二、三章采用重章回复的方式,反复咏唱。但景物又有不同。首章"白露为霜",露凝为霜,是拂晓时;二章"白露未晞",太阳露面,天已大亮;末章"白露未已",阳光照射,露水快干。三幅不同时间的晚秋晨光图,渲染烘托出主人公久久伫立远望而始终不能见面的惆怅心情,而主人公这种心情随着晨光画面的重叠,显得越来越急切,越来越凄婉。这篇诗在艺术上达到了情景交融的境地。

七、重章叠句的形式,即重复的几章节,意义和字面只有少数的改变。如《蒹葭》全篇三章十二句,只变动了十几个字,不但写出了芦苇茂盛的状态,爱情道路的曲折绵长,伊人虽近在咫尺,但又遥不可及的痛苦心情,而且通过不断重复的旋律,表现出诗人对爱情的执着追求,似乎有一种合唱、轮唱的味道。

八、《关雎》着重于叙事,而《蒹葭》却没有明确的故事,《蒹葭》比《关雎》的情感韵味更浓郁些。在艺术手法上,《蒹葭》比《关雎》"兴"的特点更加突出。"蒹葭"、"水"和"伊人"的形象交相辉映,浑然一体,用作起兴的事物与所要描绘的对象形成一个完整的艺术境界。

第2课 国 殇

一、参阅注释或查字典解决。

二、1. 被:同"披",穿着。 2. 兵:兵器。 3. 霾同"埋",这里是陷没的意思。絷:绊住。 4. 援:拿。 鸣:声音响亮。 5. 怼:怨恨。 6. 严:残酷。 7. 反:同"返",返回。 8. 忽:渺茫无边。 远:遥远。 9. 惩:屈服。 10. 终:始终。

三、1. 既

① 诚既勇兮又以武——又

② 身既死兮神以灵——已经

2. 凌

① 凌余阵兮躐余行——侵犯

② 终刚强兮不可凌——欺侮

3. 子

① 子魂魄兮为鬼雄——对烈士的敬称

② 修我戈矛,与子同仇——你

四、1. 操吴戈兮被犀甲 2. 旌蔽日兮敌若云,矢交坠兮士争先 3. 出不入兮往不反,平原忽兮路超远 4. 身既死兮神以灵,子魂魄兮为鬼雄

五、本诗可以分为两层。前十句为第一层,描述激战的过程和将士们血染沙场的情景。后八句为第二层,表达对阵亡将士的深切悼念,赞颂他们勇武刚强的爱国精神。前者叙的内容是后者赞的依据,后者赞的词句是前者叙的深化。两者有机联系,

互相映衬,完满地表现了诗的中心思想。

　　六、开头四句写敌我遭遇,楚军奋勇冲杀的场面,是概括描写;后六句表现楚军兵败,将士奋力搏击,以至于血染沙场的情景,是具体描写。对战斗场面的描写是动态描绘,对战士虽首身分离,仍手握武器,威风凛凛,绝不屈服的描写是静态的。明写楚军的奋不顾身,英勇拼杀,血染沙场的惨烈,也反衬了敌军的凶猛。多种手法相结合,使当时的战斗场面如同浮雕般凸显在读者面前。

　　七、内容上的不同:《国殇》再现楚军将士面对强敌英勇拼杀的场景,歌颂楚军将士刚毅勇武、至死不屈的气概,表达了诗人由衷的崇敬与深情的哀悼。《诗经·采薇》描写出征士兵在归途中回顾同狁狁作战时的艰苦情况,表现了狁狁侵扰给人民带来的灾难和诗人的忧时伤世之情。这里选的最后一章,集中表达了劳于王事,"靡室靡家"的无限辛酸,也透露了终得解甲归家的丝丝慰抚。

　　表现手法上的不同:前者以"赋"为主,以第三人称的口吻叙述、描写,叙赞结合,风格悲壮慷慨。后者则托物起兴,即景抒情。"昔我往矣,杨柳依依",借杨柳依依的美景反衬离家出征的伤悲,"今我来思,雨雪霏霏",以雪花纷飞的哀景反衬归来的丝丝喜悦。其诗风格凄婉、深沉。

　　八、(略)。

第3课　梦游天姥吟留别

　　一、参阅注释或查字典解决。
　　二、参阅注释或查字典解决。
　　三、1. 天姥连天向天横　势拔五岳掩赤城　天台一万八千丈　对此欲倒东南倾
　　2. 半壁见海日　空中闻天鸡
　　3. 霓为衣兮风为马　云之君兮纷纷而来下　虎鼓瑟兮鸾回车　仙之人兮列如麻
　　4. 安能摧眉折腰事权贵,使我不得开心颜
　　四、1. √　2. √　3. ×　4. √　5. √
　　五、不对。第二段已写到梦醒。
　　六、不能。瀛洲是传说中的海上仙岛,已暗含寻仙的意思。诗人想寻仙,而瀛洲不可寻,这才转而寻天姥。有此两句,下面再写梦中所见仙府图景,才不会使人感到突然。
　　七、(略)。

第五单元　练习与测试

　　一、1. D　2. A　3. C　4. B　5. A　6. B　7. D　8. D　9. A　10. A
　　二、1. 305　风、雅、颂　2. 四　赋　比　兴
　　3. 窈窕淑女　君子好逑

4．平　离骚　浪漫

5．屈原　宋玉　楚辞　骚体

6．《九歌》　指为国战死的将士

三、1．君子好逑　辗转反侧　2．白露为霜　在一方

3．子魂魄兮为鬼雄　4．安能摧眉折腰事权贵

四、1．A理想的伴侣。B长短不齐的样子。C睡醒。D选择,采摘。

2．B　D　C　A

3．窈窕淑女　求之不得　辗转反侧

五、1．星　清　行　卿　冥　兵　缨

2．①niè　踩　②yī　拱手礼　③yè　拉　④líng　升,高出

3．(1)课文中的"仙境"虽然热闹、欢乐,但诗人却不在其中;而《古风》中的诗人则应邀与仙同游。(2)课文中的"仙境"表现了诗人对自由生活的向往,而《古风》则表现了诗人出世的思想。

4．末四句描写了现实生活景象,此处由幻想到现实,抒发对苦难人民的深切同情和对残暴叛军的切齿痛恨,表明了诗人忧国忧民的思想感情。

5．A(迢迢,远远的意思。句中没有千里跋涉之意。)

6．B(在这首诗中表现的是独善兼济的思想矛盾和忧国忧民的沉痛感情。)

六、1．shàn　lù　dàn　hōng　huǎng

2．A　3．C　4．C　5．C　6．B

7．这两句运用夸张手法反衬了天姥山的高大雄伟。好处是能使读者通过形象化的对比,感受深刻。

七、选做题,有兴趣的同学可以试着写,不要求都做。

第六单元　星火启智

第1课　《论语》十则

一、1．yuè　同"悦",愉快,高兴　2．yùn　恼怒,怨恨

3．wǎng　通"惘",意思是感到迷茫而无所适从。　4．xǐng　反省,检查

二、1．志同道合的人　2．尽心尽力　3．这里指有害。本意：危险。

4．老师传授的知识

三、1．不也是快乐的吗　2．温习旧的知识,却能够获得新的知识、新的发现

3．见到贤人就向他学习,希望能和他一样

4．几个人在一起行走,其中必定有可作为我的老师的人

四、1．孔子　儒

2. 温故知新　三人行必有我师　死而后已、见贤思齐、己所不欲,勿施于人　择善而从

3.《大学》《中庸》《论语》《孟子》

五、(一) A

(二) 1. "女"通"汝",读 rǔ,作"你、你们"讲;"是知也"中的"知"通"智",作"聪明"讲

2. ①了解　②知道　③记住　④知道　知道　⑤通"智",聪明智慧

3. 翻译:知道就是知道,不知道就是不知道,这才是聪明啊　含义:做人要言行谨慎,不要夸大,要谦虚。

4. 学习态度:/三人行,必有我师焉。知之为知之,不知为不知。/学习方法:学而时习之/学而不思则罔,思而不学则殆/温故而知新/

(三)不畏严寒,坚强(意思对即可)。

六、1. 学而不思则罔　思而不学则殆　2. 择其善者而从之　其不善者而改之

3. 三人行　必有我师焉　4. 知之为知之　不知为不知　是知也

5. 人不知而不愠　不亦君子乎　6. 有朋自远方来,不亦乐乎?

第2课　鱼我所欲也

一、dān　gēng　cù　xiè

二、1. 兼有、并存　2. 苟且取得、苟且偷生　3. 厉害、重要　4. 祸患、灾难

5. 假如、假使　6. 不丢掉　7. 用脚踢　8. 有什么益处　9. 停止,放弃

10. 天性、天良

三、1. 与,通"欤"语气助词,用在句末。　与,给。　2. 于,比。　于,对。

3. 则,却。　则,就。　4. 之,的。　之,代词。

5. 而,连词,表顺承。　而,但是　6. 是,这样的。　是,这。

四、1. 并不是只有贤能的人有这种想法,人人都会有,贤能的人能够不遗失罢了。

2. 吆喝着给他吃,行路的也不接受,用脚踢着给他吃,乞丐也会因轻视而不肯接受。

3. 万钟的俸禄如果不辨别是否合礼义就接受它,这万钟的俸禄对我有什么益处呢?

4. 从前宁可死了也不接受,现在为了所认识的贫穷的人感激我而去做了。

五、1. 略;2. 生,我所欲也……舍生而取义者也。启示(略)。

六、1.(1)痛恨、厌恶　(2)有什么手段不可用呢　2. D

3. 义不义按这种办法做"君子之人"或"舍生取义者"

4. 比喻论证　正反对比论证

5. 主要论点：舍生取义。用比喻(或类比)的方式提出。先以鱼和熊掌设喻，得出结论：舍鱼而取熊掌者也。再由前面的设喻引出论点：舍生而取义者也。鱼喻"生"，熊掌喻"义"，"生"与"义"的价值已判高下。

6. 例如，文天祥："人生自古谁无死，留取丹心照汗青。"

7. 例子不限，只要能证明"贤者能勿丧耳"即可。

第3课 邹忌讽齐王纳谏

一、1. D 2. D 3. C 4. C 5. C 6. A

二、1.《战国策》 国别体

2. 西汉 经学家、目录学家、文学家 《新序》《说苑》《列女传》

3. 讽：用委婉的语言劝告；谏：臣对君、下级对上级直言规劝，使之改正错误。

三、阅读理解

(一)1. 朝：朝廷 私：偏爱 莫：没有不 蔽：受蒙蔽

2. C 3. B 4. 皆以我美于徐公。译文：都以为我比徐公美

(二)1. 作战 满一年

2. 于是乎处不重席/食不贰味/琴瑟不张

3. ① 这是(因为)我德行浅薄，教化不好(的缘故)。

② 所以想要战胜别人，就一定要先战胜自己。

4. 夏后伯启吸取作战失败的教训，励精图治，严于律己，最终使有扈氏顺从。

第六单元 练习与测试

一、1. D 2. C 3. A 4. B 5. B 6. D 7. A 8. C 9. D 10. C

二、1. 丘 仲尼 鲁 思想家 教育家 儒家

2. 语录 《大学》《中庸》《孟子》

3. 轲 子舆 思想家 亚圣

4. 生,亦我所欲也,义,亦我所欲也,二者不可得兼,舍生而取义者也 生命是我喜爱的东西,正义也是我喜爱的东西,如果两者不能同时得到,我就要舍弃生命,而得到正义。

5. 国策 国别体 刘向

三、(一)1. D 2. C 3. A 4. A

(二)1. C(蔽：受蒙蔽的意思。)

2. B(B项中的"之"与例句中的"之"都是结构助词，译为"的"。)

3. D(本文主旨是通过邹忌从与徐公比美中悟出治国的道理，进而讽劝齐王纳谏，使齐国达到大治。)

4. (1)我与徐公相比，谁更美？(2)所有的大臣、官吏和百姓，能够当面指责寡人

过错的,得上等奖赏。

5. 答:从小事入手,以小比大,以家比国,寓治国安邦之道于形象的比喻之中。

第七单元　感　悟　生　命

第 1 课　给我三天视力

一、1. D　2. C　3. B　4. C　5. A

二、1. 作者想以此来证明拥有光明的幸福,并劝告人们珍惜这种幸福。

2. 第一天,端详周围关心过她的人,了解生活的环境;第二天,参观自然历史博物馆和艺术博物馆,关心戏剧、电影等文化情况;第三天,周游纽约城区。这样安排三天活动的目的是全面考察人类的生活,涉及自己的感情生活、人类的文化历史、自然风光以及普通人的日常生活。作者试图通过自己假设的三天生活劝诫人们珍惜光明,珍惜光阴。

三、1. ①能见到光明　②在黑夜里能见到人造光明

2. 对人类创造光明的赞美

四、1. 对人类自然历史的赞美　对生活强烈的紧迫感

2. 认真观察,积极思考

3. 对比　劝诫人们珍惜光明,珍惜光阴

五、1. 设法通过艺术去探索人类的灵魂。

2. 惊喜　着迷

3. 从品评线条、构图、形式和色彩的经验中去正确、深刻地评价艺术。能够通过训练达到正确、深刻地评价艺术

4. 艺术　美

第 2 课　青年在选择职业时的思考

一、查字典解决。

二、查字典解决。

三、1. 第一句"权衡"前加"认真地",进一步表达了慎重之意,表现了这种选择的重要性;用"而又不愿在最重要的事情上听天由命"修饰"青年",一方面表明这只是那些希望自己主宰命运的青年的首要责任,符合实际;另一方面也呼应了"认真"一词。两句相比,第一句表达较为严密,第二句较为简练。

2. 第一句用"如果……那么……",表明即使没有这种错误,也会有别的错误使我们受到惩罚,符合实际;第二句用"只有……才……",排除使我们受到处罚的其他错误,不符合实际。

3. 第一句在"错误的思想上"前用"我们后来认为是",既符合实际,又呼应上文;第二句与之相比,虽较为简练但不够严密。

4. 第一句在"为共同目标工作"后加了"因而自己变得高尚",使"最伟大的人生"的内涵更加丰富,同时也强调了"为共同目标工作"的意义;第二句不具备这种效果。

四、1. 在选择职业时,人们往往追求闪耀着光环的职业,这实际上是受虚荣心的驱使。例如,有的人不顾个人实际,看到别人在某一职业上取得成功,就觉得自己也一定能成功。

2. 在选择职业时,幻想能够把某种职业美化。例如,有的人只是看到歌星、影星、主持人等的荣耀,而没有看到他们付出的艰辛。

3. 家庭和社会关系代替青年人确定未来的职业发展。例如,有的家长因为自己所在行业或职位优越,安排子女顶替等。

4. 如果自己的体质不能胜任所选择的职业,就不会感到愉快和幸福。例如,身体瘦弱的人选择保安工作等。

五、1. 指的是从事科学理论研究、思想学术研究一类的职业。因为这一类职业较难取得成果,社会大众不太关注,显得枯燥而寂寞,如果没有确立坚定的原则和牢固的、不可动摇的信念,就会半途而废。

2. 概括从事抽象真理研究这类职业的两重性。意思与第1段基本一致,是对第1段内容的概括,是第1段的结论。

3. 从上文看,作者认为,选择职业的基础是获得尊严,"尊严是最能使人高尚,使他的活动和他的一切努力具有更加崇高品质的东西,是使他无可非议,受到众人钦佩并高出于众人之上的东西。"

4. 提示:如果一个人选择了自己所珍视的职业,就一定会非常慎重地对待这种职业,这种珍视职业的思想本身是高尚的。同时,既然选择的是自己所珍视的职业,这种职业也一定是能使他获得尊严的职业,因而其社会地位也是高尚的。

六、(略)。

七、(略)。

第3课 获得教养的途径

一、查字典解决。

二、查字典解决。

三、1. 隘/溢/谥 2. 裸/踝/螺 3. 谰/澜/阑 4. 蓬/篷 5. 暇/瑕/遐 6. 彻/砌/沏

四、1. 今多比喻要做一件事而力量不够,感到无可奈何。

2. 形容景色和事物多种多样,非常壮观。

3. 无关紧要。

4. 呼吸相关联,形容彼此的关系非常密切。

五、1.(1)读书不在于数量,重要的是以个性或人格为前提(或:敬重知识、注重爱的阅读)。

(2)从自己能够理解和喜爱的作品开始阅读。

(3)必须认真对待,花力气、下功夫阅读。

2.(1)读书可能会挤占我们生活中很多宝贵的时间,但真正的生活离不开读书。

(2)读书是为了自我完善,是为了使人生充实、高尚、有意义,在读书中要正确认识读书的目的,认识到自我修养的追求,才会发现杰作的价值。

3. 此题答案不唯一。可从以下角度去思考:读杰作固然有益,但需花费很多时间;中学生面临高考和升学的压力,时间十分紧迫。怎样解决这一矛盾?该不该读名著?怎样读?同学们尽可以发表自己的看法。答案:略。

六、(略)

第七单元　练习与测试

一、1. C　2. D　3. D　4. B

二、1. 比喻论证　2. 比喻论证　3. 举例论证　4. 引用论证

三、1. ①应选择与己最佳最善的书为友。②这样的书,对己而言,即使处于不利的境地,它也能提供精神支柱;在人生的不同阶段,提供不同的精神帮助。对交友而言,以对同一作家的钟爱为纽带,可以说是所思所感、欣赏与同情的交相融会,情谊更为真挚高尚。

2. ①因为对大多数人而言,他的一生便是思想的一生,而人一生所思所想的精华尽在好书之中。好书用它的金玉良言和思想的光华与人相伴一生并给人以精神慰藉;②且用高尚纯美的思想抵制诱惑,扫除杂念,守护心灵,使人激发出畅举嘉行。

3. ①因为经典之籍所蕴涵的伟大思想能挣脱时光的束缚,即使千百年的真知灼见,时至今日仍新颖如故,熠熠生辉。②经典之籍能将我们引入一个高尚的文明领域,让我们接受历代圣人贤士的熏陶。③经典之籍记载真知灼见之精华,远播天下,源远流长。

4. ①拟人　②比喻　③对比　④对比

第八单元　和 谐 自 然

第1课　春江花月夜

一、参阅注释或查字典、词典解决。

二、解释下列词语在文中的意思。

1. 滟滟:水中月光闪烁荡漾的样子。

2. 芳甸：芳草丰茂的原野。

3. 徘徊：指月光偏照闺楼，徘徊不去，令人不胜其相思之苦。

4. 扁舟子：飘荡江湖的游子。

三、1. "何处春江无月明"一句以设问的形式，透露出了不知亲人今夜飘零何处的相思之情，同时也使我们联想到客人面对潮水明月，备受思亲之苦袭扰的情景。

2. 写到了江、花、月等意象。春江的潮水涌动，仿佛和大海连在一起，气势恢宏。这时一轮明月伴着潮水冉冉升起，明月与江潮相互辉映，波光粼粼，哪一处春江不在明月的朗照之中！江水绕着芳草蔓生的原野，月光下的花林，如冰粒般晶莹剔透。

四、1. 可爱的意思。例如，"可怜九月初三夜，露似珍珠月似弓"、"自名秦罗敷，可怜体无比"，在这两句诗里都是"可爱"的意思。

2. 拟人。把"月"拟人化，形象生动地写出了浮云游动，光影明灭不定以及月光怀着对思妇的怜悯之情，在楼上徘徊不忍离去的情态。

3. "卷"、"拂"两个痴情的动作，生动地表现出思妇内心的惆怅和迷惘。

五、《春江花月夜》，题目共五个字，代表五种事物。全诗便扣紧这五个字来写，但又有重点，这就是"月"。春、江、花、夜，都围绕着月作陪衬。诗从月生开始，继而写月下的江流，月下的芳甸，月下的华林，月下的沙汀，然后就月下的思妇反复抒写，最后以月落收结。有主有从，主从巧妙地配合着，构成完整的诗歌形象，形成美妙的艺术境界。

六、全诗紧扣春、江、花、月、夜的背景来写，而又以月为主体。诗人将这些屡见不鲜的传统题材，注入了新的含义，融诗情、画意、哲理为一体，凭借对春江花月夜的描绘，尽情赞叹大自然的奇丽景色，讴歌人间纯洁的爱情，把对游子思妇的同情心扩大开来，与对人生哲理的追求、对宇宙奥秘的探索结合起来，从而汇成一种情、景、理水乳交融的幽默而邈远的意境。诗人将深邃美丽的艺术世界特意隐藏在恍惚迷离的艺术氛围之中，整首诗笼罩在一片空灵而迷茫的月色里，吸引着读者去探寻其中美的真谛。

七、写作(略)。

第2课 天山景物记

一、参阅注释或查字典、词典解决。

二、即使 也 如果 就

三、A

四、A

五、1. C 2. C 3. C 4. C

5. (1)/(2)(3)/(4)(5)/(6)(7)(8)/(9) 湖所在地 湖水清澈 湖面幽静 湖色多变 湖水成因的传说

6. 用"不幸的湖"与下文"今天已经变为实际的幸福湖"对比,以过去的苦难,反衬今天牧民生活的幸福。

六、写作(略)。

第 3 课　幼 学 纪 事

一、参阅注释或查查字典、词典解决。

二、"无"改为"乌"　"杆"改为"竿"　"踏"改为"塌"　"澜"改为"斓"

三、1. 莫奈德　臧克家　2. 法　伪君子　唐璜　悭吝人

3. 法　巴黎圣母院　悲惨世界　4. 苏门四学士

四、1. 意在说明劳动人民没有文化的痛苦,这也是作者执着求学的动力和原因。

2. 这一部分记叙待业期间的凄苦生活,为下文记叙作者在这种境遇中苦苦求学作铺垫,从侧面表现中心。

3. 出自《荀子·劝学》。意思是"蓬草生在麻中,不带扶持就能长得很直;白色的沙砾落在泥里,就同泥一样黑"。因为作者庆幸自己在恶劣的环境中遇到良师益友,并认识到学习知识的重要性,对这两句话感触很深,所以也就"衷心的喜欢这两句话,读起来总感到亲切"。

五、开头第一段,叙述作者生于一个没有文化的家庭,家里根本没有一本书,却说"家里的藏书每年一换,但只有一册,就是被俗称为'皇历'的那本历书"。诙谐、风趣中饱含辛酸,表达了作者对旧社会的深恶痛绝。这"笑话"说得那么严肃。文章第三部分,作者写到辍学后找事做的艰难,"母子两个茫茫然的等着,等着一个谁也不愿多想的茫茫然的未来"。这是多么沉痛的往事!然而作者没有"哭"出来,而是用了一句轻松的俏皮话:"茫茫然中还是有事可做的。子承母业,去当当。"

六、1. 反语　强调

2. 社会黑暗不公,穷苦人生活艰难,没有"尊严"、没有"希望",挣扎在生死线上。

3. 身处困境时依然能乐观向上的人生态度。

七、(略)。

第八单元　练习与测试

一、1. C　2. A　3. A　4. D　5. B

二、1. 张若虚　扬州　月

2. 碧野　黄潮洋　现　《阳光灿烂照天山》《月亮湖》

3. 于是之　表演艺术　4. 游踪　外围　深处　高低

三、1. 蜿蜒无尽　漫流　柔嫩　柔和

2. 承上启下　绵延与高大　幽静　动　静　茂密与幽暗　原始

3. 排比和比喻　4. (1)艳丽　(2)硕大　(3)多　(4)高大

5. 与第③句的"高过马头",第④句中的"成丈高"、"八寸的玛瑙盘"相照应,同写出野花的"高"与"大"。

四、1. BC

2. ①对工作专注,尽职尽责;②生活勤俭,知足常乐;③幽默达观,淡泊悠闲。

五、参见写作训练(五)。

六、略。

第九单元 走近科学

第1课 景泰蓝的制作

一、1. zhēn jǐng pēn pì jī zhàn bō kè péng yòu

2. ① 稀疏清晰的样子。

② 八两:即半斤。一个半斤,一个八两比喻彼此一样,不相上下。

③ 千秋:千年,引申为久远。各有各的存在价值,比喻各人有各人的长处,各人有各人的特色。

④ 指对旧文化进行批判地继承,剔除其糟粕,吸取其精华,创造出新的文化。

⑤ 恰:正好。指办事或说话正合分寸。

二、1. B(细致:精细周密,常指办事、思考问题时态度精细入微;也用于人的感情、作风等;还指器物做得很精巧细微;细小、微小,着重于"微",指小或弱,多形容声音、尘埃、力量等的微小细密;精细致密,可形容质地;又指观察思考、处理问题时仔细周全)

2. C(应为作比较)

3. B[A项去掉括号内的句号;C项应该是"明朝景泰年间(15世纪中叶)";D项去掉末尾的句号]

4. D(A项滥用介词造成主语缺失,去掉"由于";B项"提高和培养工人的现代技术水平",搭配不当;C项范围不清,"球衣、球鞋"不属乒乓器材)

三、1. A

2. B(由后面"是制作方法和物理决定了景泰蓝掐丝的形式"可知)

3. A(由"道理"后面的标志词可知)

4. B

四、1. C(根据第四、五段文意,基因密码本身并不能生成必要的蛋白质,它只是在体内帮助"基因药物"生成必要的蛋白质)

2. D(A项中,基因药品还没有面世,当然谈不上功不可没;C项中只讲了"基因药物"治疗糖尿病的优点,没有说"目前已大力推广";D项也不是文章所阐述的重点,

因为文中着重介绍的是科学家研究"基因药物"治疗糖尿病的情况,"才"字所说的条件关系,原文未说出)

3. A(曲解文意,原文说"每天,世界上都有上千万的糖尿病患者需要通过注射胰岛素以维持生命",不能理解成"糖尿病患者每天都必须给身体直接注射胰岛素才能维持生命")

第2课 古代的服装及其他

一、1. 给下列加点字注音。
(1) 绡(xiāo)　　(2) 绮(qǐ)　　(3) 僭(jiàn)用
(4) 舆(yú)服志　(5) 富商大贾(gǔ)　(6) 邸(dǐ)第

2. (1) 僭用:封建时代地位在下的冒用地位在上的名义、礼仪或器物。
(2) 大逆不道:封建统治者对反抗统治、背叛礼教的人所加的最大罪名。
(3) 检点:文中意思是注意约束(个人言行)。
(4) 舆服志:史属中记载车服制度的部分。
(5) 招摇过市:故意在公共场合张大声势,引人注意。
(6) 邸第:高官的住所。

3. (1) D　(2) B

4. 吴晗　明　杂文

二、1. 第一部分:说明古代服装的质料、色彩、花饰是有讲究的。

第二部分:说明为什么会有这些讲究,进而说明服装之类与封建统治秩序的关系。

第三部分:在说明清楚服装有贵贱之分的道理后,再简略说明交通工具和住房也有分别。

全文按照由果溯因、由表及里的逻辑关系安排说明顺序。

2. 这样既可以把贵族、官僚与平民区别开来,又可以区别贵族、官员之间的地位、等级,以维护封建秩序。

3. 课文从衣裳的质料、颜色、花饰方面,拿统治阶级的服装和平民百姓的服装作比较。如统治者着绸、缎、锦、绣、绡、绮,老百姓只能穿布衣;统治阶级穿大红、鹅黄、紫、绿等颜色的衣服,老百姓只能穿白衣;统治者刺绣龙、凤、狮、麒麟、蟒、仙鹤等,老百姓连绣一条小虫儿小鱼儿都不行。

4. (1) "只有……才"是用来强调条件的唯一性的,除了皇帝、皇后,其他人谁也不能穿。

(2) "之一"是表示原因很多,不是唯一的原因,如不用"之一",则变成只有一个原因了。

(3) "唯一"强调独一无二,别无他法,如不用则没有强调、突出的作用。

第3课 意大利蟋蟀

一、陶冶(yě)　纤弱(xiān)　荆棘(jīngjí)　蹊跷(qīqiāo)　唧唧(jī)
鞘翅(qiào)　媲美(pì)　氛围(fēn)　盎然(àng)　薰衣草(xūn)
笃耨(dǔnòu)　确凿(záo)

二、1．情趣盎然：形容情调趣味洋溢的样子。

2．无动于衷：内心毫无触动，指对应受触动的事物毫不在意,不动心。

3．心不在焉：心思不在这里，指思想不集中。

三、1．C　2．①；②：③：——　——④,"　"，"　"

3．CD　4．B　5．B　6．C　7．B

四、1．B　2．A　3．D　4．B

第九单元　练习与测试

一、1．A　2．B　3．A　4．D

二、1．叶圣陶　绍钧　小说家　《多收了三五斗》《倪焕之》《稻草人》《古代英雄的石像》

2．吴晗　明史专家　历史学家　《朱元璋传》《海瑞罢官》《明史简述》《灯下集》

3．法布尔　昆虫学家，动物行为学家，文学家　《昆虫记》

三、1．(1)从；按照　(2)因　(3)与"下"合用,表示界限。

2．贵族用花饰区别其地位和等级，平民百姓不得有花饰。

3．丝绸等是统治阶级专用的，平民百姓只能穿布衣，"布衣"就成为平民百姓的代名词。大红、鹅黄、紫、绿等颜色是统治阶级的"专利"，平民百姓只能穿白色，因此，"白衣"也成为平民百姓的代名词。

衙门里的差役穿黑色衣服，所以称皂隶。

4．服装是表示阶级身份的，服装的质料、颜色、花饰标示着各自的地位和等级。

5．说明结构：先总说，再分说，最后再总说。

说明顺序：由果溯因，有主到次。

四、(一)1．(1)看得格外神圣　神话中"天堂"里的宝物　中国纺织工艺的先进,引起下文

(2)纺织工具　纺织技术　时间

2．(1)C　(2)D

五、(略)。

第十单元 世相百态

第1课 阿Q正传

一、查字典解决。

二、1. 素不相能 2. 深恶痛绝 3. 情投意合 4. 秋行夏令 5. 错愕

三、"革命"所指的是:(1)辛亥革命 (2)阿Q要革命 (3)赵秀才、假洋鬼子投机革命

"不准革命"所指的是:(1)阿Q不准小D革命 (2)假洋鬼子不准阿Q革命 (3)阿Q因不能革命,反过来要杀革命党

四、1. 嚷 2. 怯怯 3. 怃然 4. 揪 5. 涌

五、1. 日期的详细点明是为了突出时代背景,辛亥革命武昌起义已25天。当时离未庄最近的绍兴已宣布光复,但未庄仍是静悄悄的。用宣统年历更衬出这里的死气沉沉,闭塞落后。把生活小事和政治大事相提并论,显得滑稽可笑,可见未庄的百姓并不关心绍兴光复,而只注意身边发生的小事,辛亥革命与人们的生活差得太远。

2. 首先,写他的自我感觉,"似乎革命党便是自己"。其次,写别人对自己的感觉,"未庄人都用了惊惧的眼光对他看"。这两点是写阿Q的心理活动。再次,写了他在这种心理的驱使下,得意地唱绍兴戏《龙虎斗》的行动。最后,进而写他的狂言乱语:"我要什么就是什么,我欢喜谁就是谁"。这些心理、行为和语言描写具有浓郁的地方色彩和强烈的个性特征。这些语言还暗示了阿Q对革命目的糊涂的认识,为下面的革命狂想曲埋下了伏笔。

3.

方 法	课文内容
外貌描写	一身乌黑的大约是洋衣,身上也挂着一块银桃子,手里是阿Q曾经领教过的棍子,已经留到一尺多长的辫子都拆开了披在肩上,蓬头散发的像一个刘海仙
语言描写	"我是性急的……谁愿意在这小县城里做事情。……"(自我吹嘘,伪造历史)
行动描写	扬起哭丧棒,喝令阿Q"滚出去"(凶相毕露)
结论	勾画了假洋鬼子投机革命的两面派嘴脸,表达了作者对他的辛辣嘲讽和无情鞭挞

六、1. ①⑥ 2. ②⑨ 3. ③④ 4. ⑤⑦ 5. ⑧⑩

七、1. 图痛快、报私仇、占财物、讨老婆。

2. 说明阿Q对革命缺乏正确的认识。

3. 对赵太爷之流的封建势力的仇恨,是合理的成分,而把小D、王胡列为镇压对象,而且把小D视为第一仇敌,就未免荒唐;阿Q那样的想财产,想女人,当然荒唐可

笑,但他迫切要求变革现状,满足人的基本需要,有其合理成分。总之,阿Q幻想革命,既反映了农民对改变自己地位的迫切愿望,又表现了对革命认识的幼稚可笑,反映了封建思想对他的毒害。

4. 心理　幻想　糊涂认识　想革命而又尚未真正觉悟。

八、(略)。

第2课　项　链

一、参见课文注释或查字典、词典解决。

二、参见课文注释或查字典、词典解决。

三、1. 两词都有"暗"的意思,而"黯淡"指光、色不鲜艳,"黑暗"指没有光线。墙壁只能说不鲜艳,而不能说没有光。"破旧"、"陈旧"两词都有"旧"的意思,而"破旧"形容式样陈旧而又不完整,"陈旧"只说明过时,"破旧"比"陈旧"词义更重。

2. "精巧"和"精美"两词都有"精"的意思,"精巧"常指技术或器物的构造,而"精美"指器物本身。"珍奇"和"珍贵"两词都有"价值高"的意思,而"珍奇"还含有"稀有"的意思,词义更重。

3. 两词都有"要达到某种目的"的意思,而"想望"还有"仰慕"的一层意思,程度更重。课文用"想望",更能表现玛蒂尔德对上流社会的追求。

4. 两词都是指对人或事物产生的一种特殊爱好。"沉迷"指迷恋到过分的程度,而"陶醉"指进入得意的境界。

四、提示:玛蒂尔德用十年时间偿还债务的行为,有值得的地方,也有不值得的地方。说其不值得,是因为这笔债务形成的原因是她丢失了借来的项链。她为了在舞会上吸引人们的目光,付出了十年的青春,最终成为社会底层的普通劳动妇女,这代价太大了。说其值得,是因为这次打击使她不再像过去一样整日沉迷于幻想之中,她所表现出的勇气、坚强和尊严是难能可贵的。

五、1. 反衬路瓦栽夫人已经变成一个粗壮耐劳的穷苦女人,深化了主题。

2. 无限感慨的心情　省略号表现出这些感慨一言难尽。

3. 毫不掩饰(没有做作和虚伪)。

六、1. 绾　系　露　说　洗

2. ，？？？，，，！

3. "有时候,她丈夫办公去了,她一个人坐在窗前,就回想起当年那个舞会来,那个晚上,她多么美丽,多么使人倾倒啊!"这一处心理描写表明路瓦栽夫人尽管遭受了十年的苦难,但其人生观没有根本的改变,当年的舞会至今仍是一种甜蜜的回忆,她的虚荣心依然存在,但是毕竟不像以前那么强烈了,"她成了一个穷苦人家的粗壮耐劳的妇女了",生活的重压使她变得现实,变得坚强了,不再总是沉迷于幻想之中了。

4. 提示:小说原来的结尾,通过语言、行动和肖像描写,反映了主人公玛蒂尔德在遭受命运打击之后的变化,最终完成了对她的形象刻画和性格塑造。更重要的是加入了"项链是假的"这一情节,从而再现了生活中荒唐的成分,增强了故事的戏剧性和主题的深刻性,同时也留下许多悬念,如路瓦栽夫人听到这一事实的反应和她后来生活的变化,佛来思节夫人是否会把那条真项链还给玛蒂尔德等。而小说到这一段后就结束,显得较为平淡,主题也不够丰富、深刻。

七、(略)。

第3课 竞选州长

一、查字典解决。

二、滔天罪行:形容罪恶灾祸极大。

偃旗息鼓:放倒旗子,停止敲鼓。通常用来比喻事情中止,这里指停止竞选。偃,放倒。

习以为常:常常做某件事成了习惯。

相提并论:把不同的人或事物混在一起来谈论或看待(多用于否定式)。

声望:为众人所仰望的名声。

甘拜下风:真心佩服。比喻自愿承认不如人家。甘,甘愿,乐意。下风,风向的下方。

三、1. 运用对比表现手法,将"我"声望还好与伍福特、霍夫曼的无耻下流作对比。用对比手法有利于揭示主题和突出主题。

2. 证明"我"是个清白的人。

3. 本文的故事叙述、作品的主人公、作者自己,第三者,全靠第一人称融合起来,仿佛作者在自述受难经过,增强了故事的可信性。

四、1. 纵火罪、谋杀罪、以权谋私罪、生活腐化罪

2. 万分惊慌 几乎陷入了精神错乱的境地 我拿不定主意了——真的拿不定主意了

3. B

4. 落款部分把对方列举的罪名一一列出,将现在与过去对比,点出参加竞选的"我"招致的后果令人哑然失笑,留下广泛的联想余地,起到深刻揭示与突出主题的作用。

第十单元 练习与测试

一、1. C 2. A 3. B 4. C 5. D

二、1. 故事情节 人物 环境

2. 周树人 新文化 狂人日记 中 呐喊

3. 项链 玛蒂尔德 构思

4. 美　美国文学中的林肯　政治讽刺

三、1. 顶真　2. 比喻　3. 排比

四、1. 写晁盖等人智取生辰纲的经过。

2. 又产生了买酒的矛盾;杨志阻止买酒。杨志急于押送,怕被蒙汗药麻翻;八好汉决心智取,巧下蒙汗药。这两组矛盾交织一体。

3. 杨志对新的矛盾极其敏感。他机警地监视贩枣人;提防酒中有毒,不准买酒;他还责骂军汉们。直到看见贩枣人喝了一桶酒不出问题,又看到另一桶酒也喝了半瓢,才同意买,而自己只喝了一点点。尽管他最终失败,但在这样尖锐的矛盾斗争中,他精明能干和处事谨慎的性格却表现得十分鲜明。

4. 他故意这样说,为了彻底麻痹杨志的警惕心理。

5. 文章写"天热"有二十余处,有的通过作者介绍直接写,有的通过人物语言、动作间接写。描写"天热"的作用:①渲染气氛,增强实感。"红日当天,没半点云彩",在这样的天气里赶路,挑夫如何不怨？②烘托心理,形神毕现。"众军人看那天时……",天气之炎热难当,军汉之怨怒怅恨尽现。③转换场景,发展情节。"赤日炎炎似火烧",众军汉口渴难当,白胜所唱山歌恰好唱入众军汉之耳,另一场面展开,推动情节。

第十一单元　融入社会

第1课　新　闻

一、1. 消息　通讯　新闻特写　调查报告

2. 新　真　快　短

3. 标题　导语　主体　背景　结尾

二、1. 导语:11月22日,5000吨河南省出产的优质小麦在江苏连云港码头正式装船,运往印度尼西亚。这标志着我国食用小麦出口实现了零的突破(2002年应删去,因为这是新闻)。

2. 标题:《河南优质小麦首次走出国门》或《我国食用小麦出口实现零的突破》。

第2课　通　讯

一、1. 思想深刻　针对性强　2. 真实典型　时代感强　灵活多样

3. 新闻性　形象性　完整性

二、通讯是由新闻演变而成的,它与消息在反映对象上内容基本相同,都要求真实、准确、及时地报道事实。但与消息又有区别:一是容量不同。我国新闻工作者把消息比作"电报",把通讯比作"书信",这是有一定道理的。消息只概括报道一个事

实,大多为突发事件,片断事实,且一事一报,简洁明快。通讯则要具体地报道事件的整个过程,比消息更详尽,更具体,故事性更强。二是时效性要求不同。消息要求快而新,力求"第一个",甚至"现场"报道,刻不容缓。通讯需要深入采访,对时间的要求稍宽松些,略晚于消息见报。三是表现手法不同。消息只要开门见山、简明扼要地把事情说清楚即可,表达方式比较单一,要求用第三人称写作。通讯较细致些,要求善于提炼主题,讲究结构章法。在表现手法上更自由灵活,它可综合运用记叙、描写、议论、抒情、说明等表达方式及各种修辞手法,人称也可选择,文学性与逻辑性更强。

三、略。

第3课 计 划

一、1. 目标 措施 步骤 2. 单位名称 有效期限 计划的种类

二、不可调换。因为"和"表示并列关系,该校拟办吉他、舞蹈两个培训班;"或"表示选择关系,只组织一次讲座,内容为二者选一。

三、1. 不可以。因为是学生会文娱部的工作计划,只负责校运动会活动中文娱方面的有关工作,不负责其他方面的工作。

2. 不可以。这个训练班要创作条件。现在尚不具备,未列入计划目标,是在争取之中的事。

四、1. 第一句话应删去。这完全是空话、套话,加入WTO和申奥成功范围太大,与本计划无关。

2. 目标过高,脱离实际。一个学期,作为课外活动读5本世界名著并作笔记是不现实的,应改为一本或两本;成员的"5篇作品在市报上发表"不是由文学社本身能决定的,不宜写入计划并规定指标。

3. 可行的活动和争取的活动混为一谈。文学讲座是"正在联系"中的事,计划中不仅未标明"争取",还具体写出了作家与诗人的姓名是不妥当的。

4. 措施中活动次数过于频繁,课外小组以隔周活动一次为宜(因还有自读和写作活动需自己进行);此外没写周几活动。

第4课 总 结

一、1. 情况回顾 主要成绩与不足 经验与教训 今后的设想和打算 找出规律性的东西

2. 标题 正文 落款

二、略。

第十一单元 练习与测试

一、1. 消息 通讯 新闻特写 调查报告 消息

2.新　真　快　短　3.标题　导语　主体　背景　结尾

4.目标　步骤　措施

5.单位名称　有效期限　计划的种类

6.思想深刻　针对性强

7.真实典型　时代感强　灵活多样

二、1.B　2.C　3.C　4.D　5.C　6.B　7.C　8.D　9.D

三、具体答案略。但要注意以下几点：

1.六项内容中演讲比赛的主题应当改变。

2.成功经验(如鼓励创新、搞好对外宣传)应在计划的措施中有所体现。

3.两项不足中,其一是改进教学工作的事;仅第二点"项目过多,师生承担任务过重"是举办艺术节应注意克服的。

第十二单元　求学之志

第1课　劝　学

一、1.D　2.C　3.(1)C　(2)A　(3)B　(4)C　(5)D

4.①C　②B　③F　④D　⑤F　⑥A　5.B

二、1.B

2.A蟹钳;两膝弯曲,使一个或两个膝盖着地　B因为用心;集中注意力或居心

3.B　4.A

5.(1)积累善行,养成很好的品德,于是精神就能达到很高的境界,智慧就能得到发展,圣人的思想也就具备了。

(2)劣马拉车走十天,(也能走得很远),它的成功就在于走个不停。

6.分三层。一层(1—2句),学习要积累;二层(3—4句),学习要有恒心;三层(5—6句),学习要专心

7.比喻论证　对比论证

第2课　师　说

一、1.A　2.B　3.B　4.C

二、5.退之　韩昌黎　文昌黎先生集　古文运动　柳宗元　欧阳修　苏洵　苏轼　苏辙　王安石　曾巩　6.略

三、7.而、者、其、也、矣、乎、夫、所　8.C　9.A　10.B

四、11.D　12.B　13.B　14.D

五、15.①只要水势大,那么凡属能够浮起来的物体,无论大小都会浮起来。

② 只要求语言能表达意思,就怀疑会导致不要文采,这种怀疑是不对的。

③ 然而,外在的装饰也不能轻视,只是不要把它摆在首要位置就可以了。

16．① 均强调文章内容决定形式、重于形式,即意在辞先;并讲求文章的实用性。

② 都运用了比喻的修辞和论证手法。

第3课　游褒禅山记

一、1. B(提示:A."胜"应读"shèng";C."父"应读"fǔ";D."咎"应读"jiù"。)

2. C(提示:C.观:景象。)

3. D(提示:D项与例句中都是副词,反诘语气。A、B、C三项中均为代词。)

4. C(提示:A项,十分之一/数词。B项,治学的人/学识渊博的人。D项,不同寻常/很,十分。)

5. A(提示:B.名词作状语,C.形容词作名词,D.形容词作动词。)

6. B(提示:B项与例句中的"观"都为景象,其余为动词,观看,观察)

二、1. C(提示:A项感慨,B项平坦,D项谁。)

2. B(提示:从"有志与力,而又不随以怠,至于幽暗昏惑而无物以相之,亦不能至也"一句可以看出。)

3. A(提示:A项,因为/而,来/可以,所以,皆为固定短语。)

4. C(提示:C项"至于"应译为"到了"。)

5. D(提示:D项已是另外一段的内容,与题干无关。)

6. C(提示:C项作者并没有为古人惋惜之意。)

第十二单元　练习与测试

一、1. D　2. C　3. C　4. B　5. A　6. A　7. C　8. D　9. A　10. C

二、1. 学不可以已　学习不可以停止

2. 退之　韩昌黎　古文运动　唐宋八大家

3. 王安石　介甫　半山　政治家　文学家

三、(一) 1. ①代词,指书　②他们的　③表猜测语气　④代词,他们

2. B　3. D

4. 翻译:(一方面)不通晓句读,(另一方面)不能解决疑惑,有的句读向老师学习,有的疑惑却不向老师学习,小的方面倒要学习,大的方面(反而)放弃(不学),我没看出那种人是明智的。句式:宾语前置句

5. 承上启下。

(二) 1. C　2. A　3. D(两段话各有一个结论)　4. A

(三) 1. B(解析:"所以"是复音虚词,《师说》一课出现较多,应在本课积累掌握其用法。常见用法有二:一表"原因";二表"根据、依靠、凭借"。题干"所以"表原因,

选项中①②⑥属"根据、依靠、凭借",③④⑤⑦⑧表"原因",因此取 B。)

2. D(解析:按文句意思,是田单振作起精神不是激励士气,且攻狄城是在城外进攻,所以 B 项不妥,AC 二项也不妥。)

3. D(解析:本题考查对整体文意的理解,要注意分析理解鲁仲子所讲的那一长段话。攻城,关键在将帅和士兵能上下一心,有高昂的士气和必胜的决心。A 项的因物质生活改变而"丧失斗志",B 项的因国土势力改变而"尾大不掉",C 项的将帅无心作战,"只有士卒奋臂欲藏",这三项虽然都属作战胜负的重要因素,但不是关键,所以都不可取。)

高职语文期中考试试题参考答案(上册1—3单元)

一、1—5:BADCD　6—10:BADCB　11—15:DCBBC　16—18:ACC

二、(略)。

三、22. 别人的批判

23. "我"或许地位卑微,或许身份渺小,但人格尊严的天平,从来都是平等的。"我"对于自然、历史、生命、父母、伴侣、子女、友情、事业,都是独特、唯一,这是每一个个体生命神圣的价值,任何人都不能忽视,要珍爱生命,善待生命。

24. (1) 对父母来说,"我"是孤本,不可重复。

(2) 对子女来说,"我"是他们生命的唯一和依托。

(3) 对朋友来说,友情是生命中一道靓丽的风景。

(4) 对事业来说,没有人能代替"我"的思想和创造。

25. 反问　作者在从每一个角度阐述完后,巧妙地以反问结尾,使文章形式整齐,情感表达逐步增强。

26. 对个体生命与生存价值进行了全新审视。

四、27. 作文(略)。

高职语文期末考试试题参考答案(上册1—6单元)

一、1—5:ABDDC　6—10:DCDAD　11—15:BCDCD　16—18:CAA

二、19—20:(略)。

21. (1) 缺标题　(2) 称呼应顶格　(3) 缺联系方法　(4) 落款次序颠倒

(5) 缺附件

三、22. C

23. 象征　比喻人生道路上遭遇的困难和挫折

24. 因为"我"懂得在给予我生命的同时,所给予我的责任。"在这世界上,每人都有一块必得由他自己来耕种的土地。"这里作者告诉了人们每个人都有自己的位置,你既然拥有了生命,就必须为自己的生命地块负责。

25．把战胜困难的希望寄托在外界的帮助上只能是一种妄想,任何困难都必须靠自己解决。

26．怨天尤人：埋怨上天,怪罪别人。

不毛之地：不长草木的地方。

27．春天：坚定信念、充满期待

夏天：历经挫折、逐步成熟

四、28．作文(略)。

高职语文期中考试试题参考答案(上册7—9单元)

一、1—5：AABAC　6—10：DDDDB　11—15：CDCBC　16—18：DAC

二、19．(1)百年树人　(2)天生我材必有用　(3)海上明月共潮生　(4)应照离人妆镜台　(5)勿以恶小而为之

20．示例：如果你是一株小草,就点缀一点春意;如果你是一根栋梁,就架起一座广厦。

21．示例：我方认为,唐僧是一个可厌可恶的人。他的慈悲之心是虚伪的,在惩罚一路降妖除魔的孙悟空时毫不手软;他胆小怕事,毫无本事,遇到妖魔鬼怪就吓得魂飞魄散,遇到磨难都是由徒弟们来解决。最终取得真经要归功于徒弟们。

三、22．因为莎莉文老师在"我"还是个孩稚时就来到"我"家,给"我"打开了外部世界,给我耐心温柔的教育。莎莉文老师温和友好、坚定顽强,又富有同情心。

23．要把朋友印在"我"心中,还要感受婴儿天真无邪的美和生气。

24．反映了"我"热爱生活的情趣,"长时间"是说"我"希望在"自然界的美色里"多待会儿,感受那壮丽奇景,而"短暂"是强调"我"还想着田园风光,希望尽快看到下一个景观,表达了欣赏世界的急迫心情。

25．海伦·凯勒是一个具有乐观向上,珍视友情,富有爱心,热爱生活等美丽灵魂的人。

26．这段话表明了书籍对我的鼓舞、激励作用,它像路标、灯塔,给了我方向和动力,永远指引我走向光明。

四、27．作文(略)。

高职语文期末考试试题参考答案(上册7—12单元)

一、1—5：BADBC　6—10：DBABD　11—15：CADDC　16—18：ABD

二、19—21：(略)

三、22. 纵火罪、谋杀罪、以权谋私罪、生活腐化罪

23. 万分惊慌　几乎陷入了精神错乱的境地　我拿不定主意了——真的拿不定主意了

24. B

25. 本文的故事叙述、作品的主人公、作者自己,第三者,全靠第一人称融合起来,仿佛作者在自述受难经过,增强了故事的可信性。

26. 落款部分把对方列举的罪名一一列出,将现在与过去对比,点出参加竞选的"我"招致的后果令人哑然失笑,留下广泛的联想余地,起到深刻揭示与突出主题的作用。

四、27. 作文(略)。

参 考 文 献

1. 山东省职业教育教材编写组.语文教师教学用书.北京:人民教育出版社,2011.
2. 孙宝水.中等职业学校语文学习指导与练习.北京:电子工业出版社,2010.
3. 徐中玉.大学语文.上海:华东师范大学出版社,2013.
4. 李山.大学语文.北京:中央民族大学出版社,2007.
5. 陈洪.大学语文.北京:高等教育出版社,2009.
6. 孙昕光.大学语文.北京:高等教育出版社,2006.
7. 刘金同.新编大学语文.北京:国防工业出版社,2007.
8. 李玉明,刘金同,杨保国.大学语文.北京:科学出版社,2010.
9. 刘金同等.中国语文.长春:吉林大学出版社,2009.
10. 刘金同等.中国传统文化.天津:天津大学出版社,2009.
11. 刘金同等.国学经典释译.北京:高等教育出版社,2012.
12. 刘金同等.高职语文.北京:清华大学出版社,2013.

教学支持说明

尊敬的老师：

您好！为方便教学，我们为采用本书作为教材的老师提供教学辅助资源。鉴于部分资源仅提供给授课教师使用，请您填写如下信息，发电子邮件或传真给我们，我们将会及时提供给您教学资源或使用说明。

（本表电子版下载地址：http://www.tup.com.cn/sub_press/3/）

课程信息

书　　名			
作　　者		书号（ISBN）	
课程名称		学生人数	
学生类型	□本科　　□研究生　　□MBA/EMBA　　□在职培训		
本书作为	□主要教材　　□参考教材		

您的信息

学　　校			
学　　院		系/专业	
姓　　名		职称/职务	
电　　话		电子邮件	
通信地址		邮　　编	
对本教材建议			
有何出版计划			

　　　　　　　　　　　　　　　　　　　　　　　_____年___月___日

清华大学出版社

E-mail: tupfuwu@163.com　　　　　　　网址：http://www.tup.com.cn/
电话：8610-62770175-4903/4506　　　　传真：8610-62775511
地址：北京市海淀区双清路学研大厦B座506室　　邮编：100084